OEUVRES

COMPLETES

DE CHAMFORT.

TOME TROISIÈME.

DE L'IMPRIMERIE DE DAVID,
RUE DU FAUBOURG POISSONNIÈRE, N° 1.

OEUVRES

COMPLÈTES

DE CHAMFORT,

RECUEILLIES ET PUBLIÉES, AVEC UNE NOTICE HISTORIQUE
SUR LA VIE ET LES ÉCRITS DE L'AUTEUR,

Par P. R. AUGUIS.

TOME TROISIÈME.

PARIS,
CHEZ CHAUMEROT JEUNE, LIBRAIRE,
PALAIS-ROYAL, GALERIES DE BOIS, N° 189.

1824.

ŒUVRES COMPLÈTES DE CHAMFORT.

MÉLANGES DE LITTÉRATURE ET D'HISTOIRE.

Sur l'ouvrage intitulé, *Considérations sur l'Esprit et les Mœurs*, par Senac de Meilhan. — 1789.

Ce n'est pas une petite entreprise que de vouloir peindre avec vérité l'Esprit et les Mœurs de ses contemporains. Celui qui l'essaie doit être bien pénétré du sentiment de ses forces ; car il ne peut se dissimuler ni les difficultés qui l'attendent, ni les talens des rivaux qui l'ont précédé dans la carrière. Montaigne, La Rochefoucauld et La Bruyère sont les premiers de nos écrivains moralistes, et peut-être aussi ceux qui ont le mieux connu le cœur humain. Duclos a tenté de suivre leurs traces ; mais pour avoir trop voulu se montrer penseur et piquant dans son style, il n'est souvent que minutieux et recherché; et au lieu d'approfondir les objets, il n'en parcourt que les superficies. Montesquieu, qui aimait à cacher son génie sous un air de frivolité, a esquissé, dans sa manière rapide et vraie, les mœurs et les ridicules qui le frappaient, et il a toujours mêlé la plaisanterie à des vues grandes et à des maximes pleines de sagesse. Voltaire, en étendant son empire sur tout ce qui est du ressort de la philosophie comme de la littérature, a, dans ses romans, presque égalé ce que Montesquieu a écrit de plus ingénieux sur la morale et sur les mœurs; et l'auteur de *Gilblas*, celui de *Mariamne*, Vauvenargues, et enfin J.-J. Rousseau, se sont ouvert chacun des routes différentes, et ils sont pourtant allés vers le même but.

On sera peut-être étonné de n'avoir pas déjà lu parmi ces noms illustres le nom de Molière; et je conviens qu'en parlant des peintres du cœur humain, j'aurais dû le citer le premier, si le genre plus difficile dans lequel il a triomphé, n'obligeait pas de lui réserver toujours une place unique.

Molière ne s'est pas contenté d'esquisser des portraits sur le papier, d'indiquer des caractères, de proférer des maximes, d'après les aperçus de la société. Il a fait bien plus, il a créé des personnages; et, après les avoir chargés des vices ou des ridicules qu'il voulait peindre, il a forcé ses modèles à se reconnaître dans ces images fantastiques et vraies, et souvent à se corriger. Voilà pourquoi Molière est autant au-dessus des simples moralistes, qu'un grand peintre d'histoire peut être au-dessus d'un peintre de portraits. Pourvu qu'on soit observateur éclairé et historien exact, on va bien rendre un caractère qu'on a sous les yeux; mais on ne peut composer une bonne comédie, ou un excellent roman, sans être doué de beaucoup de génie, ce qui n'empêche pourtant pas qu'on n'atteigne très-difficilement à la supériorité dans tous les genres, et que La Bruyère ne soit un grand écrivain.

C'est précisément La Bruyère qu'à voulu imiter l'auteur des nouvelles *Considérations sur l'Esprit et les Mœurs*; et nous espérons que nos lecteurs seront à même de juger, d'après le compte que nous allons rendre de cet ouvrage, s'il n'est pas souvent digne de son modèle.

Nous allons mettre le plus d'ordre possible dans l'extrait d'un ouvrage qui, par son plan, est peu susceptible d'analyse.

L'auteur des nouvelles *Considérations* observe d'abord *l'esprit* sous ses différens rapports: dans les affaires, dans le monde, dans la conversation, dans sa marche générale. Il remarque l'influence des passions sur l'esprit; mais il n'appuie peut-être pas assez sur ce ressort puissant, que d'autres philosophes ont regardé comme le premier et peut-être le seul mobile de l'esprit.

Il passe ensuite à ce qu'on nomme simplement

le bon sens; il traite de la cour, des courtisans et de notre politesse. Il compare deux de nos plus grands monarques, Henri IV et Louis XIV. Il défend le système de Montesquieu contre Voltaire; il trace un tableau abrégé du gouvernement républicain et du gouvernement monarchique; il parle de la guerre, de la vanité, de l'amour-propre, de la naissance, du caractère, du bonheur, de l'ennui, de l'amitié, des femmes, de la galanterie, de l'amour, de l'éducation, de la bonne compagnie, de l'avarice, de l'opulence, des avantages de la médiocrité, et enfin de la supériorité des anciens sur les modernes. Il a d'ailleurs eu soin d'entremêler tous ces objets d'une foule de caractères finement tracés, de réflexions ingénieuses, et d'anecdotes piquantes.

Nous allons essayer de le suivre dans quelques-uns de ces objets, et de présenter un résultat clair de ses idées, en prenant la liberté de le combattre toutes les fois que nous ne serons pas de son avis, mais en rendant toujours justice à la finesse de ses vues.

L'auteur observe d'abord, avec raison, que *l'esprit* est un mot vague, dont on se sert trop légèrement, et qu'il faudrait inventer des termes pour en désigner toutes les parties. Il donne alors une définition de l'esprit : « L'esprit, dit-il, est la con-
» naissance des causes, des rapports et des effets.
» L'esprit de profondeur remonte aux causes; ce-
» lui d'étendue embrasse les rapports; celui de

» finesse consiste à juger promptement des effets.
» L'esprit est l'aptitude à penser, et la pensée elle-
» même. » Dans tout cela, l'auteur nous paraît manquer d'exactitude et de clarté. L'esprit de profondeur et d'étendue est vraisemblablement le même; et l'esprit de finesse ne consiste pas à juger *promptement*, parce qu'on peut avoir un esprit très-fin et très-lent.

D'ailleurs, on voit que cette définition rentre dans celle de l'esprit et du jugement par Locke. « L'esprit, dit Locke, consiste à distinguer en
» quoi les objets qui diffèrent se ressemblent, et le
» jugement en quoi les objets qui se ressemblent
» diffèrent. » Mais le philosophe anglais, ordinairement si juste et si précis, se trouve ici précis sans être juste ; car l'esprit qui distingue en quoi les objets qui diffèrent se ressemblent, ne fait pas d'autre opération que celui qui distingue en quoi les objets qui se ressemblent diffèrent.

« L'homme qui pense le plus, qui détermine le
» le plus à penser, possède au plus haut degré le
» don de l'esprit. Combien d'auteurs, examinés
» dans ce rapport, perdraient leur réputation ! Il
» y a plus de pensées dans telle page de Montai-
» gne, de La Bruyère, de Montesquieu, que dans
» un poème entier. »

Tout le commencement de ce paragraphe est excellent ; mais on ne sait pas pourquoi l'auteur l'a terminé par un sarcasme contre la poésie, et de quel poème il a voulu parler. Si c'est d'un mauvais poëme, il a raison ; mais on pourrait lui répondre, avec non moins de justice, qu'il y a plus de pensées dans telle page de Lucrèce, des Géorgiques, de l'Essai sur l'Homme, des discours de Voltaire, etc., que dans plusieurs volumes de prose; et qu'en faudrait-il conclure ? Si l'auteur n'aime point la poésie, nous en sommes bien fâchés ; c'est un plaisir qu'il a de moins, et il est digne de l'aimer. Montesquieu avait affiché un grand dégoût pour ce bel art, après avoir longtemps essayé en vain de faire des vers.

C'est ici qu'on trouve une juste appréciation des talens de Duclos ; qu'on a long-temps mis à côté de Montesquieu, de Buffon et de J.-J. Rousseau, dans quelques sociétés à la mode.

« Le peintre de quelques portraits a été au-
» dessous du médiocre, quand il a tenté d'être
» peintre d'histoire. Duclos traçait les mœurs, les
» ridicules, les vices, les fausses vertus des gens
» avec lesquels il soupait ; et il n'avait pas soupé
» avec Louis XI. »

L'auteur, après avoir parlé de l'éloquence en homme éloquent, cite les moyens que les passions prêtent à l'homme. « La passion embellissait Le
» Kain. On oubliait sa taille ignoble, ses traits
» grossiers ; il s'élevait, s'ennoblissait. Le Kain dis-
» paraissait, et son âme donnait à son extérieur la
» noblesse, la fierté d'un héros. C'est en songeant
» au pouvoir créateur des passions, qu'une femme,
» à qui l'on témoignait de la surprise de l'amant

» qu'elle avait choisi, dit pour toute réponse :
» *Vous a-t-il aimé ?* »

Nous l'avons déjà dit, l'auteur était fait pour donner plus d'étendue à ses réflexions sur le pouvoir des passions, que M. Helvétius et M. de Vauvenargues seuls ont considérées philosophiquement dans les rapports qu'elles ont avec l'esprit, et dont dépendent si souvent les talens, le bonheur, et la destinée entière de l'homme.

L'article du bon sens est traité avec briéveté et bien, dans le livre que nous analysons.

« Le bon sens est une faible lumière qui éclaire
» un horizon borné, et qui suffit pour conduire
» sûrement celui qui n'étend pas plus loin sa
» vue. »

Après avoir parlé des réputations usurpées, et relevé quelques mauvais jugemens de La Bruyère sur Ronsard, Malherbe, Théophile, Balzac et Voiture, l'auteur continue à poursuivre l'esprit dans une marche plus certaine que celle dont nous avons parlé tout à l'heure, et il dit : « L'esprit au
» seizième siècle, consistait dans l'érudition. Il
» semble que le génie s'essayait pour parvenir au
» point de la maturité. Le bel esprit a succédé.
» Les grands talens se manifestent ensuite, et leur
» éclat s'est soutenu près d'un siècle entier. L'état
» d'épuisement, qui suit de grands efforts, sem-
» ble caractériser l'époque actuelle. Les littéra-
» teurs ont remplacé les hommes de génie ; on
» raisonne sur les ouvrages du siècle précédent ;

» on assigne les rangs ; on écrit beaucoup sur l'art
» d'écrire. Beaucoup d'auteurs sont en état de don-
» ner des leçons, bien peu de présenter des mo-
» dèles. Les principes du goût sont familiers, et
» l'habitude de juger a aiguisé le discernement
» général. Il y a plus de juges éclairés, plus d'a-
» mateurs instruits, et moins d'hommes d'un
» grand talent. Quand on est jeune, on produit ;
» mais quand la vieillesse appesantit les esprits,
» on ne fait plus que raisonner sur le passé. Tels
» sont les âges de la vie, et telle semble avoir été
» la marche des trois siècles. L'époque actuelle
» présente l'image de la vieillesse. L'impuissance,
» l'admiration du passé, l'amour de soi-même, qui
» est l'effet de l'âge et de l'insensibilité d'un cœur
» desséché, et enfin l'attachement à l'argent, sem-
» blent donner le caractère sexagénaire du siècle. »

Il faut avouer que, si ces observations ne sont pas entièrement neuves, elles ont du moins l'art d'être bien présentées.

Tout ce que l'auteur dit de la cour et des courtisans a le même mérite. S'il se rencontre quelquefois avec La Bruyère, ou quelques autres écrivains qui ont parlé de la cour et des courtisans, il remporte l'avantage de ne leur être point inférieur, et d'ajouter heureusement à leurs idées. Voyez comme il s'exprime sur les séductions qui environnent les princes.

« Sénèque a dit que le plus beau spectacle de
» la divinité était de voir l'homme vertueux aux

» prises avec l'infortune. Un autre spectacle non
» moins beau, c'est de voir un roi vertueux lut-
» tant contre les séductions qu'on s'efforce de mul-
» tiplier autour de lui, fermant ses oreilles à la
» voix de la flatterie, et dissipant les nuages qu'on
» élève sans cesse autour de la vérité. »

Les bornes de ce journal ne nous permettent pas de rapporter ici le parallèle que fait l'auteur d'Henri IV et de Louis XIV; qu'il nous suffise de dire que ce parallèle est à l'avantage de Louis XIV.

Nous avouons avec l'auteur qu'Henri IV dut en partie ses grandes qualités à la rudesse de son éducation et à ses malheurs. Nous convenons même qu'il a eu beaucoup de faiblesses, et nous n'essaierons pas de le justifier d'avoir laissé mourir Biron sur un échafaud : mais s'il n'a pas été un prince parfait, en a-t-il moins droit d'être compté au rang des grands hommes, et surtout au rang des bons rois ? Ne fut-il pas général habile, brave soldat, ami sensible, amant généreux, époux indulgent et père tendre ? N'a-t-il pas fait à son peuple tout le bien qu'il a pu lui faire, et ne travaillait-il pas sans relâche à le rendre heureux ?

Loin de nous la coupable envie d'obscurcir la gloire de Louis XIV ; mais, de quelque éclat dont elle brille encore, elle ne peut nous éblouir assez pour nous faire préférer ce prince à son aïeul. Il était né, sans doute, avec une grande âme ; il a déployé sur le trône des vertus éclatantes. Mais n'a-t-il pas trop écouté la flatterie, l'orgueil et la vengeance ? Peut-on justifier l'ordre de submerger la Hollande ? l'embrâsement du Palatinat ? les dragonades des Cévènes ? et tant de guerres qui ont dévasté et écrasé la France ?

Le roi qui désire le plus le bonheur de ses sujets, est le plus grand des rois. D'après cela, qu'on juge entre Henri IV et Louis XIV.

L'auteur parle très-bien du caractère, qui se modifie toujours d'après nos penchans, ou plutôt qui n'en est que le résultat ; aussi il remarque qu'en étudiant le caractère ou les penchans d'un homme, on pourrait assigner presque avec certitude sa conduite dans une circonstance donnée.

« Le bonheur et le plaisir, dit-il, sont deux
» manières d'être affecté, qui n'ont rien de com-
» mun... Tout homme peut éprouver des plaisirs
» vifs ; mais peut-être que l'âme et le cœur rendent
» seuls capables de goûter le bonheur ; et dès-lors
» tous ceux qui ne sont pas doués d'une sensibilité
» vive ne peuvent y prétendre ».

Cette conséquence est-elle bien vraie ? et n'est-ce pas, au contraire, cette vive sensibilité qui nous rend trop difficiles sur le bonheur ?

Voici qui est plus exact : « Il est des jours heu-
» reux ; il n'est point de vie heureuse ; ce serait
» un songe enchanteur sans réveil.

« La manière de sentir constitue le bonheur
» bien plus que les avantages qu'on possède » ;
et c'est ce que l'auteur démontre par des raisonnemens et des exemples.

« Un homme sur la roue, que son confesseur
» exhortait à la patience, lui répondit : « Mon père,
» il y a long-temps que je ne me suis trouvé dans
» une situation d'esprit aussi tranquille. »

« Un homme fort riche dans ce siècle, à portée,
» par sa fortune, de se procurer tous les plaisirs,
» jouissant d'une santé florissante, doué des avan-
» tages extérieurs, est mort de douleur de n'être
» pas gentilhomme ».

Le bonheur des grands et des gens riches dépend presque toujours d'eux-mêmes ; celui de la multitude dépend de ceux qui la gouvernent. Dans cette classe d'hommes, le bonheur consiste à ne pas souffrir ; et c'est aux législateurs à remplir cet objet ; aussi l'auteur leur adresse cette sage exhortation :

« O vous, bergers de grands troupeaux d'hom-
» mes, rois, souverains, dont l'âme sensible se
» plaît dans le contentement des autres, détour-
» nez les yeux de votre cour, si vous voulez don-
» ner l'essor à vos nobles sentimens ! Vous ne
» pouvez rendre heureux le petit nombre de cour-
» tisans qui vous environnent. Une soif inalté-
» rable d'or, de grandeurs, d'éclat, les domine.
» Abaissez vos regards vers une multitude à qui
» vous pouvez accorder un bien-être sensible et
» durable, et qui passera jusqu'à la seconde géné-
» ration. »

Après avoir parlé du bonheur, l'auteur parle de la durée du temps et de l'ennui, et il prouve que les religieux s'ennuient beaucoup moins que les gens du monde, parce que toutes les heures de leur journée sont variées par diverses occupations qui les remplissent; de même le peuple est encore moins susceptible de connaître l'ennui qu'aucune autre classe de la société, puisque, comme l'a si bien observé M. de Voltaire :

Le travail fut toujours le père du plaisir.

L'amitié, l'amour, et tout ce qui concerne l'esprit et le caractère des femmes, tiennent beaucoup de place dans cet ouvrage. L'auteur semble penser qu'il n'y a pas d'amitié réelle; mais il n'applique ses réflexions qu'aux temps modernes et aux sociétés dans lesquelles il vit; il avoue lui-même que l'homme est capable d'une véritable amitié; ce qui se démontre invinciblement par une connaissance approfondie du cœur humain et de l'influence des gouvernemens; et nous, nous osons avancer qu'on en pourrait citer beaucoup d'exemples récens, pour opposer à l'égoïsme et à la perversité de nos mœurs.

Il traite aussi l'amour comme un sentiment presque toujours factice et un commerce de perfidie; et il ne fait pas plus de grâce aux femmes, dont il relève cruellement tous les torts et tous les défauts.

« La femme chez les sauvages est une bête
» de somme, dans l'Orient un meuble, et chez
» les Européens un enfant gâté.

» La vanité fait plus succomber de femmes,
» que le goût, le penchant et les sens...

» Combien la femme qu'on croyait la plus réser-
» vée, fait d'étranges révélations à son amant,
» lorsqu'elle s'est abandonnée! combien de fois
» elle a été au moment de succomber! que d'en-
» treprises qui l'ont profanée! que de savoir elle
» a sur les plus petits mystères de l'amour! elle
» connaît jusqu'à la langue de la débauche!

» L'amour-propre domine en général dans le
» sentiment des femmes, et les sens dans l'atta-
» chement des hommes...

» On débite beaucoup d'histoires fausses sur les
» femmes ; mais elles ne sont qu'une foible com-
» pensation des véritables qu'on ignore ». Cette
phrase ressemble à la réflexion malveillante d'un
autre écrivain, qui n'a jamais épargné les femmes.
Mézerai dit, en parlant de quelques aventures
amoureuses : « De ces choses-là, on en conte toujours plus qu'il n'y en a, et il y en a toujours plus
qu'on n'en sait.

» Ce qui choque le plus une femme dans la
» témérité des hommes, c'est l'idée que leurs en-
» treprises sont déterminées par l'opinion de la
» facilité. Mais si la passion peut en être l'excuse,
» il n'est point de hardiesse qu'une femme ne
» pardonne en secret. »

Ces traits, et une infinité d'autres à peu près
pareils, forment le caractère que l'auteur attribue
aux femmes. Mais sans prétendre nous établir ici

les réparateurs des torts faits à ce sexe aimable, qui se défend assez lui-même par ses charmes contre des vérités fâcheuses et des outrages impuissans, nous avouons que l'auteur n'a pas assez fait valoir les compensations dont la nature a doué les femmes pour balancer leurs défauts. D'ailleurs, en les considérant, il ne les prend que dans une classe particulière de la société et au milieu de Paris, où la corruption des mœurs a tout changé. Mais ses portraits conviendraient-ils à des femmes que l'éducation, les exemples et le luxe n'auraient pas, en quelque sorte, dénaturées? conviennent-ils même à toutes nos Françaises? n'est-il donc plus parmi nous des épouses fidèles, des mères respectables, des citoyennes vertueuses, des femmes enfin qui, suivant la belle expression d'un auteur moderne, ne donnent à leurs maris, pour garant de leur vertu, que leur vertu même? Oui, sans doute, il y en a; et si nous avions besoin d'en citer des exemples, nous en trouverions aisément, même dans le rang élevé; qu'on a eu principalement en vue dans les nouvelles *Considérations*.

L'opposition qui se trouve des mœurs des jeunes gens des deux sexes qui entrent dans le monde, avec l'éducation qu'il ont reçue, est ici très-justement observée : mais en cela, l'auteur s'est contenté de remarquer les effets, sans essayer de remonter aux causes. Il serait pourtant utile de savoir si c'est l'éducation qui enfante les mauvaises mœurs, ou si ce sont les mauvaises mœurs qui détruisent tout-à-coup le pouvoir de l'éducation; et, quoi qu'il en soit, nous croyons qu'un changement dans l'éducation nationale, est plus important que jamais. Un philosophe moderne a répandu des lumières sur l'éducation physique et particulière, dont la génération présente sent déjà les avantages ; mais comme il n'a point parlé de l'éducation publique, nous espérons qu'il sera dignement suppléé par un écrivain qui, quoique jeune encore, s'est long-temps occupé de cet intéressant objet, et nous sommes bien certains que l'amitié n'égare point notre opinion. Il nous reste à relever un sentiment qu'on trouve dans les nouvelles *Considérations*, et qui nous semble erroné : on y soutient que le meilleur roman est toujours nuisible aux mœurs. Nous sommes d'un avis contraire. Nous croyons que Télémaque, Mariamne, Grandisson, le Vicaire de Wakefield, et une foule d'autres ouvrages du même genre, sont propres à nous donner l'amour de la vertu, et à nous faire tenir en garde contre les séductions du vice.

Ici se retrouve encore le parallèle tant de fois tracé des anciens et des modernes; et il faut avouer qu'il l'est d'une manière judicieuse et nouvelle. L'auteur, en rendant hommage à la supériorité de nos grands hommes, reconnaît la prééminence de ceux de l'antiquité, prééminence qu'ils ont due et au climat et à la sagesse de leurs institutions, et qui les rendra à jamais l'admiration et les modèles des peuples qui auront le vrai goût des arts.

L'analyse que nous venons de faire est exacte ; nous n'avons point relevé quelques phrases qui nous semblent peu élégantes, quelques comparaisons trop recherchées ; mais nous avons combattu les idées qui nous ont paru les plus fausses. Nous devons ajouter que les bornes qui nous sont prescrites ici, ne nous ont pas permis d'indiquer tout ce qui nous a plu dans l'ouvrage que nous annonçons, et qu'il paraît bien rarement des livres qui décèlent autant d'esprit dans leur auteur et qui soient aussi dignes de l'estime publique. Heureusement il n'est plus très-rare, mais il est toujours très-beau que des hommes chargés de grandes places d'administration, instruisent par leurs écrits les peuples au bonheur desquels ils travaillent.

Sur l'ouvrage intitulé, *Motifs essentiels de détermination pour les Classes privilégiées.* — 1789.

C'est un recueil de différens morceaux détachés d'un grand ouvrage dont la première livraison, au moment d'être donnée au public, avait été *mise à la Bastille*, et n'en est sortie que le 13 juillet, avec d'autres prisonniers de la même espèce, et de toute espèce. Plusieurs de ces morceaux pouvaient alors être d'un intérêt qu'ils n'ont plus à présent que la révolution est à peu près consommée, et que *l'égoïsme même ordonne d'être citoyen.* Réflexion juste et qui pourra, nous l'espérons du moins, opérer plus d'une conversion, et attirer des amis à la cause publique. L'auteur a voulu prendre date, et atteste ses amis que plusieurs de ces morceaux ont été écrits dès l'année 1775. La multitude d'ouvrages sortis presque en même temps de tous les porte-feuilles, prouve à quel point la révolution était préparée et presque faite d'avance dans tous les esprits. Ce ne sera pas un médiocre sujet d'étonnement pour la postérité, de voir la constance et la continuité des efforts multipliés contre une révolution commandée par l'opinion générale, dans un pays où jadis l'Université fut redoutable, et où presque de nos jours la Sorbonne fut une puissance.

Le fragment que nous recommandons le plus à nos lecteurs, est celui qui a pour titre : *Remontrances essentielles à la Noblesse française*, où l'auteur cherche à la consoler de *l'impossibilité que la France, lorsqu'elle a des têtes, soit encore gouvernée comme lorsqu'elle n'avait que des casques.* Il est encore plus difficile de la gouverner de la même façon, depuis que les casques sont sur toutes les têtes. Mais l'auteur ne pouvait prévoir un événement postérieur à la publication de son recueil.

Sur l'ouvrage intitulé, *Situation politique de la France, et ses rapports actuels avec toutes les puissances de l'Europe;* par M. de Peyssonnel, ancien Consul-général. — 1790.

CETTE production est l'ouvrage d'un homme de mérite, connu et distingué depuis long-temps dans la carrière des négociations. La première partie a pour objet de relever toutes les fausses vues qui ont fait conclure le traité de Versailles en 1756, et offre le tableau de toutes les fautes que le ministère français a commises depuis cette époque jusqu'à nos jours. Un volume a suffi pour cette partie de l'ouvrage.

La seconde, beaucoup moins considérable, est pourtant la plus intéressante et la plus utile. C'est le tableau général des rapports actuels de toutes les puissances européennes avec la France. L'auteur la met, pour ainsi dire, en regard avec chacune de ces puissances, grandes ou petites. Et c'est ici qu'on voit toute l'étendue des connaissances de M. de Peyssonnel en politique positive. Le mérite de son livre, considéré sous ce point de vue, sera toujours incontestable. Mais il paraîtra d'un moindre prix à ceux qui mettent moins d'importance aux idées de *grand rôle à jouer dans l'Europe*, de *prépondérance politique*, à ceux qui de peuple à peuple ne croient pas *aux ennemis naturels, aux secrets les plus profonds des cabinets*, etc. Ceux qui se permettent de manquer de respect pour la vieillesse de ces idées, disent qu'elles ont fait leur temps, qu'on s'en est fort mal trouvé, et qu'il importe à l'humanité qu'elles cèdent la place à d'autres. Ils disent que la prétendue gloire d'un maître n'est pas la gloire d'une nation, que celle de la nation même n'est pas son bonheur; que les peuples ne sont pas faits pour orner les gazettes, mais seulement pour être heureux; que les secrets du cabinet ne sont importans que dans les intrigues des ministres trompant leur maître pour leur intérêt personnel, engageant par leurs intrigues des guerres sanglantes terminées par des traités captieux qui recèlent le germe d'une guerre nouvelle; qu'il y a des *mystères politiques* lorsqu'on est gouverné dans les ténèbres, et qu'il y en a fort peu lorsqu'on se gouverne au grand jour; enfin, ils prétendent que la politique elle-même dédaignera la plupart de ses anciennes maximes, axiomes de la sottise et de la pusillanimité. Ils allèguent, à l'appui de leur opinion, le dernier traité de paix entre le grand Frédéric et l'empereur, le traité entre l'Amérique et la France, où la politique plus libre, plus ouverte, plus généreuse, a parlé un langage qui eût fort étonné les négociateurs du dernier siècle.

Telles sont les idées des novateurs, fort contraires à celles des vieillards du pays. Mais celles-ci s'en vont, et les autres arrivent. Entre deux armées, dont l'une diminue tous les jours par la désertion, et dont l'autre s'accroît des recrues, il n'est pas difficile de deviner à qui doit demeurer la victoire. On sait ce que le grand Frédéric pensait de la vieille politique d'Europe. M. de Peyssonnel attribue une grande partie de ses succès à la connaissance qu'il avait des secrets les plus profonds de notre cabinet. Mais le premier secret de notre cabinet était que le ministère, toujours occupé d'intrigues et de futilités, ne prendrait jamais que de mauvaises mesures; qu'on n'opposerait au plus grand guerrier du siècle que des généraux ineptes; ou que, si on lui en opposait d'habiles, on ne manquerait pas de les rappeler bien vite après une première victoire. Avec cette connaissance qu'il avait comme toute l'Europe, avec ses troupes, son trésor et son génie, il pouvait s'embarrasser fort peu de notre cabinet, et en rire à son aise, comme il s'en donne le passe-temps dans tout le cours de sa correspondance.

Malgré ces observations, qui supposent seulement des principes politiques différens de ceux de M. de Peyssonnel, il n'est pas moins vrai que son livre peut et doit être utile, même dans les circonstances actuelles, où de grands changemens dans les idées relatives à l'ordre social vont en amener d'aussi grands dans les rapports politiques de la plupart des puissances.

Ce second volume est terminé par un Mémoire, où l'on développe les avantages que le pacte de famille peut procurer à la France ou à l'Espagne, pour le rétablissement de la marine et du commerce maritime. C'est encore ici qu'on peut trouver de l'instruction, et l'auteur est sur son terrain. Mais ses principes spéculatifs seront encore exposés à de terribles attaques. La philosophie qui, vers ces derniers temps, s'est mêlée de tout, précisément parce qu'elle était exclue de tout, s'est avisée de se mêler aussi de politique financière. Elle a combattu et détruit plusieurs des opinions qui servent de base aux raisonnemens de M. de Peyssonnel. Les opérations qu'il conseille aux gouvernemens de France et d'Espagne, pour la réduction de l'intérêt légal de l'argent, paraîtront aux novateurs une suite de préjugés de l'ancienne routine. Ils soutiennent que toute manœuvre pour diminuer l'intérêt de l'argent est absurde, puisque l'intérêt (supposé de 5) tombe de lui-même à 4, quand il y a 5 à prêter, comme il monte nécessairement à 6, quand, au lieu de 6, il n'y a que 5 à prêter, ou qu'il se trouve un sixième de plus d'entreprises à faire.

Ils ne lui passeront pas non plus l'idée qu'une banqueroute nationale en Angleterre est inévitable; ils seront mécontens de lui voir approuver « un des » plus ingénieux écrivains de la Grande-Bretagne, » qui pensait qu'une banqueroute de fonds publics » était devenue non seulement nécessaire, mais » juste en Angleterre. » D'abord ils lui demanderont comment ce qui est ailleurs une suprême injustice, devient juste en Angleterre ; ils demanderont si les Anglais ont été contens de l'idée qu'on voulait donner de leur justice nationale. Mais en abandonnant cette question à laquelle il serait difficile de répondre, nos novateurs se vantent d'avoir prouvé que l'idée d'une banqueroute nationale est un monstre en politique, et que cette crainte n'est qu'une chimère. Ils prouvent par des chiffres (car enfin ils savent aussi compter), ils prouvent qu'en Angleterre, depuis 1690 jusqu'à nos jours, le montant du revenu territorial, le prix des denrées, celui des marchandises, le salaire des journées, la dette publique, l'impôt, les exportations et la richesse nationale s'étant accrus dans une proportion exacte et respective, les anciens rapports entre toutes les parties de la société se trouvent les mêmes qu'avant la dette et les taxes qui doivent en payer l'intérêt. Il résulte, selon eux, que la banqueroute des fonds publics en Angleterre est un fantôme qui a trop long-temps effrayé les Anglais eux-mêmes. Mais il paraît qu'ils commencent à revenir de leur peur. Il reste à expliquer, dans ce système, comment a pu s'opérer cette merveille du niveau établi et maintenu entre la dette publique et les taxes qui en paient l'intérêt. Elle s'est opérée d'elle-même, par l'effet nécessaire de la liberté, dans un pays où nulle classe d'hommes ne pouvant être opprimée par un autre, où un intérêt peut se défendre contre les agressions d'un autre intérêt, le prix des journées du travailleur s'est augmenté dans la proportion nécessaire pour payer les taxes. Voilà, disent-ils, tout le miracle ; et ils concluent que la liberté produira en France le même prodige qu'en Angleterre : il faut convenir qu'il y a eu dans le monde des novateurs plus fâcheux et des spéculateurs moins consolans.

Sut l'ouvrage intitulé, *Vœux d'un Solitaire, pour servir de suite aux Etudes de la Nature;* par Jacques-Bernardin-Henri de Saint-Pierre. — 1790.

Cet ouvrage, commencé à l'époque de la convocation des états-généraux, n'a pu paraître qu'au mois de septembre dernier, et déjà une partie des questions sur lesquelles M. de Saint-Pierre donnait son avis, étaient décidées par l'assemblée nationale, conformément ou contradictoirement à l'opinion de l'auteur. Cette production n'avait donc plus, même à sa naissance, la sorte d'intérêt qui a fait rechercher alors la plupart des écrits où ces questions étaient discutées. Mais nul ouvrage ne pouvait se passer plus aisément de cette faveur passagère des circonstances. Le talent et le génie sont l'à propos de tous les temps, et l'un et l'autre brillent dans l'écrit que nous annonçons. Il est vrai qu'on retrouve, dans *les Vœux d'un Solitaire*, plusieurs des idées que l'auteur avait déjà répandues dans ses *Études de la Nature*. Mais la variété des aspects sous lesquels il les reproduit, le surcroît des preuves, soit en raisonnement, soit en exemples, dont ils les fortifie encore, le sentiment dont il anime les nouveaux développemens qu'il leur donne, tout atteste la plénitude de sa conviction, l'abondance de ses pensées, la richesse de son talent, et surtout ce vif et profond désir du bonheur des hommes, seul mobile digne d'un talent si rare et si précieux.

Il est inutile d'en dire davantage sur un ouvrage qu'on peut considérer comme le cinquième volume des *Études de la Nature*. Il serait trop long d'en relever les beautés; et il semblerait fastidieux de combattre quelques opinions de l'auteur, déjà peut-être abandonnées par lui-même depuis la publication de son livre, et que, par le fait, la nation a laissées bien loin derrière elle.

Sur l'ouvrage intitulé, *Voyage de M. le Vaillant dans l'intérieur de l'Afrique par le Cap de Bonne-Espérance, dans les années* 1780, 1781, 1782, 1783, 1784 et 1785.— 2 *Vol. in-8°.*—1790.

Le voyage que nous anonçons est un de ces ouvrages qui ne peuvent se ressentir de l'indifférence plus ou moins passagère du public, pour tout ce qui est étranger aux grands objets dont s'occupe la nation ; il trouvera des lecteurs, et les intéressera aujourd'hui comme il eût fait dans les temps les plus paisibles, et lorsqu'on était uniquement occupé de sciences et de littérature. Un voyage dans l'intérieur de l'Afrique éveille d'abord la curiosité ; et l'auteur de celui-ci ne tarde pas à faire naître un intérêt qu'il soutient jusqu'à la fin de son ouvrage. On sait que la navigation, qui de nos jours a découvert plusieurs côtes de ce vaste continent, n'a pu nous dévoiler l'intérieur de ces immenses régions où tout est nouveau pour nous, terres, plantes, hommes, oiseaux, poissons, animaux de toute espèce. On peut lui appliquer ce que M. le Vaillant dit de l'Amérique méridionale : « c'est le foyer où la nature travaille ses excep- « tions aux règles qu'on croit lui connaître. » L'Afrique lui parut le Pérou des naturalistes : il en a fait le sien ; il s'y est enrichi, et nous fait partager sa richesse ; il sait même la faire aimer par l'intelligence avec laquelle il en dispose, par le goût qui règne dans la distribution de son ouvrage. Il sait peindre, animer, varier ses tableaux : il parle tour-à-tour à la raison, au sentiment, à l'imagination. Nous entendons dire que son livre n'est pas assez savant. Le reproche peut être fondé ; car il est certain que le livre n'est point ennuyeux, condition requise, en plus d'un genre, pour être réputé profond. C'est à M. le Vaillant à confondre cette critique ; et il paraît qu'il s'y disposait d'avance, puisque, dans son premier voyage, qui sera bientôt suivi d'un second, il annonce une ornithologie, et une histoire des animaux quadrupèdes de cette contrée, qu'il va bientôt donner au public. Revenons à celui qu'il nous donne en ce moment.

L'auteur part du Texel avec des lettres de recommandation pour M. Boers, ancien fiscal du Cap de Bonne-Espérance. Après quelques accidens de mer, que l'auteur décrit en physicien, et une fâcheuse rencontre plaisamment contée, il arrive au Cap au moment de la rupture entre la France et l'Angleterre. Il fait une description succincte de la ville du Cap et des environs, des productions naturelles, arbres, plantes, etc. Quoique son objet ne soit pas d'insister sur l'état civil et politique de la colonie, il relève en passant quelques abus absurdes ou intolérables, soufferts ou même protégés par l'administration. Il en prévoit les effets nécessaires, et donne à la compagnie hollandaise d'excellens avis, dont elle ne profita pas ; car, en dépit des conseils et des prédictions, la puissance marche aveuglément jusqu'à l'instant où elle se précipite.

L'auteur part du Cap pour aller visiter la baie de Saldanha, pour chasser, pour faire connaissance, dit-il, avec des bêtes féroces, et préluder aux combats qu'il devait leur livrer dans le continent. Son coup d'essai fut heureux; le premier tigre qu'il détruisit, se trouva monstreux. « Je le mesurais des regards, dit-il, et me croyais tout au moins un Thésée.» Tout allait bien; la collection d'animaux, d'oiseaux, d'insectes, s'accroissait tous les jours; mais ces richesses étaient déposées sur un vaisseau qui se trouvait à la rade. Il serait trop long d'exposer les raisons politiques qui, aux approches de la flotte anglaise, obligèrent le capitaine de faire sauter en l'air son vaisseau. Qu'on se figure la position d'un homme que la passion des voyages, des sciences, des découvertes arrache à sa patrie, aux regrets de sa femme, de ses enfans, envoyé au-delà des mers chercher des dangers de toute espèce, et qui voit en un instant ses collections, sa fortune, ses projets, ses espérances, gagner, dit-il, la moyenne région et s'y résoudre en fumée. Ce n'est pas tout, il fallait fuir les vainqueurs, et gagner le Cap. C'est ce qu'il fit avec le désespoir dans le cœur; mais il avait un ami. M. de Boers, ne le voyant point revenir avec les autres fugitifs, s'en inquiéta et le fit chercher dans l'asile où il s'était retiré en attendant des secours d'Europe. «Monsieur, lui dit tranquillement M. Boers, vous n'oublierez pas que vous m'êtes recommandé. Revenez à vos projets; c'est à moi de pourvoir aux détails. Acceptez, je le veux. — J'acceptai, dit l'auteur, l'offre de cette ame généreuse; un refus l'aurait trop blessée.» On conçoit de quelle espèce furent les apprêts du voyage. Deux grands chariots, dont l'un chargé de tout ce qui convenait à un naturaliste; l'autre de provisions, instrumens, outils, fusils, pistolets, poudre, plomb, balles de plusieurs calibres, biscuit, thé, café, sucre, plusieurs barils d'eau-de-vie et force tabac pour les Hottentots, quincailleries, verroteries, colliers, bracelets, pour faire, dit-il, suivant l'occasion, des échanges ou des amis. Son train était composé de trente bœufs, trois chevaux de chasse, neuf chiens, et cinq Hottentots. Le nombre de ces derniers monta depuis jusqu'à quarante. Il part; et dès le lendemain, il s'arrête, le soir, au pied des hautes montagnes qui bornent la Hollande hottentote au pied du Cap. « Ce fut alors, dit-il, qu'entièrement livré à moi-même, et n'attendant de secours que de mon bras, je rentrai, pour ainsi dire, dans l'état primitif de l'homme, et respirai pour la première fois l'air pur et délicieux de la liberté. »

Il poursuit sa route dans les déserts, dans les forêts, évitant autant qu'il lui est possible les habitations, et s'avance dans le pays des Anteniquois, *hommes de miel*. On sent qu'ici nous devons abandonner tous les détails; et que si l'Afrique est le pays des merveilles, un extrait, un journal même n'en sont pas la place. Il est impossible de suivre l'auteur dans ses chasses, ou plutôt dans ses guerres avec les bêtes féroces: buffles, jacals, hyènes, panthères, lions, éléphans, hippopotames, etc. La dissection des vaincus était le prix de la victoire, toujours achetée par de grandes fatigues, et qui souvent pensa couter plus cher : incroyable effet de l'amour des sciences. « J'avais trouvé dans les bois, dit M. le Vaillant, un vieux arbre mort, dont le tronc était creux ; c'est là que, malgré les pluies continuelles, je passais presque toutes mes journées à guetter les petits oiseaux et le gibier qui se présentaient : j'y étais du moins à l'abri de la pluie, et me nourrissais d'espérance. De cette niche sacrée, j'abattais impunément tout ce qui se montrait devant moi. Ainsi, l'étude de la nature l'emportait sur les premiers besoins : je mourais de faim, et songeais à des collections. »

C'est dans l'ouvrage même qu'il faut lire la description du genre de vie qu'il menait dans son séjour à Pompoen-Kraal, partagé entre les plaisirs de ses diverses chasses, de ses études, sous le plus beau ciel, dans la société de ses animaux domestiques et de ses fidèles Hottentots, qu'il traitait en amis, qu'il représente, non comme des animaux abrutis et dégoûtans, mais comme des hommes simples, grossiers, bons et sensibles, encore chers à son souvenir. Ce sentiment se reproduit en plusieurs endroits de son livre, avec un intérêt nouveau. Les momens passés à Pampoen-Kraal, il les appelle les seuls momens de sa vie où il ait connu tout le prix de l'existence. « Je ne sais quel attrait puissant, dit-il, me ramène sans cesse à ces paisibles habitudes de mon âme; je me vois encore au milieu de mon camp, entouré de mon monde et de mes animaux. Une plante, une fleur, un éclat de rocher, çà et là placés, rien n'échappe à ma mémoire ; et ce spectacle, toujours plus touchant, m'amuse et me suit par tout.» Voilà ce qui paraîtra sans doute inconcevable à ceux qui ne connaissent ni le charme d'une indépendance absolue, ni la passion des découvertes, ni le plaisir inexprimable que la nature attache aux grands développemens de nos facultés morales et intellectuelles.

M. le Vaillant, après avoir enrichi sa collection d'un grand nombre d'oiseaux, de quadrupèdes, de plantes, etc., etc. quitte le pays des Anteniquois, et prend sa route vers l'Augekloof : c'est une vallée longue et marécageuse, entourée de montagnes escarpées et arides, que le voyageur ne put franchir qu'avec des peines inexprimables. Il ne savait si la route qu'il avait prise le conduirait vers des hordes hottentotes ou vers des Caffres. Ces Caffres, que l'auteur visita depuis, étaient l'objet de la terreur universelle. Il s'en faut bien que l'auteur les ait trouvés tels qu'on les lui avait représentés dans la colonie. Le gouvernement du Cap, qui ne peut contenir dans l'ordre et dans l'obéissance les colons éloignés, ignore ou feint d'ignorer les excès monstreux dont ils se sont rendus coupables pour reculer les limites de leurs possessions aux dépens des peuplades voisines. De là, parmi elles, cette haine pour les blancs, qui n'est qu'une juste horreur pour leurs cruautés ; et de là, parmi les blancs, l'atrocité des calomnies par lesquelles ils cherchent à flétrir des hommes simples et innocens, dont ils ont provoqué les vengeances. Cette vérité affligeante, que M. le Vaillant prouve par des exemples et par des faits, semble lui avoir inspiré une sorte de passion pour les sauvages, et une profonde aversion pour les blancs, et en général pour la civilisation : sentiment qui paraît toujours un peu bizarre, que le vulgaire appelle misantropie, et qui n'est, au contraire, qu'un amour trop ardent de l'humanité, et une violente indignation contre les crimes, qui, dans l'ordre social, font le malheur des hommes. « Partout où les sauvages, dit M. le Vaillant, sont absolument séparés des blancs, et vivent isolés, leurs mœurs sont douces ; elles s'altèrent et se corrompent à mesure qu'ils les approchent. Il est bien rare que les Hottentots qui vivent avec eux, ne deviennent des monstres. Lorsqu'au bord du Cap, je me suis trouvé parmi des nations très-éloignées, quand je voyais des hordes entières m'entourer avec les signes de la surprise, de la curiosité la plus enfantine, m'approcher avec confiance, passer la main sur ma barbe, mes cheveux, mon visage ; je n'ai rien à craindre de ces gens, me disais-je tout bas, c'est pour la première fois qu'ils envisagent un blanc. » Juvénal n'a rien de plus fort que ce dernier trait ; mais il se trouve malheureusement trop justifié dans le voyage de M. le Vaillant, par le contraste des mœurs sauvages et des mœurs européennes.

L'auteur, toujours menacé de ces Caffres si redoutables, et prenant contre eux toutes les précautions de la prudence, s'avance dans le pays, où on le suit avec intérêt, à travers les dangers de ses chasses aux éléphans, aux bubales, aux gazelles, dont il décrit plusieurs espèces encore inconnues. Les productions naturelles, les différens paysages, les sites pittoresques, agréables ou terribles, les phénomènes d'une nature nouvelle pour la plupart de ses lecteurs, se reproduisent sous les pinceaux de Teniers ou de Berghem. Dans cette variété d'objets, presque tous intéressans, nous ne pouvons nous arrêter qu'à celui qui l'est davantage et le plus généralement à l'homme, aux différentes hordes sauvages qu'a visitées M. le Vaillant et qui paraissent avoir été si mal observées avant lui. On connaît les contes ridicules de Kolbe, répétés par tous les voyageurs, et qui ont répandu en Europe des idées si absurdes sur les Hottentots. Quelques-unes sont accréditées par M. Sparmann lui-même, qui publia dans ces dernières années un voyage d'Afrique. M. le Vaillant rend justice à ce savant suédois, et ne le récuse point sur les choses qu'il a vues de ses propres yeux. Mais il lui reproche d'avoir donné une confiance aveugle aux erreurs ou aux mensonges des colons, la plupart pleins de préjugés ou de mauvaise foi. C'est une chose bien remarquable, que de voir la plupart des voyageurs modernes en opposition avec les voyageurs précédens, qui peignent sous des couleurs odieuses le sauvage, l'homme de la nature, que d'autres ont vu depuis sous un aspect plus favorable. Bacon disait qu'il fallait recommencer l'entendement humain, entreprise assez pénible après tant de siècles perdus. Il ne serait pas impossible qu'il fallût de même recommencer les observations, première base des idées de quelques philosophes sur la nature humaine, qu'ils représentent comme mauvaise, et faite pour toujours l'être. Le voyage de M. le Vaillant la fait aimer dans sa simplicité la plus grossière. Il rapporte différens traits des Hottentots, qui justifient ses fréquens souvenirs et les retours de sa sensibilité vers ce peuple doux et bon. « Il semble, dit-il, qu'on se soit plu à le calomnier de toutes les manières. » On a dit et répété qu'une mère qui accouche de deux enfans à la fois, en fait périr un sur le champ ; d'abord ce fait est rare, et révolte ces nations. Cette question même a indigné plusieurs de ces sauvages, et ce crime n'a été commis que dans le cas où la mère, craignant de voir périr ses deux jumeaux, s'est vue forcée d'en sacrifier un.—Autre calomnie : en cas de mort de la mère, dit M. Sparmann ; il est d'usage d'enterrer vivant avec elle son enfant à la mamelle. C'est ce qui m'a, dit-il, été *certifié par des colons*. On sait le cas que M. le Vaillant fait de ce témoignage; mais en le supposant vrai, il en conclut que la mère étant morte d'une fièvre épidémique, comme le dit M. Sparmann, les Hottentots alarmés, ont pu s'éloigner du cadavre et de l'enfant ; car la peur de la contagion les oblige souvent d'abandonner jusqu'à leurs troupeaux, leur seule richesse. S'ils abandonnent leurs vieillards et leurs malades, ce n'est que lorsqu'un ennemi vainqueur les oblige à prendre précipitamment la fuite : c'est ce qui pourrait arriver en Europe. La famine est encore une des calamités contre laquelle ils ne connaissent pas d'autre expédient. « Mais, comme l'observe l'auteur, les calamités publiques, pour des peuples qui n'ont pas la première des combinaisons de nos arts, et nul moyen de s'y soustraire, si ce n'est la plus prompte fuite, ne peuvent être la règle avec laquelle il faut les juger. » Mais l'accusation contre laquelle il s'élève avec plus de force, c'est celle de ne connaître, dans leurs amours, ni les différences de l'âge, ni cette horreur invincible qui sépare les êtres rapprochés par le sang. Il se révolte contre des soupçons infâmes. « Oui, dit-il, toute une famille habite une même hutte ; oui, le père se couche avec sa fille, le frère avec sa sœur, la mère avec son fils ; mais au retour de l'aurore, chacun se lève avec un cœur pur. J'ose attester que, s'il est un coin de la terre où la décence dans la conduite et dans les mœurs soit encore honorée, il faut aller chercher son temple au fond des déserts. » M. Sparmann avoue lui-même que les sauvages ont plus de modestie que de voile ; et M. le Vaillant ajoute qu'il n'a trouvé partout que circonspection et retenue chez les femmes, et même chez les hommes. Partout où il a trouvé des mœurs différentes, il ne les a jamais vues que comme un effet de la communication que ces hordes avaient eue avec les blancs.

Ces peuples n'ont aucune des superstitions que Kolbe leur attribue. L'auteur ne leur a même connu aucune idée religieuse. Ce que quelques voyageurs ont appelé un culte envers la lune, n'est qu'une espèce de danse nocturne, qui ne suppose aucune idolâtrie à l'égard de cet astre. La cérémonie nauséabonde du mariage des Hottentots, les arrosemens d'urine répandue sur les deux époux: sottises de Kolbe, rêves d'un voyageur sédentaire, qui recueillait des bruits populaires dans les tavernes du Cap. Il est vrai pourtant que la sémicastration a lieu dans quelques peuplades, ainsi que la cérémonie de couper une phalange des doigts de la main ou du pied, sans qu'on puisse savoir d'où vient cette absurde coutume. A l'égard du fameux tablier des Hottentotes, c'est une bizarrerie qui se trouve quelquefois chez une certaine horde; mais elle est l'effet d'un caprice absurde, et d'une mode qui s'est efforcée de faire violence à la nature.

Telle est la légèreté avec laquelle on a observé ce peuple, qu'on a prêté aux femmes hottentotes les coutumes les plus bizarres : celle, par exemple, de s'entourer les bras et les jambes d'intestins d'animaux, en guise de bracelets; et il est vrai que ce qu'on a pris pour des intestins d'animaux, sont des tissus de jonc dont elles forment leurs nattes, ou des peaux de bœufs coupées et arrondies à coup de maillet; préservatif indispensable contre la piqûre des ronces, des épines, et la morsure des serpens. L'auteur convient pourtant que l'habitude de voir des Hottentotes, n'a jamais pu le familiariser avec l'usage de se peindre la figure de mille façons différentes, et de se parfumer avec de la poudre de boughou, dont l'odorat d'un Européen n'est pas agréablement frappé. Enfin, M. le Vaillant ne laisse rien à désirer sur le détail des mœurs de ce singulier peuple, remarquable entre les sauvages même par l'étonnante vivacité de quelques-uns de ses sens, par des habitudes qui le caractérisent fortement, par la faculté qu'il a de se commander en quelque sorte le sommeil au défaut de nourriture, de suppléer aux alimens qui lui manquent en se resserrant l'estomac avec des courroies, de se gorger de la chair et de la graisse des animaux, et de vivre ensuite plusieurs jours avec quelques sauterelles; heureux quand ils trouvent quelques rayons de miel qui leur sont montrés par un oiseau que les naturalistes ont nommé *indicateur*, et pour lequel ces sauvages ont, par cette raison, le plus profond respect!

Tous ces détails sur les Hottentots sont terminés par quelques réflexions sur leur langue. M. le Vaillant s'est donné la peine de l'apprendre, et la venge du principal reproche qui lui a été fait. « Elle ne ressemble, dit-il, ni aux gloussemens des dindons, ni aux cris d'une pie, ni aux huées d'un chat-huant. Elle n'est pas si rebutante qu'elle le paraît d'abord. Sa grande difficulté consiste dans les différens clapemens qui précèdent chaque mot. » L'auteur caractérise chacun de ses clapemens, et finit par donner un court vocabulaire de cet idiome.

Nous avons laissé notre voyageur dans l'incertitude de la route qu'il tenait, et ignorant si les premières hordes qu'il rencontrerait seraient caffres ou hottentotes. Ce doute fut levé par l'arrivée imprévue d'une troupe de Gonaquois. C'est une race mixte, qui tient également du Caffre et du Hottentot. Ils sont d'une taille supérieure à ce dernier. Ce sont à peu près les mêmes mœurs pour le fond, mais dégagées des vices que les Hottentots tiennent de leur voisinage de la colonie, de leur soumission à des chefs vendus au gouvernement du Cap ; chefs qui, pour l'honneur de porter un hausse-col, sur lequel est écrit le mot *captien*, deviennent les esclaves du gouverneur, et les tyrans, ainsi que les espions de leurs sujets abâtardis et dégradés.

Les Gonaquois sont une peuplade libre et brave, n'estimant rien que son indépendance, et dont toutes les habitudes offrent le caractère de la franchise, de la confiance et de la philantropie. Qu'on se représente la surprise de l'auteur, lorsqu'à son réveil il se trouva entouré, dans son camp, de cette troupe nouvellement arrivée. Leur chef s'approcha pour lui faire son compliment. Derrière lui, marchaient les femmes dans toute leur parure, luisantes et bien *boug-houées*, c'est à dire, saupoudrées d'une poussière rouge, nommée *boughou*. Elles lui offrirent chacune leur présent ; une donna des œufs d'autruche, l'autre un jeune agneau, d'autres du lait contenu dans des paniers d'osier, d'une texture assez serrée pour servir même à porter de l'eau. On devine bien que le voyageur ne demeura pas en reste. L'eau-de-vie, le tabac, les briquets, l'amadou pour les hommes, les bijoux, les colliers, la verroterie pour les femmes, tout fut prodigué à ses nouveaux hôtes. Ici l'auteur se complaît à peindre tous les charmes de sa société gonaquoise. Une jeune fille, qu'il nomme *Narina* (fleur), en était l'ornement, et devint bientôt sa compagne ; « car, dit-il, dans les déserts de l'Afrique, il ne faut pas même oser pour être heureux. » Nous n'élevons aucuns doutes sur les perfections de Narina ; mais, au risque de redoubler l'aversion que M. le Vaillant montre pour les vers en plusieurs endroits de son ouvrage, nous lui citerons ceux-ci :

> Le plus triste vaisseau fut long-temps son séjour.
> Il touche le rivage, à l'instant tout l'invite ;
> Et pour Lisis, dans ce beau jour,
> La première Philis des hameaux d'alentour
> Est la sultane favorite,
> Et le miracle de l'amour.

On peut passer à M. le Vaillant quelques ornemens superflus dans ce morceau sur les Gonaquois, un des plus agréables de l'ouvrage. Le chef de la peuplade qui était venu le visiter, ne comptait pas quatre cents sujets ; et c'était pourtant une des plus considérables de la nation, qui ne rassemblait pas trois mille têtes sur une étendue de trente à quarante lieues. La bonne réception qu'il avait faite à ses hôtes, ayant été pour lui une excellente recommandation auprès des autres peuplades, le voyageur résolut de rendre au chef de celle-ci sa visite, et de poursuivre sa route. Il fallut se séparer ; et la belle Narina se retira un peu triste avec sa mère, l'une riche de verroterie, et l'autre d'un miroir. Il la suivit peu de temps après, et on devine comme il fut reçu de la horde entière. C'est ici que M. le Vaillant distingue les nuances différentielles du Gonaquois et du Hottentot, toutes à l'avantage du premier. Il fut mené par le chef dans la hutte des vieillards qui ne pouvaient sortir pour le voir. Il les trouva tous gardés par des enfans de huit à dix ans, chargés de leur donner la nourriture, et tous les soins qu'exige la caducité. Il remarqua avec surprise que cette caducité n'était accompagnée d'aucune des maladies qui en sont chez nous l'apanage ordinaire ; et ce qui l'étonna encore plus, ce fut de voir que leurs cheveux n'avaient point blanchi, et qu'à peine apercevait-on à leur extrémité une légère nuance grisâtre. On s'attend bien à voir paraître Narina : aussi revient-elle, toujours tendre, aimable et point boug-houée. Toutes les huttes formant l'habitation de ce chef, au nombre à peu près de quarante, bâties sur un espace de six cents pieds carrés, formaient plusieurs demi-cercles ; elles étaient liées l'une à l'autre par de petits parcs particuliers. C'est là que chaque famille enferme, pendant le jour, les veaux et les agneaux qu'ils ne laissent jamais suivre leurs mères.

Ils vivent de lait, du produit de leurs chasses, et de temps en temps ils égorgent un mouton ; ils ne comptent plus les jours au-delà des doigts de leur main ; ils désignent les époques par quelque fait remarquable, une épizootie, une émigration, un éléphant tué, etc ; ils indiquent les instans du jour par le cours du soleil : le soleil était ici, il était là. Quand ils sont malades, ils ont recours à quelques plantes médicinales, ou à l'usage des ligatures. Ils placent leurs morts dans une fosse couverte de pierres, qui les défendent très-mal contre les jakals et les hyènes.

M. le Vaillant n'oubliait pas chez ses amis les Gonaquois, le projet de visiter les Caffres et de se faire par lui-même une idée de leurs mœurs. Il les croyait fort différentes du tableau qu'on lui en avait fait. Il avait député un de ses plus intelligens et plus fidèles Hottentots, vers le chef d'une de ces hordes. Et quoique cet émissaire n'eût pu joindre ce chef qui se trouvait absent, il parvint à remplir à peu près l'objet de sa commission. Cet envoyé avait donné de son maître une très-bonne idée, en disant qu'il n'était pas colon.

Il serait trop long de détailler les motifs qui déterminèrent la visite d'une de ces hordes. Il fut prévenu par elle, comme il l'avait été par les Gonaquois. Son envoyé les précéda et vint annoncer leur arrivée. Plus prudens, moins insoucians que les Hottentots, ils amenaient de grands troupeaux de bœufs. Les Hottentots de sa suite, accoutumés à craindre les Caffres, qui ne voient en eux que des espions de la colonie, s'effrayèrent à leur approche. M. le Vaillant les rassura et les contint. Il reçut ses hôtes comme les précédens, c'est-à-dire, en amis. Il marqua, à quelque distance de son camp, l'endroit où il voulait qu'ils logeassent; et bientôt il s'établit une confiance loyale et vraie entre les deux troupes. Mais il leur fit sentir que, par sa position, il ne pouvait contribuer à les venger du colon leur ennemi, ni même leur donner ou leur vendre ses instrumens de fer qu'ils convoitaient beaucoup, et qui devinrent l'objet de leur plus grande attention. Ce fut ainsi qu'il eut occasion d'observer leurs mœurs simples ou plutôt grossières, comme celles des Hottentots, mais un peu moins éloignées de toute civilisation. On ne peut qu'admirer leur patience, quand on songe qu'avec un bloc de granit, qui leur tient lieu d'enclume, et un autre qui leur sert de marteau, ils sont parvenus à faire des pièces aussi bien finies que si la main du plus habile armurier y avait passé. L'admiration du voyageur pour leurs chefs-d'œuvres en ce genre les flattait infiniment, car il y a de l'amour-propre chez les Caffres ; et M. le Vaillant exprime, d'une manière pittoresque, l'énergie de ce sentiment dans la personne d'un jeune Caffre dont il admirait l'adresse à lancer la zagaie. « Les témoignages d'admiration qu'excitait parmi nous, dit-il, notre jeune chasseur, agrandissaient son regard, et développaient les muscles de son visage. Il mesurait ma taille, se rangeait à mes côtés ; il semblait me dire : *toi, moi.* »

Quoique M. le Vaillant tirât de ses hôtes plusieurs éclaircissemens sur la Caffrerie, il n'était pas moins dominé du désir de pénétrer dans l'intérieur du pays. Il trouva une violente opposition dans ses Hottentots. Elle redoubla après le départ des Caffres. Mais impatient de satisfaire sa curiosité, et s'étant assuré de quelques-uns des plus fidèles, il se résolut à partir avec cinq d'entre eux, n'exigeant des autres, qui d'ailleurs avaient beaucoup d'attachement pour lui, d'autre preuve de fidélité que de l'attendre et de garder son camp qu'il laissait sous la surveillance du plus âgé d'entre eux, pour lequel ils avaient beaucoup de respect. Il partit donc ; et après une marche dirigée vers le canton qu'habitaient ceux qui étaient venus le voir dans son camp, il arriva, et fut fort étonné de trouver leurs cabanes abandonnées, et, comme il dit, un empire désert dont il prit possession.

Cette horde avait fui devant une nation voisine, nommée les Tamboukis. Il prit le parti de revenir sur ses pas. Il revint à son camp, et eut le plaisir de se revoir environné de sa nombreuse famille, qui lui était restée fidèle dans son absence.

Ce fut là qu'il rédigea le journal de ses observations sur le pays des Caffres.

Leur taille est plus haute que celle des Hottentots et des Gonaquois. Ils paraissent plus robustes, plus fiers, plus hardis ; un nez pas trop épaté, un grand front, de grands yeux, leur donnent un air ouvert et spirituel ; et en faisant grâce à la couleur de la peau, il est telle femme caffre qui peut passer pour plus jolie qu'une européenne. Elle ne portent aucune espèce de parure ; leurs occupations journalières sont de fabriquer de la poterie. Les cabanes des Caffres sont plus spacieuses et plus régulières. Ils sont nomades ; mais ils s'entendent à la culture.

Une industrie mieux caractérisée, et quelques arts de nécessité première, un peu de culture, et quelques dogmes religieux, annoncent dans le Caffre une nation plus civilisée que celle du Sud : cependant ils n'ont point de culte, point de prêtres ; mais en revanche ils ont des sorciers, que la plus grande partie révère et craint beaucoup. Ils pratiquent la circoncision, ce qui semble indiquer ou qu'ils doivent leur origine à d'anciens peuples dont ils ont dégénéré, ou qu'ils l'ont simplement imitée de voisins dont ils ne se souviennent plus.

Leurs danses, leurs instrumens, leurs armes sont les mêmes à peu près que chez les Hottentots. La polygamie est en usage chez eux ; seulement ils ne dansent qu'à leur premier mariage. Ils sont gouvernés par un roi qui nomme des chefs aux différentes hordes très-éloignées les unes des autres. Lorsqu'il veut leur communiquer des avis intéressans pour la nation, il les fait venir et leur donne ses ordres, c'est-à-dire des nouvelles dont les chefs profitent pour le bien des hordes particulières. C'est son fils aîné qui lui succède, et au défaut de fils, celui de sa sœur : coutume singulière qu'on retrouve chez plusieurs nations sauvages.

Notre voyageur, fatigué de ses courses, prend enfin la résolution de retourner au Cap ; mais la curiosité l'emportant encore sur le sentiment de ses fatigues, lui fait prendre une route différente, réputée presque impraticable dans le pays même, et dangereuse par les incursions des Bossismans et des Basters. Les Bossismans (*hommes des bois*) ne sont point une race particulière, mais un mélange d'hommes de toutes les nations, à qui les mêmes besoins et les mêmes habitudes donnent un caractère commun de ruse, de force et de férocité. Les Basters sont une race métive de nègres et de femmes hottentotes ou de femmes hottentotes et de blancs. Les blancs se trouvent ici presque aussi maltraités, dans la comparaison avec les nègres, qu'ils l'ont été plus haut dans leur comparaison avec les sauvages; le Baster blanc étant doué de toutes les mauvaises qualités possibles, et le Baster noir étant remarquable au contraire par tous les avantages opposés. M. le Vaillant reproche au gouvernement de ne point chercher à tirer parti de cette dernière espèce de Basters, qui peut un jour devenir très-redoutable à la colonie.

Enfin, après avoir étendu et enrichi sa collection, au point d'en avoir beaucoup accru les difficultés de son retour, il revient au Cap, et est rendu en bonne santé à l'impatience de ses amis, et surtout du vertueux M. Boers, à qui son livre est dédié.

Peu de voyages se font lire avec autant de plaisir. C'est qu'au mérite d'avoir rassemblé un grand nombre d'observations, l'auteur a joint l'attention de ne négliger aucun détail capable d'attacher ou de plaire : on lui reprochera même de s'en être trop occupé. Il est certain qu'il tire parti de tout, de ses moindres personnages, de tous ses animaux, et surtout de son singe. Mais il faut considérer que c'est principalement dans un ouvrage de cette espèce, qu'il est permis de s'arrêter sur les rapports nés de la société habituelle entre l'homme et les animaux, sur ce commerce d'utilité mutuelle entre la raison de l'un et l'instinct des autres; rapports qui, montrant par-tout l'intelligence auprès de la bonté, remplissent l'âme de sentimens affectueux, l'appellent à de hautes pensées et justifient ce que dit M. le Vaillant, que l'histoire naturelle agrandit tout et que sa morale s'étend plus loin qu'on ne pense.

On reprochera encore à l'auteur une sorte d'affectation à louer les sauvages et à critiquer certains inconvéniens inséparables de toute société civile. On le soupçonnera de n'être pas aussi sauvage qu'il veut le paraître, et de ne pas ignorer que les peuples policés ne haïssent pas les sarcasmes lancés contre leurs institutions et leurs établissemens publics. Et en effet, s'ils ne goûtaient point les satires contre leurs philosophes, leurs poëtes, leur orateurs, on peut dire qu'il manquerait quelque chose à la civilisation. En ce genre, M. le Vaillant contribue de son mieux à ses progrès, comme à ceux de l'histoire naturelle.

P. S. Il manque à ce voyage une carte générale du pays des Hottentots et des Caffres. M. le Vaillant la publiera en même temps que son second voyage, qui ne tardera pas à paraître. Cette carte sera divisée en quatre grandes feuilles que l'on pourra faire relier dans l'ouvrage, ou coler ensemble, si on aime mieux. Elle pourra servir aussi aux voyages de MM. Sparmann et Paterson, ainsi qu'à celui du colonel Gordon, qu'on imprime maintenant en Angleterre. Ces voyageurs n'ont levé des cartes de leur route que par *estime*. Mais M. le Vaillant a pris les soins les plus scrupuleux pour que ses observations fussent d'une grande justesse. Cette carte générale faite avec le plus grand soin, utile à l'intelligence de quatre voyageurs si distingués, paraîtra d'ici au mois d'avril. Elle est l'ouvrage de M. de la Borde, qui a porté, dans l'étude de la géographie, le zèle et l'activité d'un travail infagable, depuis qu'une circonstance intéressante lui a fait un devoir de cette étude, qui l'occupe maintenant tout entier.

Sur *le Réveil d'Epiménide à Paris*, comédie en un acte, en vers, par M. de Flins, représentée sur le théâtre de la Nation par les comédiens français ordinaires du Roi, le 1er janvier 1790.

On est bien aise qu'un sujet aussi sérieux que la révolution ait produit un ouvrage si agréable, au milieu de tant de brochures, où l'esprit de parti ennuie tous ceux qu'il n'égare pas, comme le mauvais vin déplaît à tous ceux qui n'ont pas envie de s'enivrer. Nous avons l'obligation de cet ingénieux vaudeville, qui a ramené au théâtre la gaîté française, à M. de Flins, jeune auteur de beaucoup d'esprit et de talent, qui s'était déjà égayé du ton des honnêtes gens, sur les discordes politiques, dans un très-joli badinage, intitulé *Voyages de l'Opinion*, où, tout en riant, il a fait voir qu'il savait écrire en poète, et penser en homme judicieux et en bon citoyen. Sa petite pièce d'*Épimé-*

nide a eu beaucoup de succès, et le méritait par une foule de détails charmans dont elle est ornée. Elle est versifiée avec facilité, avec élégance, avec goût. La plaisanterie en est fine et délicate, ce qui n'empêche pas que de temps en temps l'auteur ne sache placer à propos des vers marqués au coin de la poésie, tels que ceux-ci :

> Ainsi donc a péri cette pompe orgueilleuse
> D'un Roi qui, dévoré de chagrin et d'ennui,
> Mit toujours sa grandeur entre son peuple et lui.

Je ne crois pas que toute cette *pompe* doive *périr* entièrement. Il ne faut pas qu'elle soit repoussante; mais elle est nécessaire à la dignité de la couronne et à celle de la nation; et la pompe du trône peut très-bien se concilier avec la popularité du prince.

On ne peut pas caractériser mieux, et en moins de mots, ce qu'était le peuple français avant la révolution, que dans ces vers que dit Epiménide :

> Que j'aurai de plaisir à vivre dans Paris
> Parmi ce peuple respectable,
> Qui n'était que le plus aimable,
> Lorsqu'il était le plus soumis !

Sur une brochure ayant pour titre : *Pétition des Juifs établis en France, adressée à l'Assemblée Nationale le 28 janvier 1790, sur l'ajournement du 24 décembre 1789.* — 1790.

Cette pétition est l'ouvrage de M. Godard, jeune avocat aussi distingué par ses talens que par son patriotisme.

Son objet est de démontrer que les Juifs sont des hommes, et que, participant aux charges de la société, ils doivent participer à ses avantages. Des philosophes, des hommes de génie, se sont vus obligés à faire des livres pour prouver cela; et il le fallait bien, puisque les gouvernemens n'en voulaient rien croire, et qu'on écrit encore pour prouver le contraire. L'avocat des Juifs n'a pu que répéter, quant aux principes, ce qui avait été dit par M. de Dohm et par M. le comte de Mirabeau. Mais il s'attache de plus à montrer que toutes les convenances de la politique et de l'intérêt s'accordent avec toutes les idées de justice, pour appeler les Juifs établis en France à la qualité de citoyens. Il prend ensuite la peine de réfuter l'une après l'autre, toutes les absurdités qu'on a produites comme des objections, et surtout celle qui naît de l'avilissement où plusieurs d'entre eux sont plongés. Mais on sait que la meilleure manière de rendre les hommes vils, c'est de les avilir; comme le plus sûr moyen de les rendre méchans, c'est de les opprimer. Il faut convenir qu'on n'a rien négligé pour opérer ce double effet. M. Godard présente le tableau des injustices, des vexations, des cruautés de presque tous les gouvernemens à leur égard; et comme ce tableau fait frémir, on oublie un moment que M. Godard écrit pour les Juifs, et on croirait qu'il écrit contre les gouvernemens.

Un des argumens employés dernièrement contre les Juifs, c'est qu'en Pologne ils font labourer la terre par des esclaves chrétiens. Mais en Pologne, les paysans sont à la fois chrétiens et esclaves. Il est tout simple que le Juif propriétaire fasse travailler ses esclaves sans s'informer de leur croyance. Voudrait-on qu'il les gênât sur ce point, qu'il les obligeât à faire abjuration, ou qu'il leur permît de ne pas travailler? Il est vrai que pour fortifier cet argument, on ajoute que pendant le travail des esclaves, les maîtres pèsent leurs ducats et rognent les monnaies. D'abord, l'opération des monnaies rognées est tout au plus le crime de quelques individus; et quant à l'autre accusation, il n'y a pas plus de mal à peser son argent qu'à le compter. Ces embellissemens oratoires étaient donc pour le moins inutiles: *Ornari res ipsa negat.*

On va jusques à calomnier leur religion mère de la nôtre, et leur morale pure comme celle de toutes les religions. L'auteur expose les dogmes et les maximes des Hébreux; toutes sont également irréprochables; et l'une de ces maximes est de respecter leurs instituteurs autant que leurs pères.

Leur loi défend de prêter à intérêt à leurs frères, et leur ordonne de ne pas les traiter comme des étrangers. Il y a, dans la langue hébraïque, comme dans toutes les langues des peuples civilisés, deux mots, dont l'un exprime l'idée d'intérêt, l'autre celle d'usure. Le texte hébreu porte le premier. Mais le traducteur latin l'a rendu par le second, *fenerabis;* et voilà une malheureuse nation calomniée en Europe pendant dix siècles, par la méprise d'un interprète et pour une équivoque de langue. On en conclut l'ordre, ou du moins la permission d'exercer l'usure à l'égard des étrangers; et le précepte d'une bienveillance fraternelle envers celui qui ne leur est pas lié par le sang, devient le germe d'une des calomnies les plus atroces dont on puisse flétrir un peuple et la mémoire d'un législateur, objet du respect des Chrétiens.

C'est dans l'ouvrage même qu'il faut lire la réponse à l'objection prise du danger de voir l'Alsace envahie par les Juifs de la province.

Croirait-on que, de nos jours, on a osé dire que l'admission des Juifs à la qualité de citoyen manifesterait une sorte d'opposition à la volonté de Dieu même, qui a déclaré que les Juifs seraient toujours malheureux? Comme il est visible qu'il faut des malheureux à ceux qui font cette objection, M. Godard, par un ménagement oratoire, commence par les tranquilliser à cet égard, et par assurer leur plaisir. Il leur fait observer que les Juifs seront toujours malheureux de n'être pas réunis en nation, et de ne point habiter la ville de Jérusalem. Ensuite il se livre à l'indignation qu'excite un pareil raisonnement. Pour nous, il nous suffira d'observer les diverses formes qu'à différentes époques le fanatisme donne à ses anciens argumens. Un siècle plutôt, il eût dit que c'était un devoir sacré, le plus sacré de tous, de servir la vengeance divine déclarée contre les Juifs. Aujourd'hui, on ne peut plus donner à ce bel argument tous les développemens dont il est susceptible ; nous sommes dans un temps fâcheux, où, parmi les suppôts du fanatisme, les plus habiles avertissent les autres, et disent : « Nous avons renoncé à tel argument, *nous ne disons plus cela.* » Que faire ? on ne peut plus se servir de Dieu pour faire le mal, on essaie seulement de s'en servir pour empêcher le bien. Il n'est plus question d'aider Dieu, il suffit de ne point le contrarier, et de le laisser faire. C'est un progrès marqué ; encore un pas, et le nom sacré de Dieu ne sera plus employé qu'à faire du bien aux hommes. C'est alors qu'il n'y aura plus d'athées sur la terre. C'est le mal, fait au nom de l'être suprême, qui fut dans tous les temps la source la plus féconde de l'athéisme et de l'irréligion.

Sur les quatre premiers volumes des *Mémoires du Maréchal de Richelieu*.

C'est un de ces livres à qui l'empressement public assure un débit rapide et prompt. Ici le succès du libraire devance celui de l'auteur, et la curiosité cherche à se satisfaire avant que le goût ait besoin de prononcer sur le mérite de l'ouvrage. C'est ce qu'on éprouve en lisant les *Mémoires du maréchal de Richelieu*. La singularité de son caractère et de sa destinée, ses succès en différens genres, son courage, l'agrément de son esprit, l'éclat de ses galanteries dans un temps où cette sorte de célébrité conduisait quelquefois à des succès d'une espèce plus importante; la réputation que lui donna, dès sa jeunesse, sa liaison avec le poète le plus célèbre de son siècle, qui le chanta sur tous les tons; ses ambassades, sa conduite à Fontenoi, à Gênes; la prise de Minorque; la capitulation de Closter-Seven; la longue vie d'un homme qui a vu Louis XIV, et le dauphin, fils de Louis XVI, c'est-à-dire, une succession de sept rois. ou princes héréditaires; ses trois mariages sous trois différens règnes; la faveur, et quelquefois la familiarité de Louis XV; le rôle qu'il joua dans les affaires publiques et privées, étrangères et intérieures, dans les négociations et dans les intrigues; ses places, ses emplois; la moisson de faits curieux, d'anecdotes intéressantes que prométtaient ses liaisons et ses correspondances avec un grand nombre d'hommes célèbres : voilà ce qui aurait fait rechercher les *Mémoires du maréchal de Richelieu*, indépendamment des circonstances actuelles. Mais on sent combien ces circonstances ajoutent d'intérêt à leur lecture, par les idées que font naître des changemens survenus comme tout à coup dans les opinions et dans les mœurs : contraste toujours frappant, qui donne lieu à des réflexions de plus d'un genre.

Parmi les singularités que présente le caractère du maréchal de Richelieu, on peut compter pour une des plus remarquables, *la franchise hardie de se confesser au public et à la postérité* : ce sont ses propres expressions. Il a lui même voulu que le rédacteur de ses Mémoires parlât de lui avec sincérité, et qu'il usât de la liberté qu'on se permettrait à Londres cent ans après les événemens. C'est ainsi qu'il en use lui-même; car, à l'exemple de tous ceux qui publient leurs confessions, il fait en même temps celle des autres, surtout celle des femmes, dont il a conservé très-exactement les lettres et les billets, quelques-uns même sans les ouvrir. C'est un plaisir qu'il réservait à son historien : trait de caractère qui, de plus, représente assez bien les mœurs de la jeunesse, au temps où ces billets furent écrits.

Autre bizarrerie non moins étrange : les Mémoires de Richelieu se trouvent écrits sur les maximes les plus contraires au despotisme. Il est probable que le maréchal, déjà très-vieux, après avoir choisi son historien sans s'informer de ses opinions politiques, après lui avoir ouvert sa bibliothéque, après avoir donné ordre à son secrétaire de lui communiquer tous ses porte-feuilles et ses manuscrits, se contenta d'entendre les premiers chapitres de son histoire; que, l'âge ayant ensuite affaibli sa raison et ne lui laissant vers la fin que des intervalles lucides, le rédacteur, délivré de toute surveillance et entièrement à son aise, s'est cru le droit d'écrire selon ses principes particuliers, plutôt que d'après ceux du maréchal, quoiqu'il le fasse parler à la première personne, conformément à l'intention de M. de Richelieu.

Nous ne chercherons point, à cet égard, des éclaircissemens qui ne peuvent être donnés que par des personnes instruites de ces détails, et intéressées à les publier. Le public veut des faits, des anecdotes, de l'amusement, de l'instruction; il en trouve dans ces Mémoires rédigés à la hâte, et trop négligemment écrits. Il lui importe peu de savoir comment ils lui viennent; il pardonnera même au rédacteur de faire parler le maréchal de Richelieu comme M. Turgot, quelquefois même comme Algernon Sydney. C'est au moins une inconvenance, un défaut de goût : *Notandi sunt tibi mores.* Venons à l'ouvrage même.

Le maréchal de Richelieu, nommé d'abord le duc de Fronsac, ne sut jamais le jour de sa naissance; mais il fut ondoyé à Versailles, le 13 mars 1696. Sa mère le mit au monde, après cinq mois de grossesse seulement. Il lutta quelque temps contre la mort, et fut enveloppé et conservé dans une boîte de coton. Il fut présenté à la cour, en 1710, et traité avec une bonté remarquable par Louis XIV, qui aimait, comme de raison, le nom de Richelieu. Madame de Maintenon qui avait d'anciennes liaisons avec toute sa famille, l'appelait son cher fils. Les grâces de son âge et de sa personne, la vivacité de son esprit, quelques saillies heureuses, des réponses hardies, le firent bientôt distinguer, et le mirent à la mode dans une cour qui se souvenait d'avoir été galante.

Le jeune Fronsac égaya les tristes plaisirs que la dévotion du monarque y permettait. Bientôt de bonnes raisons engagèrent sa famille à le marier. On parlait des préférences marquées que lui donnait madame la duchesse de Bourgogne; ces enfantillages (comme on les appelait à la cour) furent mal interprétés; et la jolie créature, l'aimable poupée (c'est ainsi qu'on nommait le duc de Fronsac), fut mis à la Bastille: on y avait, sous ce règne, été mis pour moins. Il fait de cette prison une peinture qu'il croyait effrayante; mais depuis sa mort nous avons eu mieux, et l'intérieur de la Bastille est plus connu. *J'eus*, dit-il, *tout le temps de maudire les services que mon grand-oncle avait rendus au despotisme*: réflexion qu'il eut lieu de renouveller dans la suite, puisqu'il y fut mis trois fois.

Il eût été à desirer, pour le bonheur des peuples, qu'il s'en fût souvenu dans ses gouvernemens pour s'y interdire l'usage des lettres de cachet et des actes arbitraires; mais trop d'hommes ont maudit les abus de l'autorité jusqu'au moment qui les en a rendus les dépositaires, et leur a donné les moyens d'en abuser à leur tour.

Après une assez longue détention, on lui envoya à la Bastille sa femme, fille du marquis de Noailles, nièce du cardinal. Elle fut reçue avec la vénération due à l'envoyée *du plus grand roi du monde*; mais elle retourna à la cour comme elle en était sortie. Louis XIV voulait régner sur les sentimens de ses sujets, comme il s'efforçait de régner sur leurs opinions; et le séjour du duc de Fronsac à la Bastille se trouva prolongé. Mais enfin il obtint sa délivrance, grâce aux cris des femmes de Paris et de la cour, *surtout*, dit-il, *de celles qui savaient, par expérience, quel devait être dans ma prison mon plus grand supplice*.

Il partit de la Bastille pour aller à l'armée de Flandre, où le maréchal de Villars le prit pour son aide-de-camp. On sent combien le jeune Fronsac fut agréable au général, dont il a reproduit plus d'une fois les manières libres et hardies, la vivacité brillante et une certaine audace fanfaronne. M. de Richelieu raconte un trait qui montre combien ce général savait, malgré son âge, se prêter aux goûts de la jeunesse française. Il y avait, dans Marchiennes qu'il assiégeait, une Italienne d'un beauté rare et célèbre. Le maréchal jugea cette conquête digne d'exciter l'émulation des assiégeans, et de doubler le zèle de ses aides-de-camp et des jeunes colonels pour le service : c'est en effet à quoi il réussit. Cette idée du maréchal de Villars pouvait effaroucher la dévotion d'une vieille cour où l'on se faisait une peine d'employer Catinat, parce qu'il oubliait quelquefois la messe ; mais Villars courut le risque de déplaire : le salut de l'état passe avant tout. Au surplus, Marchiennes fut prise sans qu'il arrivât d'accident à la belle Italienne qui s'était sauvée la veille. Ce fut un grand chagrin chez les vainqueurs. On connaît tous les succès de cette campagne qui sauva l'état ; mais il est remarquable que la cour fut quelque temps sans en vouloir sentir l'importance : tous les récits qui venaient de l'armée s'appelaient des forfanteries de Villars. C'est ce dont le duc de Fronsac fut témoin ; car ce fut lui qui fut chargé de porter ces agréables nouvelles à Fontainebleau : c'était reparaître à la cour d'une manière brillante. Depuis sa sortie de la Bastille, il n'avait point été admis à voir le roi et à le remercier suivant l'usage ; il se montrait devant lui, après avoir réparé quelques fautes de jeunesse par une belle conduite à l'armée, blessé et le bras en écharpe.

Il retourna ensuite à l'armée ; il raconte la suite

des événemens jusqu'à la signature du traité de Rastadt ; et, revenant sur ce qui s'était passé à Gertruydemberg, il assure que, de toutes les humiliations que Louis XIV y reçut, une de celles qu'il ressentit le plus douloureusement, ce fut la publication d'un Mémoire que les ennemis répandirent en France avec profusion. Dans ce Mémoire, les alliés invitaient les Français à demander leurs anciens états-généraux ; ils disaient que l'orgueil et l'ambition du roi étaient les seules causes des guerres de son règne (en quoi certes ils avaient raison) ; et que, pour s'assurer d'une paix durable, il fallait ne point poser les armes que les états-généraux ne fussent assemblés. Croirait-on que, malgré l'emprisonnement, l'exil, la fuite ou les supplices de deux millions de Français, ce Mémoire ne fit aucune espèce d'effet en France ? Cependant Louis en conçut un vrai chagrin, et prit soin d'y faire répondre. C'est cette réponse qu'il faut lire. On y trouve des raisons qu'on a répétées de nos jours : quelques-unes qui ont été réfutées, quelques autres que le mépris a laissées sans réponse ; enfin, il y en a qui n'ont pas même osé se reproduire. L'oubli, quelquefois même le dédain des gens en place pour l'observation de ces menaces qui marquent si bien la différence des diverses époques, est une des grandes causes de leurs fautes et de leurs méprises.

Les Mémoires de M. de Richelieu contiennent

plusieurs de ces pièces vraiment curieuses. On peut citer, entr'autres, une lettre du maréchal de Villars au P. de La Chaise, écrite des Cévennes, où le maréchal, alors si nécessaire en Allemagne, faisait la guerre aux *Camisards* et à M. Cavalier. On s'étonne (et c'est bien le moins) de voir un général célèbre, faisant sa cour à un jésuite par le détail militaire de ses exploits, où les roues et les gibets ne sont point oubliés. Il fallait se mettre en règle, et avoir pour soi la compagnie de Jésus, qui était celle du maître. Au roi la liste des conversions, au confesseur celle des supplices : rien de mieux conçu ; et tout était en règle sous ce règne si vanté. Observons, sur ces complaisances de Villars pour le jésuite La Chaise, que cet art des ménagemens habiles s'appelait alors bonne conduite, et tenait à une science long-temps respectée, connue sous le nom de *science du courtisan*. Elle baisse un peu ; mais les rois ne perdent pas autant qu'on voudrait le leur persuader.

Le rédacteur des Mémoires de Richelieu consacre quelques chapitres à peindre l'intérieur de la cour, dans les quinze ou vingt dernières années de ce règne. Les Mémoires de Saint-Simon, récemment publiés, du moins par extraits, avaient déjà fait connaître cet intérieur. Ceux de Richelieu ajoutent plusieurs traits à cette peinture. A la vérité, ce ne sont que des anecdotes ; mais elles sont souvent liées à de grands événemens, à de

grands intérêts, à des noms célèbres ou imposans.
C'est en vain que la philosophie semble dédaigner
les details anedoctiques, ou du moins réclame
contre le plaisir qu'elle trouve à s'y arrêter. Un
intérêt involontaire nous attache malgré nous à
ces constrastes de la grandeur des choses et de
la petitesse des personnes, du bonheur apparent
et du malheur réel. Tant de moyens de gloire
véritable réduits en vanité de cour, tant de sources de vrais plaisirs ne produisant que des amu-
semens futiles, et quelquefois des amertumes
douloureuses : voilà les idées qui, plus puissantes, quoiqu'on en dise, que cette malignité
humaine si souvent rebattue, ramènent les regards sur les faiblesses des cours. Le philosophe
et l'homme du peuple trouvent presque également
à penser, du moins à sentir, en voyant
un dauphin de France, âgé de quarante ans,
honoré de quelques succès à la guerre, élève de
Bossuet et de Montauzier, né avec d'heureuses
dispositions mais d'un caractère faible, conduit par degrés et retenu dans une sorte d'a-
néantissement à la cour ; un fils du roi de
France, père d'un roi d'Espagne, n'osant prétendre à la plus petite grâce pour lui ni pour les
autres ; et découragé par le sévère despotisme du
roi, passant des journées entières, appuyé sur ses
coudes, se bouchant les oreilles, les yeux fixés
sur une table nue, ou assis sur une chaise, frappant ses pieds du bout d'une canne pendant toute

une après-dînée ; enfin mourant à Meudon, presque oublié de la cour, abandonné de ses officiers, enseveli même sans le cérémonial de son rang, et recouvert, après sa mort, du poêle banal qui servait aux paysans du village.

En lisant le rédacteur des *Mémoires de Richelieu*, ce n'est pas Tacite qu'on lit ; mais les yeux s'arrêtent fréquemment sur des personnages et sur des objets qui semblent appeler ses pinceaux. Un vieux despote, couvert long-temps d'une gloire mensongère, maintenant éclipsée, payée des larmes et du sang de ses peuples ; triste, languissant entre sa favorite et son confesseur, qui l'applaudissent d'expier les égaremens de sa jeunesse, en tourmentant la conscience de ses sujets; environné de ses enfans naturels, qui font de lui le jouet de leurs intrigues et l'instrument de leur ambition; haïssant presque dans son fils légitime son héritier nécessaire ; aimant trop peu son petit-fils, dans lequel il ne voit qu'un élève de Fénélon, un prince qui pense que les rois sont faits pour les peuples, et non les peuples pour les rois, espèce de blasphême alors ; détestant sa capitale, qui feint d'ignorer une grande maladie de son roi, tandis qu'elle a regardé celle du dauphin comme une calamité publique ; accablé d'ennuis dans une cour où l'on amuse son orgueil par des suppositions absurdes, par la réception d'un prétendu ambassadeur de Perse, aventurier portugais, payé par les jésuites pour jouer cette comédie, et instruit par eux pour se charger du rôle: les mêmes honneurs de l'ambassade publique accordés au général des minimes, à celui des capucins arrivés de Rome sous prétexte de visiter leur ordre, mais en effet mandés par la favorite, pour occuper le désœuvrement du roi; enfin la mort du despote, livré pendant trois jours aux soins de quelques domestiques subalternes, abandonné de son confesseur qui vient intriguer à Paris pour la régence, de sa femme qui s'enfuit à Saint-Cyr et qu'il rappelle d'autorité; la capitale célébrant sa joie par des fêtes, des fanfares, des bals établis de Paris jusqu'au lieu de la sépulture, où le convoi arrive à travers champs, et par des routes inconnues, pour échapper à l'indignation d'un peuple qui mêle à des applaudissemens d'allégresse le nom de mauvais roi. *Mauvais roi!* quel mot dans la bouche d'un peuple alors si connu par son amour pour ses monarques, *si pressé de les aimer*, pour me servir d'un mot cité par le maréchal de Richelieu lui-même! Qu'on ne s'étonne plus si Louis xiv n'a point conservé, dans le langage ordinaire, le nom de grand que lui donna la flatterie, et qui parut presque adopté par l'Europe un moment séduite. Le peuple a protesté contre l'adulation de la cour; le peuple, c'est-à-dire, le fond de la nation si malheureuse sous ce règne, a triomphé des panégyristes, des orateurs, des poètes, de tous les dispensateurs de la gloire : lui seul dispose des surnoms donnés aux rois; lui seul fait leur renommée après leur mort, comme il fait leur puissance pendant leur vie.

L'historien de Richelieu, ayant trouvé, dans la bibliothèque du maréchal, un grand nombre de manuscrits précieux et de pièces originales sur le siècle de Louis XIV, a cédé à la tentation de considérer ce prince comme roi. Il examine son gouvernement dans le plus beau temps de sa gloire, et alors cette gloire paraît un peu trop achetée. Ici l'histoire, il faut l'avouer, ressemble en quelque sorte à la satire. Mais les faits étant incontestables comme ils le sont, que peuvent répondre les panégyristes de Louis XIV? qu'opposeront-ils à cette longue liste d'impôts; de vexations, de violences, à ce tableau d'infortunes publiques et particulières? Il serait trop long d'exposer comment ce prince, ayant réuni dans sa personne tous les pouvoirs publics, fit peser à la fois tout son despotisme sur tous les corps de l'état et sur tous les particuliers, divisant les uns, isolant les autres, dominant surtout par la force, par la ruse, par la corruption. Il serait curieux d'observer comment, malgré l'emploi habituel de ces moyens odieux, il parvint à inspirer une sorte d'enthousiasme pour sa personne, et à faire de sa gloire particulière la principale pensée, et en quelque sorte la fin dernière de tout ce qui se fit ou même s'écrivit sous son règne. On sait qu'il était devenu une espèce de divinité. On lit parmi cent traits qui en présentent la preuve ; on lit, dans une lettre de Racine écrite à madame de Maintenon, ces propres termes : *Dieu m'a fait la grâce, madame, en quelque compagnie que je me sois trouvé, de ne jamais rougir de l'évangile ni du roi.* Enfin l'idée que Louis XIV conçut de lui-même, parut plus d'une fois s'accorder avec celle de ses sujets. Il lui arriva de dire un jour au cardinal, dont il approuvait la conduite, dans une de ces querelles théologiques (ces tracasseries s'appelaient alors les troubles de l'église) : *M. le cardinal, j'ignore si Dieu vous tiendra compte de la conduite que vous avez tenue ; mais, quant à moi, je vous assure que je ne l'oublierai jamais.*

On ne peut s'empêcher d'admirer la fatalité qui préside aux destinées des nations, en voyant la réunion des circonstances antérieures ou contemporaines, qui préparèrent et servirent le despotisme de ce prince; l'assemblage de ses qualités et des ses défauts, de ses goûts, de ses habitudes, de ses penchans assortis comme à dessein et mis en accord pour le conduire à ce terme fatal. La longueur de ce règne, pendant lequel s'affermirent et s'enracinèrent tous les préjugés politiques nuisibles à la société; où toutes les institutions, tous les établissemens portèrent l'empreinte d'une servitude plus ou moins ornée, plus ou moins embellie; où l'esclavage public, rehaussé par l'éclat du souverain, semblait s'énorgueillir de jour en jour, à mesure qu'il devenait un culte religieux et préludait à l'apothéose du monarque ; enfin, le résultat de cette illusion affaiblie, mais non détruite, qui, vers les derniers temps, laissait Louis XIV avec son orgueil et ses chagrins, la France avec ses disgrâces, sa misère et son avilissement, livrée à des arts agréables ou à des goûts futiles, sans connaissance sur les principes de la société ni du gouvernement, sur les moyens de réparer ses maux et d'en prévenir la renaissance ; en un mot, abandonnée à tous les hasards d'un avenir incertain, et aux caprices d'un despotisme qu'elle avait déifié soixante ans dans la personne du prince qui en avait le plus long-temps et le plus constamment abusé.

Le rédacteur des Mémoires a très-bien senti que cette peinture du siècle de Louis XIV, quoiqu'appuyée de faits, révolterait les partisans du système despotique ; qu'ils vanteraient le bonheur de la France, au moins dans l'époque des succès du roi, n'imputant qu'aux malheurs de la guerre de la succession les désastres qui accablèrent les peuples. L'historien, pour forcer ses adversaires dans leurs derniers retranchemens, prouve que la France était dans la détresse aux temps les plus marqués par la gloire du monarque (1), et dès

---

(1) Voltaire cite et fait valoir les quatre années de tailles arriérées que le roi remit au peuple ; mais on sait que le peuple ne doit quatre années de tailles que lorsqu'il est hors d'état d'en payer une.

l'année 1671. Il pouvait même remonter plus haut, puisque, dès l'année 1664, Louis xiv avait fait banqueroute aux créanciers de l'état. C'est ce qu'on voit par les vers de Boileau, imprimés l'année suivante :

Plus pâle qu'un rentier
A l'aspect d'un arrêt qui retranche un quartier.

Ainsi, les conquêtes de Louis xiv furent précédées par une violation de la foi publique, dont rougissent maintenant les ministères les plus avilis. Ainsi, le même poète, destiné à chanter ensuite les victoires du roi, fournit la preuve et indique la date d'une banqueroute odieuse, dont la honte préludait à des victoires inutiles. On voit que dès-lors la France avait plus besoin de guérir ses blessures, que de conquérir la Franche-Comté qu'il fallut rendre bientôt après, et d'envahir la Hollande qu'on évacua presque aussitôt. Un autre fait rapporté ailleurs par l'historien, montre (toujours dans cette brillante époque) à quel point la France était malheureuse, puisqu'un grand nombre de terres étaient tout-à-fait abandonnées, et que Colbert défendit par une loi expresse aux propriétaires d'abandonner une terre, à moins qu'ils ne renonçassent à toutes leurs autres possessions : loi absurde et déshonorante pour la mémoire de ce ministre, mais qu'on ne cite ici que comme une preuve du triste état où la France était déjà réduite.

Nous nous arrêterions à ces preuves de fait suffisantes pour qui veut réfléchir, si quelques Mémoires de Colbert, marginés par le roi, et formant une espèce de correspondance entre Louis XIV. et son ministre, ne confirmaient ces tristes vérités, et n'achevaient de mettre sous les yeux du lecteur la situation réelle du royaume. C'est d'ailleurs, comme on va le voir, un monument trop curieux à plusieurs égards.

Dans le premier Mémoire, qui a pour objet la réforme des finances, Colbert propose au roi quelques diminutions sur les dépenses qu'il faisait pour le château de Versailles; le roi répond : *Vous savez mon intention sur Versailles.*

Colbert propose, par économie, de diminuer le nombre des prisons royales, dont il démontre d'ailleurs l'inutilité, les inconvéniens et les abus; le roi répond : *Je verrai cet article séparément; mon autorité exige qu'on ne perde pas de vue ce qui peut la maintenir.*

Colbert voulait obtenir quelques retranchemens sur les divertissemens de sa majesté. Il s'agit de faire passer cet article; et, pour y parvenir, il déclare qu'il a toujours devant les yeux cette belle maxime (c'est ainsi qu'il la qualifie) : *qu'il faut épargner cinq sous aux choses non nécessaires, et jeter les millions quand il est question de la gloire du roi. En mon particulier*, ajoute-t-il, *un repas inutile de mille écus me fait une peine incroyable; et lorsqu'il est question de millions d'or* pour la Pologne (il s'agissait de faire nommer roi le prince de Conti), *je vendrais tout mon bien, j'engagerais ma femme, mes enfans, et j'irais à pied toute ma vie, pour y fournir s'il était nécessaire. Votre majesté excusera, s'il lui plaît, ce petit transport.* Le roi excusa sans doute le *petit transport*, comme on put le voir par l'immensité de la fortune que laissa Colbert. Mais c'étaient ces *petits transports* qui valaient aux ministres des gratifications énormes, des sommes considérables aux mariages de leurs enfans, des grâces de toute espèce. Voilà ce qui fournissait à Louvois (car il avait aussi des *petits transports*) tous les moyens de faire à son palais de Meudon des dépenses royales, et le mettait dans le cas de dire à ses amis : *J'en suis au quatorzième million.* Il faut remarquer que les ministres étaient sûrs de n'être jamais inquiétés, depuis que le roi s'était expliqué sur le regret d'avoir poursuivi Fouquet; et de plus ayant dit plus d'une fois : *Il est juste que ceux qui font bien mes affaires, fassent bien les leurs.* Ils se croyaient à l'abri de tout reproche par ces mots, qui semblaient autoriser en quelque sorte leurs déprédations. Revenons aux Mémoires de Colbert.

Un de ces Mémoires passe en revue les dépenses inutiles, la marche et le rassemblement des armées dans les provinces, qui ruinent le royaume, pour *devenir un amusement de dames*; l'état des affaires *prêt à tomber*; la misère des campagnes, *où tout tombe dans la confusion*, etc., etc. Ce Mémoire resta sans réponse; mais on sait que, peu de temps après, le roi répondit à des représentations du même genre, dans une lettre datée de Nanci, 1673 : *Je connais l'état de mes affaires, et je vois ce qui est nécessaire. Je vous ordonne et vous exécutez : c'est tout ce que je désire.*

Une autre fois, il lui mande, toujours en 1673 : *Ne croyez pas que mon amitié diminue; vos services continuant, cela ne se peut : mais il faut me les rendre comme je les désire, et croire que je fais tout pour le mieux.*

Dès ce temps, il y eut plus d'une fois des soulèvemens pour de nouveaux impôts. Il y en eut un surtout en Languedoc; Colbert en instruit le roi. Le roi répond : *Je sais ce qui s'est passé; j'ai donné ordre que les troupes marchassent.*

On sent que, dans cette correspondance, Colbert, souvent maltraité, essayait d'appaiser son maître, et la meilleure manière était de trouver de l'argent; alors le roi changeait de ton et devenait plus doux. *Vous n'avez que faire*, écrivait-il un jour à son ministre, *de me recommander votre fils; je vous tiendrai parole et en prendrai un très-grand soin. Il ne fera rien de mal à propos; mais s'il le faisait, je ne le lui laisserais pas passer.*

Ces citations suffisent pour montrer tout le caractère de Louis XIV, et donner une idée précise du ton établi entre le roi et son ministre. Il résulte de cette correspondance, que Colbert voulait avant tout, comme tout ministre, vivre et mourir en place, ensuite faire le bien s'il l'avait pu sans déplaire. Il n'est pas moins évident que Louis xiv demandait à Colbert trois choses : *souplesse*, *argent*, *silence*; et que ses bontés étaient à ce prix; enfin, que l'égoïsme le plus complet, armé du despotisme le plus absolu, c'est Louis xiv et son règne. Il est certainement, de tous les rois, celui qui a tenu plus immédiatement rassemblés sous sa main tous les ressorts de sa puissance, et a le plus déterminé leurs mouvemens au profit de ses jouissances personnelles, de ses passions, de son orgueil et de ses préjugés.

Après ces détails, dont la plupart n'étaient pas ignorés de Voltaire, ou qu'il était à portée de savoir aussitôt qu'il aurait voulu, on a quelque peine à concevoir comment il a pu composer son *Siècle de Louis* xiv dans un esprit et sur des principes si peu favorables aux vrais intérêts de l'humanité. Le grand nom de Louis xiv avait-il, malgré le malheur de ses dernières années, subjugué l'imagination naissante du jeune poète? et cette illusion se prolongea-t-elle jusque dans l'âge de sa maturité? Il est plus probable qu'ayant déclaré la guerre au fanatisme religieux, il crut avoir en lui un adversaire assez redoutable, et vit trop de danger à combattre en même temps le despotisme politique. Peut-être pensa-t-il aussi qu'en traitant dramatiquement le personnage de Louis xiv, et faisant de lui, comme d'un héros de théâtre, l'objet d'une admiration constante et d'un intérêt soutenu, cet intérêt tournerait au profit de son ouvrage et en accroîtrait encore le succès. Enfin, le mérite d'avoir protégé les beaux-arts était pour Voltaire le premier mérite, et couvrait à ses yeux une partie des fautes du monarque: indulgence bien pardonnable dans un homme aussi passionné pour les arts, seul besoin de son âme, seul intérêt de sa vie, seule source de ses plaisirs et de sa gloire. Ne voyons nous pas, en ce moment même, d'excellens citoyens, d'ailleurs zélés pour la révolution, mettre en balance avec l'intérêt qu'ils y prennent, l'intérêt des beaux-arts, et surtout de l'art dramatique, dont la ruine leur paraît inévitable ? Ce sont des gens disposés à se rappeler Virgile et Racine, plutôt qu'Homère, Sophocle, Ménandre, etc. Il serait bon de songer à tout ; et d'ailleurs il faudrait considérer qu'acheter de belles tragédies, de bonnes comédies, au prix de tous les maux qui suivent l'esclavage civil et politique, c'est payer un peu cher sa place au spectacle.

Il y a peu d'époques dans l'histoire d'une nation où un intervalle de peu de jours ait produit, dans les formes extérieures de la société, d'aussi grands changemens qu'on en vit à la mort de Louis XIV. Ces changemens ne se bornaient pas aux rapports de politique extérieure, ni à ceux des différens partis à la cour, ou dans l'intérieur du royaume : c'est ce qui n'est pas rare au commencement d'un règne, ou d'une nouvelle administration ; mais ici tout parut nouveau, tout porta le caractère d'une révolution dans les principes, dans les idées, dans les mœurs ; tout fut brusque, heurté dans un passage trop rapide à des mœurs, à des opinions nouvelles : spectacle qui se reproduit de nos jours, mais avec beaucoup plus de violence, comme il devait arriver lorsqu'après soixante-quinze ans, une autre révolution dans les idées a produit enfin une révolution politique, qui met en présence tous les intérêts armés de toutes les passions, dans une cause intéressante pour l'humanité entière. Les changemens opérés à la mort de Louis XIV sont loin d'offrir ce caractère imposant ; mais la réunion de tous les contrastes dut les rendre presque aussi frappans pour les contemporains. Nous ne chercherons point à rassembler ici tous ces contrastes ; ils sont trop connus, ainsi que les faits et les événemens devenus célèbres par leur singularité bizarre, ridicule ou désastreuse : mais ce qu'il importe de remarquer, c'est l'influence que cette époque a exercée sur nos mœurs pendant un si grand nombre d'années. Louis XIV avait orné la galanterie de manière à pouvoir la faire regarder comme une partie de son goût pour la représentation. Le régent, doué d'un esprit brillant et aimable, fit, de son esprit, l'ornement de la plus extrême licence dont on ait eu l'idée depuis les fêtes nocturnes d'Antoine, d'Octave ou d'Héliogabale. Il sembla regarder la décence dans les plaisirs comme une portion de cette hypocrisie qu'il avait tant détestée dans la cour du feu roi. Louis XIV avait paru respecter son propre despotisme, dans les ménagemens qu'il avait pour ses ministres, même pour leurs fautes et leurs erreurs, qu'il essaya de voiler plus d'une fois. Le régent se joua du mépris qu'il avait pour les siens, et semblait les maintenir en place, pour jouir de plus près et plus long-temps de leurs ridicules, qu'il exposait plaisamment à la risée publique. En couvrant de toutes les dignités de l'église et de l'état Dubois, le plus vil des hommes, il sapait à la fois les fondemens du double respect qui avait environné le trône de Louis XIV ; il faisait parvenir jusqu'aux dernières classes de la société, le profond mépris que méritent trop souvent les organes de la religion et les dépositaires de l'autorité : mépris qui, passant de la personne à la place, remonte avec le temps jusqu'à la source même de cette autorité. C'est ainsi que le despotisme prépare de loin sa ruine par folie, par désœuvrement, par gaîté, et se détruit lui-même pour se désennuyer, se divertir, tuer le temps.

On ne peut, au reste, considérer toutes les grandes et aimables qualités de ce prince, sans gémir de l'inconcevable fatalité qui le soumit pour jamais à l'ascendant de ce vil abbé Dubois : on disait de son temps qu'il en avait été ensorcelé. Ce fut un terrible maléfice que celui qui priva la nation du fruit de tant de bonté naturelle, et d'une réunion de talens si précieuse. Courage brillant, intelligence prompte, aptitude à tout, esprit étendu, goût pour tous les arts et pour toutes les sciences; et, ce qu'on a moins remarqué, parce qu'alors la nation avilie ne formait pas même un vœu pour la liberté, ce prince, au milieu des illusions de son rang, désirait la liberté publique: il méprisait le gouvernement, non pas de Louis XIV, mais le gouvernement français : il admirait celui de l'Angleterre, où tout homme n'obéit qu'à la loi, n'est jugé que par la loi : il citait à cette occasion les noms de plusieurs princes qui, en France, après avoir été les esclaves de l'autorité, en avaient été les victimes : il rappelait avec complaisance l'anecdote du prieur de Vendôme, qui, après avoir enlevé à Charles II, roi d'Angleterre, une maîtresse, femme de sa cour, lui en enleva une autre à la ville, sans que Charles eût d'autres moyens de se venger, que d'engager Louis XIV à le délivrer de ce dangereux rival, en le rappelant en France. On sait qu'il avait long-temps désiré l'assemblée des états-généraux, et que même dans sa régence il fut prêt à les convoquer. Ce ne fut pas sans peine que Dubois réussit à le détourner de ce dessein. On a réimprimé, l'année dernière (1), le Mémoire curieux qu'il fit à cette occasion : c'est

---

(1) En 1789.

un modèle d'impudence, comme son auteur. Enfin, ce qui est un trait de caractère encore plus remarquable, ce prince prit plus d'une fois le parti du peuple contre ses ministres et ses confidens les plus intimes. Qu'on juge de leur surprise, lorsqu'au moment d'un tumulte populaire, à la veille de la banqueroute de Law, il repoussa le conseil violent de réprimer la sédition par la force militaire. *Le peuple a raison*, dit le prince, *s'il se soulève : il est bien bon de souffrir tant de choses.* Il ajouta que, s'il était né dans la classe du peuple, il eût voulu se distinguer en prenant la défense des Français outragés par le gouvernement ; mais que dans la sienne, en cas de révolte ou de guerre civile, il se mettrait à la tête du peuple contre ses ministres ; si le peuple l'exigeait, pour sauver le roi.

Tel fut le prince à qui, de son temps, on trouvait le plus de ressemblance avec Henri IV, mais qui n'en fut pas moins funeste par l'inconcevable faiblesse qui rendit inutiles toutes ses vertus. C'est ce que la duchesse d'Orléans, sa mère, avait présagé, dans un apologue ingénieux, où elle introduisait plusieurs fées bienfaisantes, dotant son fils d'un talent ou d'une grâce ; tandis qu'une dernière fée détruit malignement l'effet de tous ces dons, par celui qu'elle leur ajoute, la facilité de caractère. Ce mot de facilité, substitué à celui de faiblesse par l'indulgence maternelle, devint d'un usage universel parmi ses courtisans. On sent par combien de raisons il devait réussir ; et Voltaire consacra, dans *la Henriade*, cette nuance habilement saisie par les flatteurs, en disant de lui : *Qu'il était facile et non pas faible.* Mais, dans la vérité, quel prince fut plus faible que celui-ci ? Était-ce sur sa facilité ou sur sa faiblesse que comptait l'abbé Dubois lorsque, après lui avoir arraché sa nomination à l'archevêché de Cambrai, et voulant que son sacre si scandaleux fût honoré de la présence de son maître, il ordonnait à madame de Parabère, maîtresse du régent, d'exiger du prince qu'après avoir passé la nuit avec elle, il assistât publiquement à la cérémonie, ce qu'elle exécuta dans la crainte que ce prêtre ne la perdît auprès de son amant, comme il l'en avait menacée ? Était-ce faiblesse ou facilité lorsque, après la banqueroute de Law, montant en carosse pour aller au parlement faire enregistrer un édit ordonnant des recherches contre les financiers, il dit à Nancré, capitaine de ses gardes-suisses, qui resta confondu : *Nancré, que dites-vous de ces ministres qui font de moi un persécuteur ?* On peut dire même qu'il le devint dans tous les sens, puisque, sous l'administration du prince qui méprisait le plus toute querelle religieuse, d'Argenson, devenu ministre, remplit les prisons de jansénistes, et fit même bâtir à Bicêtre trois cents loges nouvelles *pour les jansénistes du menu peuple.* On voit que la théologie était descendue bien bas. C'est que Dubois, qui d'abord, par un in-

térêt bien entendu pour la régence et pour lui-
même, avait rehaussé le jansénisme et le parlement, aspira depuis au chapeau de cardinal, et
dans ce dessein, se fit auprès du saint-siége un
mérite de persécuter les jansénistes, et de faire
enregistrer la bulle. On ne cesse d'admirer l'absurde intérêt que le régent prit à cette affaire,
et le ridicule chagrin que lui causa sa fille, l'abbesse de Chelles, que d'abord il avait faite janséniste, en lui donnant un directeur de ce parti,
mais qui resta fidèle à cette doctrine, lorsque Dubois eut intérêt de persécuter le jansénisme. Cette
princesse, qui avec l'esprit de son père en avait
l'extrême vivacité, s'était tellement attachée à
cette secte, qu'elle était devenue la plus grande
théologienne du parti, et, déguisée en sœur converse, avait confondu le cardinal de Bissy. Le
cardinal vaincu se mit en colère comme de raison,
eut recours à sa qualité de prince de l'église (titre
avec lequel on n'a jamais tort), et parla de mettre
en pénitence la sœur converse, qui à son tour se
fit connaître, et reçut (comme princesse) les ex-
cuses du cardinal humilié et (qui pis est) du
théologien battu. Cette obstination de l'abbesse de
Chelles fut une vraie peine pour le duc d'Orléans;
et cette peine dura, car la princesse demeura toute
sa vie la patronne et la protectrice du parti janséniste.

Il paraît difficile d'écrire sérieusement l'histoire
de cette époque. Il faut savoir d'autant plus de gré

au rédacteur des Mémoires d'avoir très-bien développé, dans ce mélange de tant d'intérêts divers, la cause de tous les événemens, les ressorts de toutes les intrigues intérieures, et ceux de la politique étrangère. On sent que nous ne pouvons nous engager dans ce labyrinthe ; et, si nos lecteurs croyaient y perdre, nous adoucirions leurs regrets, en appliquant à cette période de temps, un mot du cardinal Albéroni au duc de Richelieu. Il lui mandait, dans une lettre écrite pour l'engager dans l'intrigue connue sous le nom de conspiration de Cellamare : *Il ne s'est rien fait de bien en Europe depuis trente ans, et en France depuis un siècle.* La France continua encore quelques années à mériter ce reproche. Bornons-nous donc, en parlant de ces Mémoires, à ce qui intéresse plus particulièrement le duc de Richelieu lui-même. Aussi bien son histoire tient-elle à celle des mœurs, c'est-à-dire, à la perfection que les mauvaises mœurs reçurent alors en France.

On connaissait assez toute cette cour du régent; mais on trouve ici quelques anecdotes nouvelles, ou du moins peu connues. Telle est, par exemple, la manière dont on s'y prit pour rendre la duchesse d'Orléans douairière, moins contraire au système de Law : ce fut de la rendre favorable à sa personne. Law était bel homme ; et une princesse de soixante-trois ans, de mœurs sévères jusqu'alors, fut sensible à ses empressemens: c'est une faiblesse ou une facilité qu'on pouvait remarquer, même dans la cour de son fils. Le duc de Richelieu en était, comme de raison, un des principaux ornemens. Il brillait dans tous les fêtes, dont plusieurs étaient nocturnes et connues alors sous le nom d'orgies grecques, de fêtes d'Adam, etc.; car l'histoire, la fable, la bible, tout fournissait des sujets ou des allusions à leurs ordonnateurs : on pourrait dire aussi à leurs ordonnatrices, car les dames s'en mêlaient ; entre autres la célèbre madame de Tencin, sœur d'un prêtre convaincu de faux et de simonie en plein barreau, au moment où il levait la main pour faire un parjure, et depuis devenu cardinal ; religieuse sortie de son cloître après un scandale odieux, intrigante, devenue maîtresse avouée du cardinal Dubois, long-temps arbitre des grâces, et qu'on a vue jouir à Paris, jusques dans sa vieillesse, d'une grande considération.

Comme le sens de ce dernier mot va sûrement changer en assez peu d'années, il n'est pas mal de déterminer la signification qu'il a conservée jusqu'à ces derniers temps. D'abord, ce mot magique, *considération*, ne développait guère son influence que dans l'enceinte assez étroite d'un certain public, d'un public *choisi*, comme on disait. La personne *considérée* était, pour ce public, l'objet d'une attention marquée, d'un intérêt apparent et convenu. Il fallait la connaître, l'avoir vue, la voir plus ou moins. On la citait plus ou moins fréquemment, mais plus volontiers qu'une autre ;

il n'était pas nécessaire de savoir pourquoi ; le demander eût été de mauvais goût : il était réglé que cette existence n'appartenait de droit qu'à tel rang, telle position, telles circonstances, etc. C'était un *privilége* dont le brevet n'existait pas, mais était admis comme reconnu valable entre les initiés, les seuls intéressés à l'affaire. On eût ri d'un étranger qui eût attaché à ce mot, *considération*, les idées d'estime, de bienveillance. Seulement elles n'étaient pas exclues : c'était beaucoup. A la vérité, ces nuances n'étaient pas très-éclaircies dans toutes les têtes ; mais on s'entendait, ou l'on croyait s'entendre, ce qui dans le fond revenait à peu près au même : d'ailleurs, il importait de ne pas trop simplifier cette belle science, dont le mystère faisait le piquant. Cet heureux temps n'est plus : la trace, et même le souvenir de ces minuties enfantines vont disparaître dans une évaluation plus juste des hommes et des choses, presqu'impossible sous un gouvernement despotique, où presque tous les esprits, faute d'aliment solide, étaient réduits à se repaître de ces illusions.

L'esprit français était parvenu à donner une sorte d'agrément à de pareilles mœurs ; mais on sait qu'il avait fait en ce genre bien d'autres miracles. Témoin les succès de ceux qui se qualifiaient eux-mêmes les *roués* du régent, mot nouveau, introduit alors dans la langue, ainsi que celui de *braque*. Les courtisans du prince expliquaient ce mot de *roués* en courtisans, *gens qui se feraient rouer pour lui*. Le prince, plus heureux dans son explication, mais un peu ingrat, prétendait que ce mot voulait dire *gens bons à rouer*. Cependant il se laissait gouverner par eux; ils influaient sur les affaires. Le cardinal Dubois les lâchait contre les honnêtes gens qu'il voulait perdre; et Richelieu remarque positivement qu'ils firent renvoyer du ministère le respectable et laborieux duc de Noailles, lequel ne pouvait tenir, dit-il, contre les soupers des *roués*, surtout ne donnant point à dîner, faute alors très-essentielle de la part d'un ministre. Plusieurs de ces *roués* étaient des hommes pleins d'esprit et d'agrément, tels que le jeune comte de Broglie, Nocé, leur chef, que le prince appelait publiquement son beau-frère, parce qu'ils avaient la même maîtresse. Mais le plus singulier de ces messieurs était un marquis de Canillac, dont Richelieu rapporte quelques mots très-plaisans. C'était lui qui disait à Law : « *Je fais des billets et je ne les paie pas ; c'est mon système : vous me le volez, rendez-le moi.* » Il mêlait quelque sentiment de décence personnelle aux complaisances qu'il avait pour le régent. On l'appelait le lieutenant de police nocturne, quoiqu'à vrai dire, d'après le récit de ces fêtes, on ne voie pas ce que Canillac y empêchait; il n'en était pas moins pour cette cour une espèce de Burrhus : il ne devait pas être difficile d'y paraître tel ; mais les détails du rôle demandaient beaucoup d'esprit.

C'est dans cette société que le jeune duc de Richelieu passait sa vie, enlevant au régent quelques-unes de ses maîtresses, soit femmes de théâtre, soit femmes de sa cour: cela était à peu près égal, car elles vivaient ensemble; et la plus honnête de toutes était une actrice, nommée Émilie, qui, ayant demandé quinze mille francs au prince, pour acheter une maison de campagne, refusa le double de cette somme envoyé par le prince; tandis que madame de Parabère partageait avec Nocé la dépouille des gens de finance, inquiétés par la chambre ardente. A tous ces plaisirs se mêlaient, comme de raison, quelques duels de temps en temps. Une tracasserie de société en occasionna un entre le comte de Gacé et le duc de Richelieu: celui-ci fut dangereusement blessé, et de plus conduit à la Bastille. Pendant sa détention, on instruisit son procès; mais, comme il convenait à deux maisons considérables que le duel ne fût pas prouvé, il ne le fut pas, et le duc de Richelieu sortit de la Bastille.

Sa convalescence y avait été longue, quoique l'amour vînt le consoler, ou plutôt parce que l'amour venait le consoler. Madame de Charolois, accompagnée de la princesse de Conti, ayant gagné ses geoliers à prix d'argent, lui rendait fréquemment des visites nocturnes. C'était le sort du duc de Richelieu, d'être visité à la Bastille par des princesses. Il y fut remis, quelques années après, pour être entré dans la conspiration

de Cellamare ; il y reçut encore la visite de cette même mademoiselle de Charolois, et de mademoiselle de Valois fille du régent. Ces deux princesses, qui, en découvrant le secret de leur rivalité, s'étaient portées à de violens excès l'une contre l'autre, se réunirent pour sauver leur amant. Mademoiselle de Charolois offrit le sacrifice de sa passion à sa rivale, si celle-ci parvenait à fléchir le régent. C'était un combat de générosité qu'elles eurent le plaisir de voir applaudir au théâtre, quelques années après, dans la tragédie d'*Inès*, où Constance fait à Inès le même sacrifice. Mais, par malheur, la situation des personnages français était plus compliquée que celle des personnages de la tragédie. Le père de mademoiselle de Valois était aussi son amant, et la négociation traîna en longueur. Elle réussit pourtant, et le coupable recouvra sa liberté. Il lui fallut voir le régent, être toisé, maltraité de paroles, être appelé ingrat. L'ingrat se justifia de son mieux. Il prétend avoir dit au prince que le penchant des cœurs français était de s'attacher aux descendans de leurs rois, plutôt qu'à leurs parens collatéraux ; que la France allait périr sous ses indignes ministres ; qu'on lui avait montré avec évidence une prochaine tenue d'états-généraux, etc. Mais ce qui est remarquable, c'est la fin de son discours. « Au reste, dit-il au régent, puisque le
» patriotisme est devenu un crime, puisqu'une
» soumission aveugle aux ministres, aux favorites,

« aux favoris est devenue la seule qui conduise
» aux récompenses, je vous jure que désormais vous
» ne trouverez en moi qu'un dévoué serviteur. »
Il faut convenir que, dans l'ordre des choses où il
vivait, tout conduisait à cette belle morale; mais
on peut espérer qu'elle ne sera plus si nécessaire
pour parvenir aux récompenses et aux honneurs.

Il paraît que cette troisième détention du duc
de Richelieu à la Bastille laissa dans son âme un
souvenir profond, et surtout un vif ressentiment
contre le garde des sceaux d'Argenson, autrefois
lieutenant de police. Le ministre sollicita la commission odieuse d'aller interroger le prisonnier,
quoiqu'il eût eu d'anciennes liaisons avec sa famille. Il s'en acquitta d'une manière digne de son
ancien métier. Aussi le maréchal dit-il plaisamment qu'il l'a recommandé à son historien. Mais
si l'histoire doit faire justice des hommes de cette
espèce, la philosophie doit observer que leur existence suppose le dernier degré de corruption où
une société politique puisse parvenir. C'est l'idée
que présente le récit des moyens qui conduisirent d'Argenson à la fortune. Établi dans la place
de lieutenant de police, qui n'était d'abord qu'une
charge du Châtelet, il voua au service de madame
de Maintenon une armée d'espions, dont le nombre s'accroissait tous les jours. Il fit arrêter arbitrairement tous les citoyens qui lui étaient suspects:
complaisant pour tout ce qui était accrédité, terrible pour tout le reste; formidable au peuple, qui

l'appelait *le damné*; devinant comme par instinct quels hommes pouvaient un jour servir son ambition; et ayant, par cette sorte de pressentiment, justifié le duc d'Orléans contre les soupçons du roi; esclave des jésuites, persécuteur des jansénistes, sans aimer, ni haïr les uns ni les autres; vigilant, laborieux, et ne cherchant le délassement de ses travaux que dans un libertinage obscur. Un goût particulier lui faisait rechercher les religieuses, et l'abbaye de Tresnel fut quelque temps son sérail. Il consacrait à l'embellissement de cet hospice les profits des confiscations qui lui appartenaient. On peut juger le plaisir malin que le duc de Richelieu reçut de cette découverte. Il était aimé d'une religieuse, qui le fit entrer dans le couvent, déguisé en femme, et le mit à portée de connaître les fantaisies du garde des sceaux. Il en instruisit le public après plus de soixante ans. Sans doute il trouvait juste que, la police ayant su tous nos secrets, nous sussions à notre tour les secrets de la police.

Mais de toutes les confidences qu'il fait au public, celle qui sera le mieux reçue sans comparaison, c'est celle qui concerne le fameux *masque de fer*. Il est enfin connu ce secret qui a excité une curiosité si vive et si générale. C'était un prince, frère jumeau de Louis XIV, né à huit heures et demie du soir, huit heures après la naissance du roi son frère. Ce fut une victime de la superstition. La conduite qu'on tint à son égard, fournit trop de réflexions pour qu'on s'en permette une seule. Nous renvoyons aux Mémoires pour la preuve et les détails de ce fait. Le duc de Richelieu exigea que mademoiselle de Valois arrachât ce secret à son père. La réputation du duc d'Orléans aide les lecteurs à deviner quel prix le père obtint de sa complaisance. C'est ce que la princesse explique sans détour à son amant dans une lettre en chiffre, qui n'a d'honnête que la précaution du chiffre.

Après avoir révélé des secrets de cette importance, on sent bien que c'est un parti pris, de la part du maréchal, de ne ménager personne. Aussi les curieux d'anecdotes trouveront-ils dans ses Mémoires toute l'histoire galante ou scandaleuse de ces temps, les portraits des princesses, leurs aventures, celles des dames de leurs cours. C'est Cléon vivant dans ces cours, et imprimant, livrant au public son porte-feuille.

Vous verrez notre liste avec les caractères.

Quelquefois, à la vérité, les dates ne sont pas précises; mais il y supplée par des à peu près, ou des équivalens très-heureux. *C'était dans le temps que madame la princesse de.... aimait M.... et M.... Ce fut alors que Vauréal (évêque de Rennes) m'enleva madame de Gontaut; et c'est dans cette même année qu'il eut la maréchale et la marquise de Villars.*

Au reste, en nommant ainsi par leurs noms tant de femmes et de princesses, il prétend n'avoir eu d'autre dessein que de leur donner une leçon instructive : « Les princesses doivent, dit-il, songer, » comme les rois, que ceux de leurs courtisans » qui paraissent le plus les adorer, se permettent » quelquefois de transmettre à la postérité le tableau de leurs faiblesses. » C'est une intention très-morale dont il faut savoir gré au maréchal de Richelieu. Quant à lui personnellement, cette crainte de l'histoire paraît l'avoir fort peu gêné. Mais croira-t-on qu'elle ait quelquefois affligé le régent dans les dernières années de sa vie ? C'est pourtant ce qui est certain : il songeait avec peine que les détails de ses licencieuses folies seraient transmis à la postérité. Il faut croire qu'il ne se reprocha pas moins son gouvernement, qui ne fut guères qu'une orgie d'une autre espèce ; et surtout que le principal objet de ses remords fut cette affreuse banqueroute, dont le souvenir a de nos jours été présenté au peuple comme une menace capable de réprimer l'ardeur des Français pour la liberté, achetée trop cher, disait-on, par un semblable désastre. Il eût été sans doute horrible ; mais la France avait souffert une fois ce fléau, sans en être dédommagée par la conquête de la liberté politique, et en restant soumise à ce même despotisme, cause reproductive de cette calamité, comme de toutes les autres. Revenons au maréchal de Richelieu.

Ce fut vers ce temps qu'il partit pour son ambassade de Vienne, dont il expose le secret et l'intention. Mais nous ne nous mêlons pas des affaires étrangères; et, laissant de côté la politique, nous n'insistons que sur ce qui représente les mœurs de ce temps; ce mélange de licence et de futilité, revêtu de grâces et d'esprit, souvent de facilité pour les affaires; mélange qu'on était convenu de regarder comme la perfection du caractère français. Il sera permis, sans doute, au caractère français de s'élever un peu plus haut, et il est vraisemblable que le maréchal de Richelieu aura la gloire d'avoir été dans ce genre, comme d'Épernon dans le sien, le dernier *grand seigneur* français.

Le duc de Richelieu fut au courant des affaires sous le ministère du duc de Bourbon comme sous la régence, et à Vienne comme à Paris. On a vu par la rivalité de mademoiselle de Charolois sœur du duc de Bourbon, de mademoiselle de Valois fille du régent, qu'il avait à peu près dans les deux maisons les mêmes facilités de s'instruire; mais il était le plus en liaison avec madame de Prie: c'était en savoir autant que le prince ministre. Le portrait qu'il fait de la marquise de Prie prouve plus de respect pour la vérité que pour la mémoire de cette dame: elle disposait de tout, et vendait presque tout; intrigante, spirituelle et libertine, elle gouvernait le prince, et elle-même était gouvernée; quant aux affaires publiques, par les quatre frères Paris. Le duc de Richelieu raconte un trait qui montre à quelle dangereuse illusion la bonne foi des princes est exposée : ce prince était enfermé avec Dodun, fantôme de contrôleur-général que les frères Paris maintenaient en place, pour gouverner sous son nom et ne répondre eux-mêmes de rien ; la marquise survient, endoctrinée par Duverney (un des quatre frères) sur une affaire de finance dont il devait être question dans cet entretien. Elle se fait expliquer l'affaire, saisit très-bien le point précis de la difficulté, et donne un bon conseil, d'après la leçon de Duverney. Qu'on juge de l'admiration de Dodun. *Eh quoi, madame,* lui dit-il, *le grand Colbert vous a donc transmis son âme?* Se peut-il qu'on ose insulter ainsi les princes, en les traitant comme de vieux tuteurs de comédie !

On sait comment, à peu près dans le même temps, cette marquise de Prie ravit à la maison du prince son amant, l'honneur de donner une reine à la France. On cherchait parmi les jeunes princesses de l'Europe une épouse pour le jeune roi Louis xv. Mademoiselle de Vermandois, sœur du duc de Bourbon, belle, spirituelle, vertueuse, élevée loin de la corruption générale, vivait dans un couvent à Tours. La marquise se hâte de prendre les devans auprès de la princesse, part pour s'assurer d'elle, et se fait introduire sous un nom emprunté. Malheureusement le sien était fort maltraité par le public, et elle put s'en apercevoir par les réponses franches et naïves de mademoiselle de Vermandois. Cette franchise lui coûta le trône; la marquise sortit furieuse, en laissant entendre ces mots : *Va, tu ne seras jamais reine de France.* C'est en effet ce qui arriva. Voilà donc une princesse, pleine de vertus et d'agrémens, victime d'une intrigue subalterne et du ressentiment d'une femme perdue. Tout n'était pas agrément pour les princes dans cet ordre de choses, dont la ruine excite des regrets si douloureux. La marquise continua de braver l'indignation publique, de lire avec dédain les chansons faites contre elle, en disant : *Voilà comme sont les Français quand ils sont trop bien;* de jeter au feu les remontrances du parlement de Rennes et de celui de Toulouse, sous prétexte qu'elles étaient de mauvais ton, et qu'elles *sentaient la province* : mot plaisant que le duc de Richelieu a dû conserver.

Le fruit de toute cette conduite fut de faire renvoyer M. le duc, qui soutint sa disgrâce avec dignité, et qui, séparé de madame de Prie, parut dans sa retraite rendu à sa bonté naturelle, aussi estimé comme homme qu'il avait été blâmé comme ministre.

Ce ne fut pas de lui sûrement que vint l'idée du projet qui s'exécuta sous son ministère. On donna un compte rendu où l'on supposait un *deficit* qui n'existait pas, et qu'on imaginait pour avoir le prétexte de mettre un nouvel impôt : c'était un faux d'une espèce nouvelle. Nous sommes devenus plus vrais, et la bonne foi de notre *déficit* actuel est au-dessus de tout soupçon. Il faut croire que l'*âme de Colbert, transmise à madame de Prie*, fut innocente du mauvais conseil donné au prince, puni, comme tant d'autres, du malheur d'être mal environné.

La portion publiée des Mémoires de Richelieu renferme les premières années du ministère du cardinal de Fleuri. Nous regrettons de ne pouvoir, par le rapprochement des faits, conduire le lecteur aux idées que leur résultat présente ; le portrait du cardinal ; l'intérieur de la cour ; les premiers développemems de la jeunesse du roi; les querelles du ministère et du parlement ; l'embarras où se trouve le cardinal par un effet du zèle et du courage de deux conseillers au parlement, l'abbé Pucelles et Mengui ; la chanson que, dans sa détresse, il demande à M. de Maurepas ; le succès de cette chanson, où celui-ci fait dire aux femmes de la halle :

Rendez-nous Pucelles, oh gai !
Rendez-nous Pucelles ;

trente séances silencieuses tenues de suite au parlement, et levées sans avoir ouvert la bouche, par un président qui prétendait avoir le droit d'empêcher la discussion des affaires ; le cardinal qui renvoie de Versailles les députés, en disant *qu'on ne parle jamais d'affaires au roi*; le profond étonnement de ce cardinal, lorsqu'ils vont à Marly porter leurs remontrances; le cri de sa surprise et le mot qu'il répète au premier président : *Ah, monsieur, à Marly! à Marly! ô ciel! et pour parler au roi!* Joignez à ces belles choses le retour des querelles religieuses, l'importance des prêtres sulpiciens, substituée à celle des jésuites; réduits, depuis leur chute, à faire des canonisations pour se soutenir un peu dans le peuple; le ridicule concile d'Embrun, présidé par le ridicule cardinal de Tencin : toutes ces tracasseries, il faut en convenir, forment l'histoire de cette époque.

Tel est donc l'abaissement où une nation peut descendre! On l'a vue depuis descendre encore plus bas; et son histoire avait, comme elle, grand besoin d'être régénérée. Observons que, dans cet intervalle de quelques années, cité comme très-heureux, deux hommes disposaient de la plupart des places dans l'église et dans l'état; l'un d'eux était un abbé Pollet, qui, dans son parloir de Saint-Nicolas-du-Chardonnet, recevait les sollicitations de toute la cour et des dames les plus titrées : *Ce qui ne me surprenait pas*, dit le maréchal de Richelieu, *parce que je les avois vus baiser la main de Law et le suivre même dans sa garde-robe.* Le second était Barjac, valet de chambre du cardinal. Ce Barjac était un singulier personnage, et mériterait *un long article à part*.

Il disait familièrement : *Nous avons donné aujourd'hui telle place. Le maréchal de Villars est venu nous voir ;* et quelquefois même, il parlait en son nom, sans faire mention du cardinal. Les plus grands seigneurs lui faisaient la cour; mais comme il avait de l'esprit et du goût, il fallait y mettre de la mesure. Il était, parmi les valets de chambre des ministres, ce que Tibère était parmi les empereurs : il voulait que l'adulation fût digne de lui; que les courtisans, ses flatteurs, ne s'avilissent qu'à sa guise; et les plus grands seigneurs y étaient souvent fort embarrassés. Voilà de qui tout dépendait. *Heureusement*, dit le maréchal, *Barjac était un honnête homme. Heureusement* est le terme propre; c'était bien fait alors de rendre grâce au ciel de la probité d'un valet de chambre; elle tenait lieu d'une bonne constitution, au moins pendant le temps que le ministre restait en place, en conservant le même valet de chambre. Mais il était permis de souhaiter que le bonheur d'une grande nation reposât sur une base plus solide et plus durable.

Nous espérons que le rédacteur se hâtera de nous donner la suite de ces Mémoires (1); ce que nous ne disons pas pour l'obliger de les écrire à la hâte. Nous l'avons déjà blâmé d'avoir donné lieu à ce reproche; c'est à quoi nous bor-

---

(1) Cette suite a paru depuis en cinq volumes.

nons notre critique littéraire. On doit lui tenir compte des principes dans lesquels il a rédigé ces Mémoires, et du sentiment patriotique dont il paraît animé presque partout. C'est un beau droit à l'indulgence publique, assuré d'ailleurs plus particulièrement au genre de l'histoire. On ne doit pas rougir de dire avec le plus grand citoyen et le plus grand écrivain de l'ancienne Rome : *Historia quoque modo scripta placet.*

Sur une brochure ayant pour titre : *Observations sur les Hôpitaux*, par M. Cabanis. — 1790.

On se rappelle le rapport de MM. les commissaires de l'Académie des sciences, sur l'Hôtel-Dieu, et l'effet que produit sur le public, le récit des maux et de abus réunis dans ce vaste asile des misères humaines. Le gouvernement parut dès-lors déterminé à lui substituer quatre hôpitaux, situés en différens quartiers de Paris, dont chacun contiendrait seize cents lits. C'était sans doute une réforme utile, et elle parut alors suffisante; mais on cessera bientôt d'en avoir cette idée, lorsqu'on aura lu la brochure que nous annonçons. L'auteur, en rendant justice à l'excellent rapport qui a donné lieu à une première réforme, fait sentir tous les inconvéniens attachés à des hôpitaux qui contiendraient seize cents malades; bientôt les abus s'y cacheront dans la multitude des détails. De plus, dans les grands hôpitaux, on est obligé d'adopter des règles générales, sans quoi le service serait impossible. Les alimens et les remèdes se distribuent aux mêmes heures pour tout le monde. Il y a des jours où l'on purge, des jours où l'on ne purge pas. Dans les grands hôpitaux, les plaies les plus simples deviennent graves, les graves deviennent mortelles, et les plus grandes opérations ne réussissent presque jamais ; de ces observations et de quantité d'autres, l'auteur conclut qu'avant peu on verra qu'il faut renoncer aux grands hôpitaux, et que bientôt il n'y en aura plus que de petits. En vain ferait-on dans les hôpitaux les changemens les plus utiles, si on n'en diminue la grandeur. M. Cabanis souhaite qu'on leur substitue des hospices de cent ou cent cinquante lits. Il pense qu'avec cinquante mille écus on peut se procurer un petit hôtel propre à contenir ces cent cinquante lits, et tout ce qui est nécessaire au service d'un nombre égal de malades : or, avec ces six millions (la somme demandée pour les quatre grands hôpitaux est de six à huit millions), on aurait quarante hôpitaux de la même grandeur, lesquels pris ensemble renfermeraient six mille lits. En réduisant ainsi ces hospices, il serait moins nécessaire de les transporter hors des villes. Les hospices pourraient rester au sein de Paris sans de grands inconvéniens pour eux-mêmes ou pour le voisinage. Les maisons qui environnent la Charité ne sont pas plus malsaines que celles des quartiers les mieux aérés.

Parmi les grands avantages que M. Cabanis voit résulter de ces hospices, il faut compter pour beaucoup les moyens nouveaux qu'ils offriraient de contribuer aux progrès de la médecine. Quand les médecins suivent les grands hôpitaux, quel fruit peuvent-ils en tirer? Ce n'est point la nature qu'ils y voient, encore moins la nature aidée par un art bienfaisant; il n'en serait pas de même dans ces hospices. Ici l'auteur montre la nécessité des journaux d'hôpital; il indique les différentes vues dans lesquelles ces journaux doivent être composés, et les conditions auxquelles ils doivent satisfaire. Le second vœu que M. Cabanis forme pour le progrès de son art, c'est l'établissement des écoles pratiques, regardées maintenant, dit-il, et avec raison, par tous les gens sensés, comme seules propres à réformer les études de la médecine. Les médecins grecs et romains menaient leurs disciples au lit des malades. Les universités d'Edimbourg et de Vienne ont, l'une et l'autre, un professeur de médecine clinique. C'est dans les salles mêmes d'un hôpital, que se donnent les leçons. Ce sont les différentes maladies qui leur servent de texte. « C'est avec une telle institution, poursuit M. Cabanis, qu'on aurait dans les élèves des surveillans éclairés et sévères de la médecine des hôpitaux, surveillans toujours prêts à réclamer contre les faussetés ou les exagérations des journaux; et les journaux eux-mêmes devant servir de base à la réputation de celui dont ils porteraient le nom, le forceraient à redoubler de soins auprès de ses malades, à perfectionner sa pratique, et à rendre son enseignement le plus clair, le plus méthodique, pour multiplier le nombre de ses disciples. »

Tel est le but principal de cet écrit rempli de vues saines et d'idées utiles. Il nous serait plus difficile de les recueillir, qu'il ne l'a été à M. Cabanis de les répandre avec profusion. La forme administrative à donner aux établissemens qu'il propose, plusieurs questions relatives à cette administration, tiennent à des principes que l'auteur indique, ou établit avec cette brièveté rapide qui décèle un homme supérieur à son ouvrage, plus occupé du bien qu'il veut, que du talent qu'il ne cherche pas à montrer, mais qu'il montre sans le vouloir. Egalement versé dans la médecine et dans plusieurs parties de l'économie politique, M. Cabanis paraît avoir étudié l'homme sous tous les rapports; et les considérations morales auxquelles il ramène tout, par lesquelles il éclaire ou décide la plupart des questions que présente son sujet, jettent sur cet écrit un intérêt qu'on n'avait pas droit d'en attendre. C'est ainsi qu'en parlant des ateliers de charité, il fait sentir combien il importe à la société entière de dépouiller l'aumône des caractères qui la flétrissent, de créer, comme il le dit, un nouveau système de bienfaisance générale, qui laisse subsister dans le pauvre le respect que tout homme doit avoir pour lui-même, sentiment qui sera partout le plus sûr garant de la morale publique.

L'auteur qui, dans cet ouvrage, se montre l'ami de tous ceux qui souffrent, ou comme malades ou pauvres, étend sa pitié jusque sur une classe trop négligée jusqu'à ces derniers temps. Il se flatte que l'Assemblée nationale, ou d'après ses ordres, les assemblées provinciales et municipales chercheront aussi tous les moyens d'adoucir celui des malfaiteurs et des infortunés qui gémissent dans les prisons, en attendant que des lois sages, l'influence d'un meilleur gouvernement et de meilleures formes judiciaires, tant pour le civil que pour le criminel, diminuent, autant qu'il est possible, le nombre de ces malheureuses victimes de la société. Il cite à ce sujet une belle expérience récemment faite en Angleterre. D'après la conviction que les prisonniers achèvent de se dépraver dans la société les uns des autres, que non seulement leur oisiveté tarit une source de production, mais empêche qu'ils ne reviennent à la vertu quand ils sont vraiment coupables, et les corrompt à plaisir quand ils sont innocens ou n'ont commis que des fautes légères, le comté d'Oxford a fait construire des chambres isolées et sans communication entre elles, où les prisonniers sont traités humainement, bien vêtus, bien couchés, respirent un air pur, ont des alimens sains. Là ils exercent un métier quelconque ; et garantis, par ce moyen, de l'ennui de la solitude et des mauvais effets de l'oisiveté, ils fournissent encore un bénéfice supérieur aux frais de l'établissement. Le bénéfice a été, l'année dernière, de cent guinées ; et ce qui, sans doute, est bien plus précieux, quelques prisonniers ont mérité, par leur bonne conduite, qu'on abrégât le temps de leur captivité. Ce sont aujourd'hui d'honnêtes gens, des artisans utiles qu'on rendra à la chose publique. « Ainsi, dit M. Cabanis, en remplissant des vues d'humanité, de raison, de politique parcimonienne, on est, d'un autre côté, parvenu à faire de vraies infirmeries du crime ; et l'on a découvert la méthode curative au moyen de laquelle on pourra le traiter désormais comme les autres espèces de folie. »

Sur un ouvrage intitulé : *Du Massacre de la Saint-Barthélemi, et de l'influence des Étrangers en France durant la Ligue ;* discours historique, avec les preuves et développemens, par Gabriel Brizard.

L'an premier de la liberté.

C'est la date que l'auteur donne à son livre ; mais il paraît que la liberté existait pour lui, quand il composa son ouvrage. Le succès qu'il obtint dans une assemblée de plus de six cents personnes dut lui prouver, il y a plus de six ans, que le sentiment de la liberté avait cessé d'être étranger aux Français. Des circonstances particulières avaient cependant engagé l'auteur à renfermer son ouvrage dans son portefeuille. Son discours, alors si applaudi, ne sera pas moins agréable à la lecture ; et les recherches historiques dont il est accompagné, le rendront intéressant pour tous les amateurs de l'histoire de France ; les curieux d'anecdotes en trouveront plusieurs très-piquantes et peu connues. Cette partie du travail de M. l'abbé Brizard est sans doute celle à laquelle il attache le moins de prix, mais n'en est pas moins celle qui fera le plus rechercher son livre. Au reste, l'ouvrage et les remarques qui le suivent sont dirigées vers le même but. L'auteur se propose de prouver que la Saint-Barthélemi fut presque entièrement le crime des étrangers, et que les Français en furent les victimes beaucoup plus que les instrumens. On savait assez que cette horrible détermination avait été prise dans le conseil italien de Catherine de Médicis, composé du chancelier Birague (Milanais), d'Albert de Gondi, maréchal de Retz (Florentin), du duc de Nevers (Gonzague), et de quelques autres Italiens. On savait que les principaux confidens de cette trame, ourdie pendant près de dix-huit mois, étaient étrangers, ainsi que la plupart de ceux qui ordonnèrent ou dirigèrent les massacres; mais on n'avait point encore montré à quel point tous les grades subalternes avaient été envahis par ces mêmes étrangers, Italiens, Lorrains, Espagnols, Piémontais, etc. On peut dire que les Français seuls étaient, en quelque sorte, devenus étrangers en France. Ce fut en partie pour cette raison que cet affreux complot trouva un si grand nombre d'exécuteurs empressés ou dociles.

L'auteur, après avoir tracé rapidement toutes les horreurs de la Saint-Barthélemi et rappelé les noms de tous ces assassins étrangers, oppose à cette liste celle des vertueux Français qui se signalèrent, ou par un refus généreux d'obéir à des ordres barbares, ou par une protection plus généreuse encore accordée aux victimes de cette cour monstreuse. Les hommages des générations suivantes avaient déjà consacré plusieurs de ces noms connus, tels que ceux de Crillon, d'Orthe, Montmorin-Sthaem, de Tende, Hennuyer, etc. Mais recueillis avec plus de soins par M. l'abbé Brizard, leur nombre est plus grand qu'on ne le croit d'ordinaire. Il est vrai que c'étaient de simples citoyens, des bourgeois; et jusqu'à ces derniers temps, plusieurs de nos historiens, en répétant les noms de Parchappe, Grollot, Blancher, etc. auraient cru déroger à la dignité de l'histoire. Il semble qu'aux yeux de ces écrivains, l'entrée de l'histoire doit être gardée, comme celle des cours, par le génie de l'étiquette, et qu'un accès trop facile n'y doit pas être permis aux vertus plébéiennes. On ignorait presque entièrement plusieurs de ces noms vulgaires, que M. l'abbé Brizard ressuscite ; et cependant Henri IV les connaissait, les citait souvent avec un attendrissement visible. Il se plaisait à rappeler les services qu'il avait reçus de ces modestes citoyens, les sacrifices qu'ils lui avaient faits ; et quelques-uns d'entre eux étant morts depuis, victimes de leur zèle pour sa cause, il n'en parlait que les larmes aux yeux. Il les appelait les *martyrs d'état*, liant ainsi l'idée de leur mort à celle de la reconnaissance que leur devait la patrie, et que lui-même conservait pour leur mémoire.

On sait qu'après la cour italienne de Médicis, les princes de la maison de Guise furent près de cinquante ans le plus grand fléau de la France. M. l'abbé Brizard fait le portrait de chacun de ces princes, et les caractérise par leurs traits les plus distincts. Ce fut une fatalité bien étrange et bien funeste à la France, que la réunion des talens partagés entre tous ces princes, le grand nombre de leurs enfans, doués à peu près des mêmes avantages, la beauté, l'esprit, les agrémens ; l'inquiète activité des princesses de cette maison, dont plusieurs sont encore célèbres de nos jours. A l'exemple de Médicis, il remplirent de leurs alliés, de leurs amis, c'est-à-dire de Lorrains et d'Allemans, toutes les places dont ils purent disposer. L'auteur donne sur chacun de ces princes et de ces princesses des détails très-curieux. On avait fait alors un livre intitulé : *la France italienne.* Le titre eût été plus conforme à la vérité historique, s'il eût été : *la France italienne et lorraine.* On a peine à concevoir qu'elle ait pu résister à cette double invasion, qui se perpétua plus de cinquante années par le versement continuel des Italiens, qui, recrutant sans cesse la foule de leurs compatriotes, venaient envahir ce beau royaume. Il est de fait qu'ils étaient presque parvenus à exclure les Français de toutes les grandes dignités, et des plus petites fonctions lucratives, depuis le grade de maréchal de France, jusqu'au plus petit commandant de place, jusqu'au plus petit grade de l'armée, depuis le cardinalat jusqu'au plus petit bénéfice, depuis la première place de surintendant jusqu'au plus mince emploi de financier. C'est ainsi que la nation, pendant un demi-siècle, porta la peine de l'inconcevable faiblesse et de l'aveuglement de Henri II, qui, partagé entre Diane de Poitiers sa maîtresse et Catherine de Médicis sa femme, immole à l'une les princes de sa maison, en couvrant de tous les honneurs les Guises qu'elle protégeait ; à l'autre sa nation entière, en l'abandonnant en quelque sorte aux Italiens, qui, concourant avec les Lorrains pour la ruiner, la corrompirent encore davantage : ce furent eux qui y apportèrent l'usage des poignards, des stilets, des poisons, les jeux de hasard, l'espionnage, l'astrologie judiciaire, les bouffons, les charlatans, toutes les modes qui dépravent les mœurs, et jusqu'à celles qui dépravent le corps, puisque ce fut Catherine de Médicis qui introduisit en France l'usage des baleines qui emprisonnent la taille.

L'auteur, toujours fidèle à son dessein de venger l'honneur national, passe en revue les écrivains qui secondèrent les vues de cette cour, qui s'avilirent jusqu'à justifier cette suite de meurtres, ou qui depuis servirent l'Espagne contre Henri IV et la maison de Bourbon. Il prouve, par le fait, que la plupart de ces misérables étaient sujets des princes lorrains; ou Piémontais, Écossais, Irlandais, Italiens. Il leur oppose la liste des écrivains qui détestaient ces horreurs, et qui consacrèrent leurs veilles à la défense des droits de la maison de Bourbon. Dans cette liste se trouvent les noms de presque tous les gens de lettres estimés alors, et qui le sont encore de nos jours, tels que les Pithou, du Moulin, Sainte-Marthe, Savaron, Pasquier, Bodin, Duvair, Rapin, Le Roi, Passerat, les auteurs de la satire *Menippée*, etc., sans compter Amyot et Montaigne, les plus illustres de tous, qui, dans des ouvrages étrangers aux affaires publiques, eurent occasion de montrer leur attachement pour le jeune roi de Navarre.

Après avoir prouvé qu'à la cour, dans le reste de la France, dans l'épée, dans la robe, dans l'église, dans les lettres, les plus fameux coupables, soit pour le projet, soit pour l'exécution de ce crime, étaient des étrangers, il restait à justifier les classes inférieures et cette multitude de Français égarés, qui se rendirent complices et instrumens de leur fureur. C'est ce que fait M. l'abbé Brizard, en rappelant au souvenir de ses lecteurs tous les moyens dont on se servit pour aveugler ce peuple et l'enivrer de fanatisme. Les écoles, les chaires, les confessionnaux étaient aux ordres des ennemis de la nation, et retentissaient depuis long-temps des maximes les plus affreuses. Plusieurs de ces écrivains odieux dont nous avons parlé, étaient en même temps prédicateurs, et ordonnaient le meurtre au nom de l'évangile. Ainsi, ces étrangers étaient les vrais coupables, et l'ignorance du peuple était la première cause de ses égaremens. Sa misère, qui ajoutait à sa férocité, était, ainsi que son fanatisme, l'ouvrage de ses corrupteurs et de ses tyrans; et la nation, gouvernée, trompée, dépouillée par toutes ces hordes étrangères, mit le comble à ses maux, en se rendant complice des fureurs dont ils devinrent eux-mêmes les victimes. Eh! comment le peuple, enlacé de toutes parts, eût-il pu échapper à tant de piéges réunis, à la profonde scélératesse de Médicis, à trois règnes oppresseurs des machiavélistes dirigés par elle, à l'estime et à l'avidité de ses Italiens, à l'adresse et à l'ambition des Guises, et à l'or et aux intrigues de l'Espagne, à l'ascendant de Rome, de cette foule de moines, de théologiens, de prêcheurs, de légats, de cardinaux, à toute cette milice des papes, habituée à manier les armes de la superstition ? Voilà ce qui prépara, entretint, perpétua si long-temps cette rage fanatique ; voilà ce qui fit renouveler, pendant vingt ans, les actions de grâces à l'être suprême, et les processions par lesquelles les Français le remercièrent d'avoir réussi à massacrer cent mille de leurs frères.

Un des chapitres les plus curieux est celui où l'auteur passe en revue *les ambitieux tonsurés* (ce sont ses termes), qui ont trahi la France pour faire leur cour à Rome, obtenir le chapeau de cardinal, ou par reconnaissance de l'avoir obtenu. La liste est longue ; cependant l'auteur perd courage, et termine sa liste au règne de Henri IV : il pouvait la prolonger.

Un autre chapitre, à qui les circonstances actuelles attachent par malheur un nouvel intérêt, est celui *des vice-légats d'Avignon* : « C'est, dit-il » en parlant de cette ville, c'est dans cet atmos- » phère de fanatisme que s'échauffaient toutes les » têtes méridionales de la France ». Si la Provence, le Languedoc, le Dauphiné, Lyon même, se sont plus ressentis des fureurs de la ligue, c'est l'effet du voisinage du vice-légat et de la cour d'Avignon; c'étaient le centre des intrigues, l'arsenal où se forgeaient les armes et les chaînes du Dauphiné, du Lyonnais, de la Provence et du Languedoc; c'était l'entrepôt des indulgences et des brefs incendiaires. C'est-là que Charles IX et Henri III avaient été prendre le goût des processions ridicules, des confréries de pénitens, de ces indécentes mascarades qu'ils transportèrent à leur cour. Telle est donc l'origine de ces pieuses farces qui ont entretenu jusqu'à nos jours, dans les provinces méridionales, un fanatisme presque éteint dans le reste du royaume, et dont les dernières étincelles viennent d'alarmer un instant ceux qui, trop vivement frappés des maux causés par la superstition, ne la croient jamais *assez morte*. M. l'abbé Brizard observe que nos rois eussent épargné bien des malheurs à leurs sujets, et peut-être à eux-mêmes bien des inquiétudes, s'ils se fussent remis en possession d'Avignon et de son territoire, comme ils le pouvaient, pour la modique somme de quatre vingt mille florins d'or, pour laquelle cette ville avait été engagée au pape.

Nous ne pousserons pas plus loin l'extrait d'un livre dont le principal mérite est de rassembler sous les yeux du lecteur un grand nombre de faits détachés, historiques, anecdotiques, accompagnés de réflexions saines et judicieuses. Cet ouvrage ne saurait manquer d'ajouter à l'opinion qu'on avait du talent de M. l'abbé Brizard, déjà connu par plusieurs productions estimables, et notamment par celle qui a pour titre : *De l'amour de Henri* IV *pour les lettres*.

Sur un ouvrage intitulé : *Despotisme des Ministres de France*, ou *Exposition des principes et moyens employés par l'aristocratie pour mettre la France dans les fers.* — 1790.

Chacun de ces deux titres semblait promettre un ouvrage intéressant, et la seule raison de se défier de cet augure était peut-être la longueur de l'ouvrage même.

D'après le premier titre : *Despotisme des Ministres de France*, on pouvait croire que l'auteur allait développer les moyens par lesquels les ministres avaient assuré, étendu, affermi l'autorité royale. On pouvait de plus se flatter que, considérant les ministres sous un autre point de vue, l'auteur allait montrer comment ils étaient parvenus à faire, de cette autorité, l'instrument de leur ambition personnelle, de leurs vues particulières, de leurs caprices, et enfin le jouet de leurs subalternes, quelquefois même de leurs derniers sous-ordres. Le développement de leurs ruses et de leurs manœuvres eût fourni quelques pages à Tacite ; et, à son défaut, Suétone eût attaché la curiosité par le récit d'un grand nombre d'anecdotes fort agréables et fort divertissantes. On sait qu'en ce genre les hommes instruits, ou (comme on dit) *les gens au fait* peuvent fournir d'excellens Mémoires.

Le second titre : *Exposition des principes et*

moyens employés par l'aristocratie pour mettre la France aux fers, paraît encore plus heureux, et promettait davantage. L'auteur pouvait réduire en résultats très-piquans la partie la plus essentielle de l'Histoire de France. On eût été fort aise de voir comment, après les premiers coups portés à l'aristocratie féodale, l'esprit aristocratique, contre lequel les rois avaient appelé le secours du peuple, parvint à tourner contre les peuples l'autorité des rois ; comment se prépara le traité tacite entre le trône et l'aristocratie : traité par lequel il semblait que les grands et le clergé se fussent engagés à promettre au roi la soumission du peuple, à condition de recueillir seuls tous les avantages de l'union politique ; traité qui a subsisté dans sa teneur jusqu'au moment où le peuple averti de sa force par ses lumières, a réclamé ses droits, ou plutôt les a repris ; car autrement, qu'est-ce qu'une réclamation du peuple ?

Il ne serait pas moins curieux d'examiner comment on avait su attacher à ce système d'oppression légale les intérêts de certains corps, ou des hommes qui pouvaient exercer sur ces corps une influence d'autorité ou d'opinion ; comment, pour appuyer ce système anti-social, on avait su recruter dans le peuple même la classe de ses oppresseurs, par l'invention de l'annoblissement et par tant d'autres moyens connus. Le fond de ces idées n'est pas neuf, sans doute ; mais il est aisé de sentir ce que le talent peut encore en tirer.

C'est ce qu'on aurait tort de demander à l'auteur de cet ouvrage. Nous avons cependant fait entendre qu'il est curieux à certains égards. En voici la preuve.

On est étonné de retrouver dans un livre récemment sorti de la presse, des idées qui, depuis long-temps ridicules aux yeux de tous les bons esprits, font rire maintenant à-peu-près tout le monde. Sans les faits dont la date atteste celle du livre, on croirait qu'il fut écrit, il y a trente-cinq ou quarante ans, à l'époque des disputes du jansénisme, des querelles du ministère et du parlement. On a le plaisir de voir prouver longuement que les remontrances du parlement de Paris, de Rennes ou de Toulouse, avaient raison contre tels ou tels arrêts du Conseil. Et puis, là-dessus, de grandes hardiesses contre les ministres, mais de ces hardiesses parlementaires, qui sont aujourd'hui si plaisantes ; le tout appuyé par de grands passages de *Pasquier* ou d'*Omer Talon*. N'oublions pas une réfutation très-sérieuse des édits du mois de mai 1788. Il paraît que l'auteur a surtout conservé un vif ressentiment *contre la cour plénière*. C'est une belle rancune. L'édit du timbre de la même époque est aussi exposé à de grandes critiques, qui probablement resteront triomphantes ; mais le chapitre où l'auteur paraît le plus fort, c'est celui où il examine *ce qui constitue l'essence de l'enregistrement des lois*. Nous espérons qu'à cet égard les méprises de la postérité ne sauraient être bien dangereuses, et que ce chapitre peut impunément rester sans réfutation.

Nous avons dit un mot des hardiesses de l'auteur ; il faut parler de la sagesse qui les accompagne. Voici le titre d'un chapitre particulier : *Notre histoire offre plus d'un exemple de rois égarés par leurs courtisans.*

On sent que les idées de politique, d'administration, de finances doivent être à-peu-près de la même force. Il suffira d'en donner pour preuve l'approbation dont il honore l'invention des rentes viagères.

Croirait-on que l'auteur, qui ne laisse percer nul esprit d'innovation, ni même aucun esprit, admet, ou plutôt établit avec force la nécessité d'une réforme dans l'éducation publique ? Rien ne prouve mieux (soit dit en passant) à quel excès cette éducation est absurde, puisqu'une réforme a paru nécessaire à un écrivain de cette trempe. Il trace son plan avec une facilité suprenante ; rien ne l'embarrasse : la raison en est simple. *Les maîtres*, dit-il, *sont tout trouvés.* Ce sont messieurs de la congrégation de l'Oratoire. Quant u plan, on nous dispense vraisemblablement d'en parler. Nous observerons seulement que, pour donner lieu à l'exécution de ce plan, il eût fallu que les parlemens triomphassent de la nation en 1789, comme ils avaient triomphé du roi en 1788 : arrangement qui n'a pas réussi ; c'est dommage.

Ce qu'il y a de plus divertissant dans cette étrange production, c'est la table des chapitres de l'ouvrage. L'auteur y devient tout-à-coup une espèce de Montesquieu par la singularité de ses titres; et quelquefois les chapitres eux-mêmes sont très-courts : nouvelle preuve de profondeur et de génie. Il est vrai que plusieurs de ces titres ressemblent à ceux de William Pikle ou de Tristlam Shandy. *Maladresse; Changement de scène ; Il est plus facile d'accuser que de confondre; Fausses apparences.* Le style est quelquefois digne des idées répandues dans le chapitre. Voici un de ces titres : *Dans la Législation. — La promptitude est une fournaise, et l'uniformité une faux tranchante.*

Mais de ces chapitres, le plus facétieux est intitulé : *Ce que doit faire un citoyen honnête homme qui voit son roi dans l'erreur.* Il n'est pas que, parmi nos lecteurs, il ne se trouve des gens curieux, comme nous l'avons été, de savoir quelle conduite il faut tenir s'il arrivait un pareil malheur. Le voici. Il faut alors *dire au Souverain*, avec Burlamaqui, *que les Rois qui prennent tout* (apparemment que l'auteur ne connaît que cette erreur-là dans les Rois, car il ne parle d'aucune autre), *les Rois qui prennent tout, possèdent seuls tout l'État ; mais aussi l'État s'épuise d'hommes et d'argent. Attendez une révolution. Cette puissance monstrueuse ne saurait durer ; au premier coup qu'on lui porte, l'idole tombe, etc.* Voilà ce que disait Burlamaqui quand son roi était dans l'erreur, au moins dans l'erreur de tout prendre. Mais on oublie de nous apprendre si Burlamaqui allait lui-même porter au roi ces grandes vérités, ou s'il se contentait de les consigner dans ses livres de droit politique; différence essentielle, au moins quant à l'effet du moment.

Finissons, car on pourrait croire que nous avons voulu nous égayer, ce qui serait bien naturel après la lecture d'un pareil ouvrage, mais ce qui serait très-blâmable en rendant compte d'une production si volumineuse.

On revient malgré soi à la surprise que fait naître la publication d'un tel ouvrage, dans un moment tel que celui-ci. Elle prouve qu'il est des hommes dont la raison ne peut être éclairée par la raison publique. Mais une réflexion console; c'est de voir que les absurdités reproduites si naïvement par l'auteur, n'excitent plus guère que cette espèce de rire produit par l'aspect d'une mode surannée. Il n'y a pas long-temps que ces idées osaient se montrer partout : et déjà elles semblent se perdre dans un grand lointain, et s'être reculées comme dans l'enfoncement d'un siècle.

Sur un ouvrage intitulé : *La Constitution vengée des inculpations des ennemis de la Révolution;* Discours prononcé par M. le maire de Congis, curé de la paroisse, lors de la prestation du serment civique. — 1790.

Parmi cette foule de harangues prononcées à l'occasion du serment civique, le public a paru distinguer, avec intérêt, ce petit discours qu'on ne lit pas sans émotion : c'est la raison qui parle, avec une simplicité touchante, le langage du vrai christianisme; c'est l'âme de Fénélon se développant avec sa candeur devant des âmes aussi simples, mais moins éclairées que la sienne. Nul autre ton ne pouvait convenir ni à l'orateur ni à l'auditoire. Sans doute c'est ce genre d'éloquence que Fénélon portait dans les modestes églises des villages de son archevêché; car il ne dédaignait pas d'y faire entendre sa voix. On sait même qu'il se faisait un devoir de visiter les humbles chaumières des habitans de la campagne, et de devenir ainsi, en quelque sorte, membre du *bas clergé*, expression qui peut-être lui paraissait étrange, pour désigner un prêtre faisant son devoir.

Le mérite de ce discours s'est encore trouvé rehaussé par des circonstances particulières; on l'a mis en opposition avec les mandemens de quelques évêques, avec les écrits de quelques membres du *haut clergé*. On a été frappé, malgré soi, du contraste remarquable entre la conduite d'un pauvre et vertueux pasteur, et celle de ces prêtres opulens, de ces apôtres millionnaires qui cherchent, dans les cendres d'un fanatisme presque éteint, les étincelles d'une guerre civile, pour défendre, au nom de la religion, des richesses qu'elle leur interdit. C'est aux environs de Paris que ce discours a été prononcé : que n'a-t-il pu l'être dans la principale église de Nîmes ou de Montauban !

Après un exorde très-court, où l'orateur (on ose à peine lui donner ce nom) expose les raisons qui empêchent passagèrement de sentir les avantages de la nouvelle constitution, il s'engage (et c'est la division de son discours) à repousser les deux grands reproches répétés par les ennemis du bien public : « Ils savent, dit-il, que vous êtes » attachés à une religion qui a Dieu pour auteur, » et ils vous disent que la constitution nouvelle » lui porte de criminelles atteintes ; ils savent » que vous êtes attachés à votre roi, et ils vous » disent que la nouvelle constitution en avilit la » dignité : odieuses imputations dont vous allez » comprendre toute la fausseté. »

Il établit que la nouvelle constitution, loin de porter atteinte à la religion, emprunte d'elle tous ses principes : égalité, indulgence, tolérance, humilité ; c'est la doctrine de Jésus-Christ, et l'orateur le prouve par différens passages de l'évangile, par l'exemple du sauveur communiquant avec les pêcheurs, avec le juif et le samaritain. L'égalité surtout lui paraît le principe fondamental de la religion chrétienne. C'est ce principe d'égalité, inné chez les hommes, qui contribua le plus à répandre les lumières du christianisme; et dans les derniers siècles même, c'est ce qui le fit recevoir avec tant d'ardeur au Japon, où le peuple gémissait écrasé sous le joug aristocratique. L'orateur se contente d'indiquer ici, d'un mot et avec sagesse, ce qu'il ne devait pas développer davantage à ses paroissiens. Les lecteurs plus instruits savent que le christianisme, après avoir été près d'opérer, en paraissant au Japon, une révolution politique, après s'y être introduit en prêchant l'égalité, l'humilité, fut banni de cet empire par l'orgueilleuse démence d'un prêtre portugais, qui s'avisa de disputer le pas à l'un des premiers officiers du roi. Le peuple, qui d'abord avait saisi avec une avidité inconcevable la nouvelle doctrine dont il espérait la fin de ses peines et de son avilissement, crut, en voyant ce ridicule orgueil, qu'on l'avait trompé. Il prêta des desseins perfides à des hommes dont la conduite était si opposée aux principes de la religion qu'ils annonçaient. On voit que saint François-Xavier avait prêché le vrai christianisme, celui de l'évangile : et c'est par là qu'il avait réussi. Mais ce succès ne se soutint point, parce qu'ensuite on prêcha un christianisme tout différent, celui de notre haut clergé; distinction que les Japonais, peuple fort ignorant, ne purent jamais comprendre, faute d'être au fait de l'histoire ecclésiastique.

Le bon curé-maire passe au second reproche fait à la constitution par ses ennemis. Il montre que la constitution, loin d'avilir la majesté du trône, la rehausse infiniment : et c'est ce qu'il prouve par l'énumération de toutes les prérogatives qu'elle lui donne et qu'elle consacre. Il n'a pas de peine à faire sentir à ses auditeurs que tout le mal qui se faisait au nom du roi, et à son insu, sans être pour lui d'aucune utilité, sans lui apporter aucune jouissance personnelle, n'a servi trop long-temps qu'à dégrader ce nom si respectable, aujourd'hui si chéri dans la personne de notre vertueux souverain. Il donne ensuite à ces hommes simples l'idée de la liberté véritable. Il déplore les premiers effets de la licence, et les félicite de n'avoir aucunement participé aux violences commises autour d'eux. Il les remercie de l'estime et de la confiance qu'ils lui ont montrées, en le nommant chef de leur corps municipal. « Par
» la nature, la religion et la loi, je suis votre égal,
» votre frère : par la religion et la loi, je suis en-
» core votre père, puisque vos intérêts me sont
» confiés sous ce double rapport ; et je jure,
» dans le temple de Dieu même, de remplir à
» votre égard les devoirs que ce double rapport
» m'impose. »

Il leur fait ensuite prêter le serment civique; et la cérémonie achevée : « A présent, dit-il, vous êtes

Français. » Il finit par une invocation simple et touchante à la divinité. *A présent vous êtes Français*, est à la fois d'un mouvement noble et d'un sens profond. On pourrait dire à ce vertueux curé, et à ceux qui ont donné le même exemple : « A présent, vous êtes de vrais chrétiens et de dignes apôtres d'une religion que vous rendrez respectable. « Qu'on suppose, en effet, que la religion n'eût jamais eu que de pareils ministres, qui pourra nier qu'elle n'eût été la bienfaitrice de la terre ? Quel incrédule assez froid, quel raisonneur assez dur eût tenté jamais d'ébranler les fondemens d'une religion, qui ne se fût manifestée que par des vertus et des bienfaits ? ou si l'on l'eût essayé, quel succès pouvait-on attendre d'une pareille tentative ? C'est sans doute ce sentiment qu'exprimait un autre prêtre, non moins vertueux, lorsqu'en apprenant le décret de l'assemblée nationale sur les biens du clergé, il dit pour toute expression de regret : « J'aurai donc le plaisir de voir, avant ma mort, la religion respectée ! » Celui qui parlait ainsi est pourtant jeune encore, pourvu non très-richement, mais avantageusement de biens d'église, dont il perdra sans doute une grande partie. Il faut convenir qu'un tel prêtre, capable d'un si noble désintéressement, paraît un peu plus convaincu de la religion, et fait plus pour elle que les défenseurs des propriétés ecclésiastiques.

Sur un ouvrage intitulé : *Exposé de la Révolution de Liège en 1789, et de la conduite qu'a tenue à ce sujet Sa Majesté le Roi de Prusse ;* par M. de Dohm, conseiller intime de Sa Majesté, et son ministre-plénipotentiaire pour le directoire de Clèves, au cercle du Bas-Rhin et de la Westphalie ; traduit de l'allemand par M. Reynier. — 1790.

On a vu un temps (et ce temps n'est pas très-éloigné) où un écrit d'un conseiller-privé, commissaire au directoire d'un cercle d'Allemagne, sur les démêlés d'un peuple avec son prince, n'eût intéressé en France qu'un petit nombre d'hommes voués à la politique ou à la diplomatie, et quelques amis de l'humanité. Il n'en est plus ainsi : les circonstances ont attaché aux ouvrages de ce genre un intérêt presque universel. La cause de Liége est devenue celle de la liberté ; et sous ce seul rapport, l'écrit que nous annonçons eût trouvé un grand nombre de lecteurs ; mais cet intérêt du sujet passe bientôt à l'ouvrage même par la manière dont il est traité, par les réflexions que l'auteur y a répandues, par le genre des questions qu'il élève ; questions qui, pour la plupart, doivent probablement, avant peu d'années, s'agiter sur de plus grands théâtres, et dont la solution importe à l'humanité entière. L'ouvrage de M. de Dohm doit, sous ce point de vue, intéresser principalement les Français ; il leur rappelle des souvenirs récens et précieux ; et en les ramenant sur le passé, il tourne en même temps leurs yeux vers un avenir qui a présenté quelque temps une perspective effrayante. Les malheurs qui menacent les Liégeois, séparés de leur prince, rendent plus chère et plus respectable aux Français la conduite du vertueux Louis XVI, uni à son peuple pour prévenir des calamités nouvelles, et assurer le bonheur des générations futures, sans le faire acheter par des désastres à la génération présente.

C'est ce que n'a point fait le prince-évêque de Liége, qui s'en est rapporté, dit-il, à l'avis unanime de tous ses conseillers : mais le meilleur de tous était son cœur, qui l'avait d'abord si bien conduit, qui le fit d'abord aller au-devant des vœux de son peuple, lui fit prendre le ton d'un père, en engageant son clergé à satisfaire de justes demandes, et à concourir au soulagement de la classe la plus indigente de ses sujets. Tels sont quelquefois les premiers mouvemens des princes, jusqu'au moment où les conseillers arrivent ; et voilà pourquoi le peuple, que l'on dit si aveugle et si juste, aime très-souvent les princes et presque jamais les conseillers. Revenons à l'ouvrage de M. de Dohm.

Ceux des lecteurs français qui ne connaissent pas ses écrits, et l'esprit philantropique qui les anime, s'étonneront peut-être de voir un publiciste allemand, un ministre d'un roi absolu sortir de la routine diplomatique, s'élever aux idées premières de raison et de justice générale, préférer le fond aux formes, et en appeler hardiment à la véritable justice et à l'éternelle raison. Plusieurs publicistes allemands, trop attachés aux formes admises dans le corps germanique, eussent voulu que le roi de Prusse se fût rendu l'exécuteur aveugle du décret précipité de la chambre impériale, et eût consommé la ruine des Liégeois dans les meilleures formes de procès. Cette conduite eût pu être approuvée par ceux qui placent avant tout la justice d'empire; mais elle n'est ni la seule ni la première; il en est une plus ancienne, encore plus respectable : et c'est à cette justice que le roi de Prusse en appelle par la voix d'un ministre philosophe, digne de la réclamer en son nom.

M. de Dohm commence par un exposé succinct de la constitution de Liége, fondée sur des contrats qui paraissent prouver, ainsi que plusieurs monumens du moyen âge, que, dans ces siècles appelés *siècles d'ignorance*, on connaissait les droits de l'homme, sans en parler autant que de nos jours. L'heureuse liberté civile dont jouissait le pays, ne fut point troublée jusques sous la régence du prince-évêque actuel. Bientôt s'élevèrent des troubles qui n'ont pas une origine bien noble. Il s'agissait du droit lucratif de donner, dans le bourg célèbre de Spa, des bals et des jeux de hasard. Cette querelle amena la question *sur la légalité des octrois de jeu, accordés par l'évêque seul sans le concours des états.* Le prince porta la querelle au tribunal de la chambre impériale. La cause prit de l'intérêt en se liant à une question plus importante : *Si le prince seul, en matière de police, peut porter des édits; ou s'il a besoin, pour ses édits, ainsi que pour toute autre nouvelle modification de la liberté du citoyen, du consentement des états.* Cette querelle importante est restée jusqu'à présent indécise au tribunal de la chambre impériale, qui n'a porté que des décisions provisoires. Les débats continuèrent, et produisirent même des violences. De cette querelle, il en sortit plusieurs autres, qui, en d'autres temps, eussent été peu dangereuses. Le rétablissement d'un impôt, désagréable au peuple, acheva d'aigrir les esprits. Enfin, le renchérissement du pain, effet d'un mal physique, parut au peuple, déjà si indisposé, un tort du gouvernement, un mal politique; et le prince différant d'assembler les états plus d'une fois promis, le peuple regarda les conseillers de son chef comme les artisans de ses maux. Tel était l'état des choses, lorsque la nouvelle de ce qui s'était passé à Paris en juillet 1789, les frappa, les enthousiasma et les porta à suivre l'exemple d'un grand peuple qu'ils aiment, avec lequel ils ont des liaisons naturelles, plus puissantes que les liaisons accidentelles qu'ils ont avec les Allemands.

« Guidé par le sentiment le plus sûr, dit M. de Dohm, le prince-évêque vint au devant des vœux de son peuple. Il secourut la classe indigente; il invita son clergé à supporter également les impôts et à renoncer pour jamais, sans condition, sans réserve, aux priviléges qui les en exemptaient. » Si la conduite du chef fut magnanime, la manière dont son peuple la reçut ne le fut pas moins ; mais il mêla cependant à l'expression, d'ailleurs touchante, de sa reconnaissance, des vœux pour un bien plus important que l'égalité dans la répartition des impôts: le rétablissement de la liberté, et l'abolition du réglement de 1684. « Qui peut blâmer, poursuit M. de Dohm, ce vœu d'un peuple noble, à qui l'on promet de terminer, et qui en connaît la source toujours renaissante?» Il faut savoir qu'avant 1684, les députés de la capitale et de vingt-deux autres villes, qui ont, d'ancienne date, séance et droit de suffrage à la diète de l'état, étaient nommés par la bourgeoisie. Mais l'évêque Maximilien-Henri, de la maison de Bavière, qui réunissait l'électorat de Cologne, l'évêché de Munster et d'Hildesheim, abusant de sa puissance et de ses troupes étrangères, s'attribua lui-même arbitrairement la nomination de la moitié de la magistrature de la capitale, et sut se procurer encore, sur le choix de l'autre moitié, une telle inflence, que la pluralité fut toujours dévouée à l'évêque. Il en usa de même à l'égard des autres villes, et dès-lors le tiers-état fut regardé comme anéanti. Mais le sentiment de la liberté subsistait dans les cœurs. Il osa se montrer, et le veu du peuple fut porté au prince-évêque, qui donna par écrit son consentement à tout ce que le bien de son peuple pourrait exiger. Les Liégeois demandèrent la déposition de l'ancienne magistrature. La déposition s'ensuivit, et leurs places furent données à ceux qui, par leur caractère et leur conduite publique, s'étaient acquis la confiance de leurs concitoyens, et qui, dans la cause de la liberté, avaient combattu pour elle.

Le prince approuva tout. Il vint de son château de Seraing à la ville, fut reçu avec la plus vive allégresse, et confirma, par sa propre signature, les nouvelles élections. Il témoigna aux nouveaux magistrats sa confiance et sa considération : il les invita à sa table avec des plénipotentiaires des cours étrangères. Il procura même à tous les gens de sa maison, des cocardes que le peuple portait en signe de la liberté reconquise. Il renouvella expressément, par une lettre adressée aux nouveaux magistrats, la convocation déjà faite pour l'assemblée des états. Tout le pays était pacifié par l'accord d'un bon prince avec un bon peuple ; mais cette joie ne fut pas de longue durée. Le 27 août, on apprit à Liége que le prince avait, la nuit dernière, quitté son château de Seraing sans qu'on sût où il était allé. Peu de temps après, il écrit que, dans la crainte que les délibérations de la prochaine assemblée ne fussent tumultueuses et nuisibles à sa santé, il s'était déterminé à s'éloigner pour quelque temps de la capitale : mais il assure à la nation qu'il n'avait nullement le dessein de solliciter des secours étrangers, ni de porter aucune plainte, soit à sa majesté impériale, soit à la diète, soit à tout autre tribunal de l'empire. Il désavoue à la face de l'univers toutes celles qui pourraient être portées en son nom. Il exhorte la nation à travailler à la constitution qui doit faire son bonheur. Il approuve expressément le perfectionnement projeté, et proteste qu'il n'a pas le moindre dessein de réclamer contre ce qui s'est passé : il donne là-dessus solennellement sa parole de prince.

Cette lettre appaisa la fermentation, mais sans calmer les alarmes du peuple. Au milieu de ces inquiétudes, on apprend à Liége que la chambre impériale avait, de son propre mouvement, pris connaissance de ce qui s'était passé, et qu'en qualité de tribunal établi pour le maintien de la paix publique, le 27 août, jour du départ du prince-évêque, elle avait déféré au prince du cercle du Bas-Rhin et de Westphalie, le prince-évêque de Munster, le duc de Juliers et le duc de Clèves, la commission de protéger puissamment, à l'aide des troupes nécessaires à cet effet, aux frais des rebelles liégeois, le prince-évêque, ainsi que ses conseillers et ses sujets fidèles, contre tout acte de violence; de rétablir, dans tout le pays, mais principalement dans la capitale, la tranquillité et la sûreté publique ; de remettre la forme du gouvernement dans l'état où elle avait été avant *la rébellion*, d'enquêter contre les moteurs, etc.

Telle est la teneur du décret de la chambre impériale. M. de Dohm, qui montre en blâmant ce décret, le plus grand respect, comme de raison, pour le haut dicastère de l'empire, dit simplement : « elle est dure cette teneur. » Il présente même avec sagesse les motifs qui peuvent l'avoir dictée, et justifie en quelque sorte son émission. On voit que, par ménagement, l'auteur modère d'abord sa force, qui bientôt n'en devient que plus puissante. Il se contente d'indiquer le contraste de la conduite de la chambre impériale en 1684 (lorsque la liberté politique fut détruite à Liége, par l'évêque Maximilien-Henri), avec la conduite de cette même chambre en 1789, lorsque le peuple a reconquis sa liberté. Mais la seule indication de ce contraste, à quelles réflexions ne donne-t-elle pas lieu ? La chambre impériale entend-elle que la paix publique n'est pas troublée, lorsque les princes oppriment les peuples, mais seulement lorsque les peuples réclament leurs droits ? Le corps germanique, qui se porte pour garant de la liberté des peuples, comme des droits des souverains, attend-il, dans une neutralité infidèle, le succès de leur lutte trop souvent inégale, afin de venir au secours du prince s'il a besoin de secours, et d'accabler le peuple, si sa cause triomphe ou paraît prête à triompher ? Serait-ce là le secret du corps germanique? Et ce secret qu'il convenait de garder dans tous les temps, est-il bon à révéler aujourd'hui? Pourquoi une oppression de cent cinq ans (de 1684 à 1789) paraît-elle à la chambre impériale plus respectable, plus conforme à la constitution qu'une liberté de deux cent quatre-vingt-quatre ans (depuis 1316 jusqu'à 1684)? Il paraît difficile de répondre de nos jours à ces questions ; et c'est pour cela que ceux qui gouvernent, feraient plus sagement de n'y pas donner lieu. M. de Dohm explique en partie la précipitation de ce décret peu réfléchi, par l'étonnement et la crainte que la révolution de France répandit parmi les princes allemands. Qu'on en juge par le rapprochement des dates. L'événement arrivé à Liége (M. de Dohm est très-fâché qu'on l'ait nommé révolution, et il prétend que ce mot a jeté d'abord de la faveur sur la cause des Liégeois), l'événement arrivé à Liége est du 18 août; et le 27 du même mois, la chambre impériale, si connue par la lenteur de ses décisions, rend son décret contre les Liégeois : décret qui à chaque mot porte l'empreinte de la précipitation avec laquelle il a été rendu, alléguant lui-même pour motif, *le bruit général, la notoriété publique,* parlant des désordres qu'on supposait dans Liége, à l'instant même où tout y était dans la plus grande tranquillité, par l'accord du chef et de son peuple.

C'est qu'on voyait tout à travers la crainte inquiétante du mal français, c'est que la peur des révolutions était la lunette colorante. Ce qu'il y eut de plus remarquable, c'est que la chambre impériale ait refusé d'admettre la déclaration judiciaire du prince-évêque, donnée de son propre mouvement, par laquelle il annonçait l'espoir de terminer tous ses différens avec ses sujets par un accommodement aimable. Prétendra-t-on que son consentement avait été forcé? D'abord, il eût fallu en donner une preuve, s'il en est qui puisse prévaloir contre l'assertion du prince : il avait déclaré qu'il était d'accord avec son peuple. La question se réduit à savoir s'il était contraint lorsqu'il remplissait le vœu de sa nation, ou s'il ne l'était pas. Si un vœu manifesté vivement par un peuple nombreux est contrainte, elle a eu lieu. Si la contrainte exige des menaces en cas de refus, cette contrainte n'a pas existé. Mais qui sait ce dont le peuple eût été capable, si le prince eût refusé? Personne ne le sait; et voilà pourquoi l'esprit de parti a beau jeu d'imaginer ce qui était possible, mais ce qui ne s'est pas réalisé. Ce qu'il y a de certain, c'est que l'argument tiré de la contrainte ne peut avoir de force ici dans le sens du droit civil. Lorsqu'un particulier est porté par contrainte ou par crainte, de renoncer à une possession quelconque, il est en droit de recourir à la discussion juridique de cette nullité. Mais ici ce n'était point d'un particulier qu'il s'agissait : ce n'était point le comte d'Hœnsbroeck qui se dépouillait d'un droit à lui appartenant : le prince de Liége déclarait qu'il était d'accord avec son peuple sur la manière de pourvoir à l'avenir au bien-être de ce même peuple. Tous les droits du prince n'ont que le bien-être du peuple pour but; et si l'on peut appliquer ici l'idée de contrainte, ce ne peut être que sous le rapport commun à tout traité de paix, qui presque toujours est contrainte pour une des parties contractantes, laquelle doit céder à la plus puissante, et perdre quelques droits, quelques provinces, pour conserver le tout. Qu'on parcoure l'histoire; qu'on cherche les traités qui soient restés libres de cette espèce de contrainte politique et morale; et pourtant malheur à celui qui voudrait troubler la tranquillité des peuples, laquelle repose sur ces traités!

Dira-t-on que le prince préjudiciait aux droits de ses successeurs ? Mais ces droits ne datent que du jour où les successeurs entrent en jouissance. D'ailleurs, ce principe rendrait à jamais impossible tout changement dans la constitution, tout changement que le bien général peut exiger en tout pays, et qu'à Liége le contrat fondamental permet expressément, pourvu qu'il soit agréé par *le sens du pays*. Ce sont les propres mots de la loi; mots d'une signification plus étendue que ceux de *volonté générale*, usités de nos jours, mots qui indiquent de plus le perfectionnement successif dont cette volonté est susceptible, et l'influence progressive de la raison publique, laquelle, avec le temps, doit passer tout entière dans le gouvernement d'un peuple libre, dernier terme du bonheur où la civilisation puisse conduire les sociétés politiques.

Nous ne suivrons pas M. de Dohm dans le détail de toutes les objections qu'il multiplie contre ce décret de la chambre impériale, ni des événemens qui en furent la suite. Nous observerons seulement que, dans cette insurrection des Liégeois, la chambre impériale, le prince-évêque et ses partisans supposent toujours qu'il ne s'agit que de réduire un douzième de la nation, qui entraîne les onze-douzièmes restans, lesquels sont en opposition avec ce prétendu douzième; aveuglement qui paraît inconcevable à M. de Dohm, mais qui n'étonnera pas les Français. N'avons-nous pas vu en effet des hommes, d'ailleurs raisonnables et même éclairés, prétendre, au commencement de 1789, dans le mouvement général de tous les esprits, que cette effervescence universelle n'était que l'effet d'une cabale d'intrigans, une *conjuration d'avocats, une querelle de bazoche?* En même temps qu'on proposait de réduire ce douzième de la nation liégeoise, on demandait contre lui la force militaire de trois puissances, dont l'une était le roi de Prusse, comme duc de Clèves. Le roi, dont les troupes formaient les deux-tiers de la petite armée qui marcha vers Liége, devenait l'arbitre du sort des Liégeois. Il est certain qu'il pouvait les exterminer (c'est à quoi devait conduire l'exécution littérale du décret de Wetzlar);

car, dans l'effervescence des esprits à Liége, il n'est pas douteux que si les Prussiens se fussent présentés en ennemis, le peuple liégeois, courageux, accoutumé aux armes, enthousiasmé de sa liberté nouvelle, ne se fût porté à des extrémités justifiées par le désespoir. Mais c'est ce qui ne pouvait arriver, d'après la sage détermination que le roi avait prise. Le décret de Wetzlar portait que les forces militaires seraient employées à rétablir l'ordre et la tranquillité publique. On sait ce que veulent dire ces mots en style diplomatique. Il plut au roi de leur donner un sens plus humain, de purifier au lieu d'égorger, de se porter pour médiateur entre le prince et ses sujets, et non de sacrifier les sujets aux *conseillers* du prince. C'est cette conduite qu'on blâme dans plusieus cours d'Allemagne; et c'est elle que M. de Dohm entreprend de justifier. C'est ce qu'il fait par l'exposé de toutes les circonstances qui ont nécessité des mesures aussi sages qu'humaines. Il fait voir qu'en s'attachant au fond plus qu'aux formes, en négligeant les accessoires pour l'essentiel, en se conformant aux idées premières de justice et de raison, il avait en même temps satisfait à toutes les considérations de la politique; qu'en épargnant le sang en de pareilles circonstances, il avait servi l'Allemagne et prévenu une alliance dangereuse entre les Liégeois et les Brabançons, alliance qui eût fait naître à Liége une double guerre civile, des Liégeois avec eux-mêmes, et des Liégeois avec l'Allemagne dont ils se seraient séparés. Tels sont les maux qu'a prévenus le roi de Prusse, en se conduisant comme il a fait, et en croyant que les formalités étaient faites pour l'Empire et non l'Empire pour les formalités. Il en appelle au tribunal de l'opinion publique, tribunal dont les décisions deviennent tous les jours plus prépondérantes, et peut-être obtiendront une partie des effets que l'abbé de Saint-Pierre attendait de sa diète européenne : celle-ci ne sera pas aussi facile à tourner en ridicule.

Il est inutile d'examiner si les intérêts personnels du roi de Prusse n'ont point influé sur les intentions bienfaisantes qui ont ramené, par des voies douces, la tranquillité dans Liége; si, dans la position où il était à l'égard de Joseph II, il ne lui importait pas d'embarrasser la communication de l'Autriche au Brabant, etc. Ce n'était point à M. de Dohm à élever ces questions, encore moins de se permettre tous les développemens qui les eussent éclaircies ; il suffit qu'il les ait indiquées. Heureux les peuples, quand les intérêts politiques des rois s'accordent avec les mesures que l'humanité leur conseille ! C'est le cas où se sont trouvés les Liégeois, bonheur que précédemment n'avaient point eu les Hollandais. Il faut aussi compter, parmi les causes qui ont sauvé Liége, le choix qu'avait fait le roi de Prusse d'un général humain tel que le baron de Senff, et un ministre philosophe tel que M. de Dohm. Sa conduite, exposée dans son ouvrage, réfute suffisamment les reproches personnels que lui ont faits les ennemis du monarque dont il a secondé les intentions ; et c'est une justice qu'il se rend lui-même, quand il se flatte, comme il le fait avec raison, « d'avoir acquis » au roi magnanime dont il a eu le bonheur d'être » l'interprète, l'amour, la vénération des Liégeois » et de toutes les nations éclairées et sensibles ; » conquête la plus digne de Frédéric-Guil- » laume II ». Un ministre du roi de Prusse a dû se borner à dire *la plus digne* et non pas *la seule*. Mais il souhaiterait sûrement au fond de son cœur, que ce monarque voulût la regarder comme la seule conquête digne de lui.

Sur un ouvrage intitulé : *Véritable Origine des Biens ecclésiastiques : Fragmens historiques et curieux, contenant les différentes voies par lesquelles le Clergé séculier et régulier de France s'est enrichi ; accompagnés de Notes historiques et critiques*; rédigés par M. Roset. — 1790.

Si cet ouvrage eût paru il y a quelques années, ou même au commencement de l'année dernière, il eût fait une sensation marquée. Le clergé, encore possesseur, à cette époque, des immenses richesses qu'on lui a tant reprochées, attirant comme elles les regards de l'envie, était l'objet d'une malveillance universelle, qui heureusement paraît un peu calmée. Le tableau des moyens employés par lui pour parvenir à cet excès d'opulence, eût offert alors un attrait qui n'existe plus pour le livre que nous annonçons. Il n'a plus, pour se soutenir, que lui-même; et cependant il excitera encore quelque curiosité. On aime à voir la variété des symptômes par lesquels se manifeste cette incurable maladie de l'espèce humaine, la superstition. On aime à voir la diversité des moyens, soit rusés, soit violens, par lesquels l'avarice, la cupidité, l'ambition s'étaient emparées de la terre, en promettant le ciel. Ce livre d'environ 400 pages, est composé de 45 chapitres, dont chacun offre un assez grand nombre de ces ruses. L'auteur paraît regretter de n'avoir pu entièrement compléter son ouvrage. « Nous n'avons point, dit-il modestement dans sa préface, la témérité de présenter ces fragmens comme une histoire entière des abus qui se sont introduits dans la religion catholique, relativement à la puissance et aux richesses de ses ministres. N'ayant voulu parler uniquement que de ce qui s'est passé dans ce royaume à cet égard, quelque liaison que la plupart de nos faits pût avoir avec les autres pays, et principalement avec la cour de Rome, nous n'avons rapporté de cette cour que ce qui était absolument indispensable pour l'éclaircissement de plusieurs de ces mêmes faits. Mais si quelque jour une plume sage, impartiale, judicieuse.... » Le rédacteur se trompe sans doute, en imaginant qu'on reprenne jamais la plume, pour retracer l'histoire de ces abus odieux. Les prêtres, désormais rendus à la religion, aux vertus qu'elle commande, aux devoirs qu'elle leur impose, préservés des distractions que donne l'opulence, n'exciteront plus ni cette jalousie secrète, ni cette indignation publique, qui trouvaient à se satisfaire dans la lecture des ouvrages de cette espèce. La malignité humaine n'en enfantera plus de nouveaux ; mais parmi ceux qui existent, celui-ci tiendra une place honorable, comme un des moins incomplets. En le parcourant, les chrétiens vraiment religieux s'applaudiront du contraste qui existera bientôt entre les prêtres des âges précédens et ceux dont la nouvelle constitution nous garantit les vertus et le désintéressement. Ce recueil alors ne les offensera pas plus que ne ferait celui des tours d'adresse employés par les prêtres d'Isis ou de Cybèle, si on en trouvait le récit dans Macrobe, dans Aulu-Gelle ou dans Apulée.

Sur l'Ouvrage qui a pour titre : *Palladium de la Constitution politique, ou Régénération morale de la France;* question importante proposée à l'examen des départemens, des districts, etc., et à la décision de l'Assemblée nationale; par M. L. Rivière. — 1790.

Dans ce grand recensement de toutes les institutions sociales, occasionné par une révolution trop rapidement opérée; dans cette revue générale de tous les établissemens publics et des corporations de toute espèce, des abus, des inconvéniens attachés à leur existence, on sent que l'université de Paris ne pouvait être oubliée. Depuis long-temps un cri général s'était élevé contre le système d'éducation, ou plutôt contre le plan d'études établi dans ses écoles depuis plusieurs siècles : ce cri redouble et se fait entendre de toutes parts, au moment où l'excès de tous les abus en fait par-tout chercher les remèdes. Le mot que l'auteur cite de Saint-Augustin, *vieil usage, vieille erreur,* mot très-philosophique, dont les écrivains jansénistes du dernier siècle n'ont pas fait assez d'honneur à leur patron, paraît aujourd'hui une maxime devenue en peu de temps familière à la nation. Elle ne sera nullement effrayée de la proposition que lui fait M. Rivière. Il ne s'agit de rien moins que d'effacer jusqu'aux vestiges *de ces ridicules établissemens appelés colléges:* ces derniers mots sont de J.-J. Rousseau ; texte qui, dans le temps où Rousseau écrivait, fit plus de sensation que n'en ferait aujourd'hui le commentaire. Ce commentaire n'est qu'une brochure de trente pages, *petite, si l'on veut, mais grande, parce qu'elle contient.* Encore une fois, l'attaque est sérieuse: et l'université a trouvé, dans M. Rivière, un adversaire formidable. Il s'y prend très-bien, et voici comme il procède. Il commence par établir (et personne ne le nie) que l'étude du grec et du latin, considérée comme base de l'enseignement public, est absurde et nuisible. Il examine ensuite si l'on ne peut étudier suffisamment ces deux langues que dans les colléges. Il ne lui est pas difficile de prouver le contraire, puisqu'on a des grammaires, des méthodes, des livres, et des maîtres particuliers, pour enseigner mieux et plus promptement ces deux langues à ceux qui veulent les apprendre. Enfin, en supposant à l'étude du grec et du latin une utilité que M. Rivière leur conteste, faut-il pour cela entretenir des établissemens publics? Non, sans doute ; et, dans la rigueur des principes, il n'est pas douteux que M. Rivière a raison : mais il nous semble qu'il pousse un peu loin cette rigueur ; il nous semble que ces deux langues se sont liées de trop près à l'ensemble des connaissances humaines, aux progrès de l'esprit humain, pour que les hommes instruits, et même les philosophes, vissent avec plaisir cette étude entièrement bannie de l'enseignement public. Quant à l'inconvénient de faire payer les frais de cet établissement par la nation, on peut répondre qu'il est aisé de le lui rendre très-peu couteux. Il faut même qu'il soit très-peu couteux, si l'on veut qu'il soit utile.

Il suffirait d'abandonner aux professeurs un local commode, en leur assurant des appointemens très-médiocres. Qu'il leur soit permis ensuite de recevoir de leurs écoliers le prix de leurs leçons; et dès-lors la concurrence produira, entre les professeurs, une émulation qu'on n'a cherché à faire naître jusqu'ici que parmi leurs disciples. Dès ce moment, la méthode d'enseigner se perfectionnera de jour en jour; chaque maître fera les plus grands efforts pour attirer à soi la foule des écoliers, en augmentant sa fortune par sa célébrité, et sa célébrité par sa fortune. C'est ce qui est arrivé à plusieurs professeurs, en différentes universités de Hollande et d'Allemagne; et, sans cette innovation, il est difficile que la méthode d'enseignement public pour ces deux langues fasse de grands progrès parmi nous.

Ici M. Rivière nous accusera d'un reste de faiblesse pour le grec et le latin, de leur supposer quelque utilité *à cause des vieux modèles que quelques personnes désœuvrées prennent encore plaisir à lire.* Hélas! oui, nous sommes de ces désœuvrés; et ces vieux modèles nous font encore quelque plaisir : cependant nous triomphons bien vite de cette faiblesse. Nous convenons avec M. Rivière qu'il ne s'agit plus de faire des latinistes, des prêtres et des moines, mais des Français, des citoyens, des hommes libres; et nous pensons qu'aucune de ces qualités n'est incompatible avec le faible encouragement que la nation pourrait donner à quelques chaires fondées pour ces deux langues, dont les professeurs pourraient n'être point à charge à l'état. On s'accoutumera difficilement à regarder la langue latine comme aussi inutile que le prétend M. Rivière. Indépendamment des vieux modèles dont nous n'osons plus parler, il faut considérer que la langue latine, devenue depuis quatre siècles la langue savante de l'Europe, a produit, presque jusqu'au moment actuel, un grand nombre d'ouvrages utiles, dont il serait fâcheux que la connaissance restât concentrée entre un petit nombre de lecteurs; et c'est ce qui arriverait peut-être si l'étude de cette langue, bannie tout-à-fait de l'enseignement public, était en quelque sorte désavouée par la nation. Nous aurions bien aussi quelque petit mot à dire en faveur du grec; mais la manière dont l'auteur traite M. l'abbé Auger, nous ferme la bouche, et prévient de notre part toute témérité (*).

---

(1) On peut reprocher à M. Rivière, dont les intentions très-pures seront peut-être calomniées, de n'avoir pas supposé cette même pureté dans les intentions d'autrui. Tous ceux qui connaissent M. l'abbé Auger, savent qu'il est impossible de pousser plus loin le désintéressement. Il a pu se tromper, et s'est trompé en effet, en donnant à l'étude des langues grecque et latine un trop grand rôle

On devine aisément que la question sur la préférence de l'éducation publique et de l'éducation privée, n'est pas même une question pour l'auteur. Il préfère, sans balancer, l'éducation privée ; mais cette préférence, ou plutôt son aversion pour les colléges et pour tout ce qui peut y ressembler, ne l'entraîne-t-elle pas trop loin, lorsqu'il va jusqu'à dire : « *Mais pourquoi une éducation publique ?* » C'est encore ici que la rigueur des principes ne paraît pas applicable à nos circonstances actuelles. Sans doute, chez une nation que son gouvernement et toutes les institutions sociales des siècles précédens n'auraient point avilie et corrompue, chez un peuple où la multitude ne serait pas dès-

---

dans l'éducation nationale ; mais cette erreur n'est-elle pas bien pardonnable dans un homme qui a consacré à l'étude de ces deux langues la plus grande partie de sa vie? S'il a poussé trop loin son zèle pour l'université, ce n'est pas, comme le prétend M. Rivière, pour assurer le débit de ses traductions, c'est que sa reconnaissance l'a trop prévenu en faveur d'un corps qui savait au moins exciter une vive émulation entre ses élèves les plus distingués ; c'est que M. l'abbé Auger a pris pour une bonne éducation nationale, celle où il avait conçu une sorte de passion pour le travail ; et pouvait-il, sans cette passion, traduire plus de quarante harangues de Démosthènes, soixante des autres orateurs grecs, celles des historiens grecs, trente discours de Cicéron, etc.? Un si grand travail, utile dans tous les temps, ne le devient-il pas davantage dans les circonstances présentes? et M. l'abbé Auger ne se trouve-t-il pas, au moins par l'événement, avoir fait un usage patriotique de l'éducation, en reproduisant les chefs-d'œuvres de l'éloquence grecque, au moment où la liberté, qui fera naître chez nous des modèles, peut et doit encore en aller chercher dans Athènes et dans Rome?

long-temps dégradée par tous les préjugés de l'ignorance naturelle et de l'ignorance acquise, l'éducation des enfans pourrait être livrée aux soins de leur famille ; mais, dans l'état où nous sommes, l'idée de courir un pareil risque est entièrement inadmissible ; et combien même ne sommes-nous pas éloignés de l'heureux moment où elle sera praticable ! Ce n'est pas trop du concours de la puissance publique et de tous les esprits éclairés pour hâter ce moment ; notre révolution n'est pas, comme quelques autres, un simple changement plus ou moins subit dans le mode du gouvernement, changement qui quelquefois n'influe que d'une manière lente et peu sensible sur les idées et les mœurs. Elle est, en partie, l'ouvrage des idées nouvelles qui l'avaient secrètement préparée, et qui ont formé la constitution. Il faut donc qu'elles en deviennent le soutien, qu'elles triomphent des idées anciennes qui la combattent, des habitudes qui lui sont contraires; que nos erreurs en morale, en politique, achèvent de se dissiper au jour de la raison.

Jusque-là point de vrai calme, point de félicité sociale : c'est le combat du bon et du mauvais principe ; et le bon principe, vainqueur, sans jouir de sa victoire, ne peut être tout-à-fait triomphant qu'en appelant à lui son invincible auxiliaire, la génération naissante. M. Rivière ne l'ignore pas, puisqu'il intitule son écrit *Palladium de la Constitution*; mais alors on ne voit pas ce qu'il prétend par cette exclamation : « *à quoi bon une éducation publique?* » Ce n'est sans doute qu'un mouvement d'humeur, puisqu'il paraît attendre de l'Assemblée nationale un *code d'éducation digne des législateurs d'un grand empire.* Ce sera probablement un des bienfaits par lesquels l'Assemblée nationale terminera cette première session ; mais ce ne sera pas l'un des moins importans. Tous les bons citoyens désirent surtout, comme M. Rivière, qu'on multiplie les petites écoles dans les villes, bourgs et villages, en faveur de ceux qui ne peuvent faire une certaine dépense pour l'instruction de leurs enfans. Cette nombreuse partie du peuple, jusqu'aujourd'hui si négligée, se trouve encore dans un état d'ignorance et d'abrutissement capable de retarder, pour elle-même, les plus heureux effets d'une révolution dont elle a seule profité, du moins jusqu'à ce moment.

C'est à la fois le fruit de la misère où elle était plongée, et du soin qu'on prenait d'écarter d'elle toute instruction. Le gouvernement qui, par les gênes mises à la presse, et en quelque sorte à la pensée, n'a pu empêcher les lumières de se répandre dans la classe mitoyenne, n'a eu que trop de moyens de les tenir éloignées de la classe indigente. C'est un des obstacles qu'il rencontrera au retour de l'ordre, lorsque, plus éclairé lui-même, il sera contraint de le désirer sincèrement; car enfin ne fût-ce que par lassitude, il faudra bien finir par là. S'il y a jamais eu une raison d'instruire et d'éclairer le peuple, c'est à coup sûr lorsqu'il est devenu le plus fort. Il est donc vrai que les citoyens propres à remplir cette fonction forment en ce moment une classe très-précieuse; il en existe un grand nombre dans l'université, et M. Rivière lui rend avec plaisir cette justice. Eux-mêmes conviennent et s'affligent des abus de l'éducation actuelle, abus devenus intolérables et qui ne peuvent plus subsister : c'est ce qui a fait déserter les colléges, dont trois suffiraient aujourd'hui au nombre d'élèves répandus dans les dix colléges de l'université. Rien n'annonce davantage une institution qui tombe en ruines; et cette réflexion doit diminuer les regrets de ceux qui craignent, pour l'université, une destruction légale et définitive. Les professeurs qui ont du mérite seront aisément placés dans l'établissement de l'instruction publique. « Les autres, dit M. Rivière, je les » mettrais au nombre des vieillards et des infir- » mes, à qui on accorderait une pension alimen- » taire proportionnée à leurs besoins et au temps » de leurs services. » L'université jouit, selon l'auteur, de biens immenses; et le collége de Louis-le-Grand possède lui seul un million de revenu. Un million, c'est beaucoup; mais cette partie du temporel ne nous regarde pas. C'est un article à renvoyer au comité des finances, et de là, si l'on veut, au comité d'aliénation.

Les autres établissemens littéraires, tels que le

collége royal et les trois académies de la capitale n'éprouvent pas, de la part de l'auteur, beaucoup plus d'indulgence. L'académie des sciences est le moins maltraitée. » C'est, dit M. Rivière, » la plus utile et la seule peut-être que l'on dût » conserver. C'est dommage qu'elle soit si nom- » breuse, et que les vrais savans y soient en si » petit nombre. A la place de ceux qui sont-là, » sans qu'on sache pourquoi, ne conviendrait-il » pas de nommer quelques jurisconsultes et quel- » ques théologiens distingués ? » Ce dernier vœu nous a surpris. Des théologiens à l'académie des sciences ! et que veut-on qu'elle en fasse ?

Même reproche à l'académie des belles-lettres sur le trop grand nombre de ses fauteuils. Parmi ceux qui les occupent, il y en a *qui ne savent pas lire*. Le trait est fort, et nous le croyons exagéré. L'auteur n'aime pas les honoraires.

A l'égard de l'académie française, M. Rivière paraît un peu plus mesuré. Il voudrait seulement la rendre encore plus utile, désir bien pardonnable et qui n'a rien de désobligeant. Nous observerons seulement que le moyen proposé par M. Rivière pour rendre l'académie française encore plus utile, est entièrement étranger à l'objet de son institution. Ce n'est point là réformer, c'est détruire ; et c'est ce qui arrive presque toujours, quand on veut faire dans les corps des changemens d'une certaine importance : voilà pourquoi ces corps répugnent à tous ces changemens, et semblent avoir pris pour devise le mot d'un pape sur les jésuites : *Qu'ils soient comme ils sont, ou qu'ils ne soient plus.* M. Rivière voudrait que l'académie française examinât les mœurs et les talens de tous ceux qui prétendraient ériger des écoles, pensions, ou pédagogies publiques de littérature, d'histoire, de géographie, etc.; elle ne donnerait le sceau de son approbation qu'à ceux qu'elle en aurait reconnus dignes, etc. On demande ce qu'une telle fonction a de commun avec les devoirs académiques attachés, jusqu'à ce moment, à cet honneur ou à cette récompense littéraire. N'y a-t-il pas plusieurs membres de ce corps qui se feraient une peine d'exercer une censure, laquelle portant à la fois sur les talens et sur les mœurs, ne serait pas sans inconvéniens pour ceux qui se trouveraient contraints à l'exercer ? Enfin, cette assemblée d'examinateurs, de censeurs, pourquoi s'appellerait-elle l'académie française ? et puis que deviendrait le dictionnaire ?

Reste le collége royal, qui s'annonce pour donner des leçons sur toutes les sciences, qui enseigne si peu de chose, et où personne n'apprend ce qu'on y enseigne. C'était-là une riche matière ; mais l'auteur réservait toutes ses forces pour l'université ; et le collége royal en est quitte, au moins cette fois-ci, pour une petite exclamation philosophique, mais expressive : *O quantum est in rebus inane* ! C'est tout ce qu'il en dit : Brutus dormait.

Cet écrit, plein de vues saines et d'idées utiles, paraît l'ouvrage d'un citoyen éclairé, vivement animé de l'amour du bien public; mais ce sentiment fait illusion à M. Rivière, lorsqu'il croit voir la source de tous les abus dans l'abus qu'il attaque avec tant de force. Il y aurait sans doute encore, même après la destruction des colléges, un assez grand nombre de raisonneurs sans raison, de savans sans principes, d'écrivains sans style, etc.; et s'il se trouve moins de prêtres sans vocation, c'est qu'on leur a ôté les riches espérances qui leur en tenaient lieu. Un système d'éducation raisonnable, approprié aux dispositions naturelles des enfans et aux besoins de la société, diminuera sensiblement les maux ou les inconvéniens dont il se plaint. C'est tout ce qu'on peut prétendre, et c'est bien assez pour hâter l'instant d'une réforme.

Sur les *Mémoires secrets de Robert, comte de Paradès*, écrits par lui-même au sortir de la Bastille, pour servir à l'Histoire de la dernière guerre. — 1790.

Ce n'est point ici un de ces écrits pseudonymes, où un auteur, souvent étranger aux affaires et aux personnes, se joue de la crédulité publique et la rançonne en satisfaisant sa propre malignité. Ces Mémoires sont vraiment l'ouvrage de celui dont ils portent le nom. On se rappelle la brillante et rapide fortune du comte de Paradès pendant la dernière guerre. On vit un jeune homme, d'une naissance équivoque et incertaine, entré au service à 25 ans, élevé en deux ans au grade de colonel avec des pensions sur trois départemens, paraître à la cour avec tout l'extérieur de l'opulence, être présenté au roi, et prêt à monter dans les carrosses de leurs majestés. Mais tout cet éclat fut un beau songe, aussi court qu'il avait été brillant; le réveil en fut très-fâcheux.

Cet homme singulier, que des talens, ou, si l'on veut, des qualités peu communes, tirent de la classe des aventuriers vulgaires, fut mis à la Bastille. On le soupçonnait d'avoir, par un double espionnage, servi l'Angleterre au moins aussi bien que la France. Il paraît que ce soupçon était fort injuste, puisque M. de Paradès fut relâché après une détention de quatorze mois, quoiqu'il continuât de réclamer une somme d'un demi-million avancée, disait-il, au gouvernement. Il est probable que les soupçons répandus contre lui étaient l'ouvrage des inimitiés personnelles que, malgré sa réserve, il s'était attirées : malheur inévitable dans le rôle qu'il joue sur la flotte française, et auprès de M. d'Orvilliers, dans la campagne de 1779. Il ne put s'empêcher de montrer un vif chagrin sur des fautes, sur des abus, sur une insubordination, dont les effets si nuisibles au bien général, devaient de plus faire avorter ses vues particulières sur Plimouth, entreprise à laquelle il attachait son honneur et toutes ses espérances. Le crédit, qu'à son retour il parut prendre auprès des ministres, dut alarmer les coupables, et donner à l'envie un motif de plus pour le perdre. La prétention de monter dans les carrosses dut rallier à ses ennemis la vanité blessée d'un grand nombre de courtisans. On répandit des nuages sur sa naissance, en effet équivoque et incertaine. C'était une grande affaire, dans un temps où l'on mettait les noms à la place des hommes, et les mots à la place des choses. Il est très-possible qu'un jeune homme, plein de ressources, dévoré d'ambition, mais probablement léger de principes, s'étant donné pour ce qu'il n'était pas, ait voulu tenter de justifier sa prétention : mais il parut n'avoir aucune inquiétude sur ses preuves, et sur le certificat de M. Cherin. Par malheur, il fallut attendre. M. Cherin, homme alors fort occupé, lui déclara qu'il avait à faire plus de soixante généalogies, genre de composition qui exigeait quelquefois un travail fort long et fort pénible. La Bastille où M. de Paradès fut envoyé quelques jours après, l'empêcha de se mettre en règle pour M. Cherin. Quel dommage pour ce jeune homme d'être entré dans le monde un peu trop tôt ! Un délai de quelques années, et M. de Paradès ne trouvait plus sur son chemin ces deux grands achopemens : M. Cherin et la Bastille. Venons aux Mémoires.

C'est l'exposé d'un plan conçu avec autant d'habileté que de hardiesse, et dont l'objet était de mettre Plimouth entre les mains du roi de France. C'est le détail de toutes les mesures qui pouvaient conduire à ce but : intrigues, espionnages, corruption, tous ces vils moyens, nécessaires dans une entreprise de cette espèce, se trouvent un peu rehaussés par l'intelligence, l'adresse, la présence d'esprit, l'intrépidité de celui qui les emploie. M. de Paradès, dans un premier voyage en Angleterre, s'était procuré une connaissance exacte et détaillée de toutes les forces anglaises, des places maritimes, des ports, des rades, des vaisseaux, des bâtimens, des citadelles, de l'état des fortifications, etc. Toutes ces instructions, il les avait rassemblées dans l'espace de peu de mois, avec l'ardeur d'un jeune homme qui veut brusquer la fortune, en risquant plus d'une fois sa vie. De retour en France, il développe ses plans, ses idées, ses projets à M. de Sartine, alors ministre de la marine ; le ministre les agrée, encourage M. de Paradès, et le renvoie en Angleterre, avec des ordres particuliers. Il y achète, sous son nom, mais pour le compte du roi, un bâtiment anglais propre pour la course, avec 75 hommes d'équipage, et le capitaine à ses ordres. Cet arrangement, qui seul coûta 30,000 francs par mois, subsista pendant deux campagnes. Il se ménagea de plus, et toujours à prix d'or, des intelligences et des correspondances à Londres et dans toutes les places maritimes : mais la meilleure emplette que fit M. de Paradès fut celle d'un premier secrétaire de l'amirauté, qui, pour la somme de 150 louis par mois, s'engagea à lui faire remettre copie de tous les ordres qu'on recevrait à l'amirauté et qu'on y donnerait. Cet honnête homme tint religieusement sa promesse tant qu'il fut payé, c'est-à-dire, jusqu'à l'emprisonnement de M. de Paradès.

Ces petites instructions devaient donner de grands avantages au ministère français ; mais on n'en profita pas. C'est en vain que M. d'Orvilliers était averti de tout ce qui se passait sur la flotte ennemie et dans les ports anglais. L'amiral Keppel, à la tête d'une escadre dans la Manche, ne couvrit pas moins le départ de Byron pour l'Amérique. On manqua la flotte de l'Inde, faute d'avoir tenu la mer vingt-quatre heures de plus, comme on le pouvait, puisqu'il fut vérifié dans le port que nos vaisseaux pouvaient se réparer en mer à peu près dans le même espace de temps. Cette campagne ne fut utile qu'à M. de Paradès, qui développait, pour sa fortune particulière, l'activité, l'intelligence dont il donnait des preuves dans les affaires publiques. Il revint en France, où on le fit capitaine, et bientôt après colonel. De tous les plans qu'il présenta au ministre à son retour, ce fut son projet de surprendre Plimouth qui fut le plus goûté, et c'est celui auquel on s'arrêta.

Nouveau voyage en Angleterre ; et c'est dans ce voyage que M. de Paradès achève de déployer tous ses talens pour l'intrigue. On est confondu de sa hardiesse, de son habileté à former des liaisons dangereuses, à séduire, à corrompre. On n'est pas moins étonné de la facilité qu'il y trouve, même dans les classes où l'aisance, sinon la richesse, devrait préserver de la corruption.

Cette scandaleuse facilité rappèle le projet de cet empereur, qui voulait obliger, par édit, les dames romaines de fermer leurs litières dans les rues, pour les empêcher, disait-il, d'être subornées par les passans. Il n'en coûta guère à M. de Paradès que de passer avec de l'argent, pour multiplier le nombre de ses amis, comme il les appèle.

Nous sommes tentés de croire, non seulement en qualité de Français *régénérés*, mais en qualité de Français tels quels, que la corruption, qui chez nous n'est pas sans exemple, n'eût pas été, dans la dernière guerre, si facile et si commune en France ; au surplus, ce n'est là qu'une conjecture. Revenons à M. de Paradès. Assuré d'un grand nombre d'amis en Angleterre, il revient à Versailles et communique à M. de Sartine un nouveau projet, celui de brûler la flotte anglaise à Spithead.

Cette idée lui était venue en voyant avec quelle facilité il avait pénétré au milieu de cette flotte, avec son bâtiment anglais. Il ne s'agissait que de se faire accompagner de deux brûlots, qu'on eût aisément fait passer pour des bâtimens pris sur les Français ; il offre de commander un de ces deux brûlots, tandis que son capitaine commandera l'autre. Ce projet fut agréé par M. de Sartine, sans préjudice de l'entreprise sur Plimouth. On prit des mesures pour le succès de l'un et de l'autre. Qu'arriva-t-il ? tout avorta sans qu'il y eût de la faute, ni du ministre, ni de M. de Paradès. Les hasards de la guerre et de la mer, la foiblesse de M. d'Orvilliers qui, malgré ses talens, était mal obéi, l'insubordination des officiers de tout grade, la jalousie de quelques-uns contre un officier de terre, à peine âgé de vingt-six ans, la mauvaise foi, les faux rapports qu'on se permit pour démentir ceux de M. de Paradès et faire rejeter ses conseils et ses promesses ; voilà ce qui déconcerta ses projets et lui fit perdre, comme au gouvernement, le fruit de tant de soins, de peines et de dépenses.

Telle était cependant l'inébranlable fermeté de cet homme singulier, qu'ayant perdu toute espérance d'exécuter, avec l'aveu du ministre, son entreprise sur Plimouth, il offrit de la tenter à ses risques et fortunes. Il rassembla tous ses moyens de crédit ; et assuré de quatre millions, il proposa au ministère de payer au roi trois millions comptant, s'il voulait lui confier un vaisseau de soixante-quatre, une frégate, deux bâtimens de transport et deux mille hommes de troupes. Il s'engageait à ce prix de remettre la place au roi avec tout ce qu'elle contenait, ne prétendant que le remboursement de ses avances, et s'en rapportant du reste à la munificence de sa majesté. Cette offre fut rejetée comme peu digne du roi. M. de Paradès ne se rebuta pas; il résolut de s'adresser à la cour d'Espagne. Il en demanda la permission à M. de Sartine, qui remit la réponse au lendemain : et cette réponse fut négative. Malheureusement M. de Paradès en avait parlé dans l'intervalle à M. d'Aranda, indiscrétion étonnante de sa part; et quoiqu'il rende à M. d'Aranda la justice de dire qu'il n'a pas été compromis par ce ministre, il s'aperçut bientôt qu'il était devenu suspect, et que ses démarches étaient observées. Quelque temps après, il fut mis à la Bastille, où il fut détenu quatre mois. Il paraît qu'il y fut traité avec une rigueur assez gratuite; c'est ce qu'il se contente d'indiquer du ton d'un homme qui dédaigne de se plaindre; car ce n'est point ici un aventurier ordinaire. Tous ceux qui l'ont connu, disent que son caractère avait de la grandeur. A l'emploi des moyens malhonnêtes qu'exigeait habituellement la triste fonction qu'il s'était imposée, il joignait souvent l'exercice d'une bienfaisance simple et noble, quoique tranquille et froide. Plus d'une fois, il a fait transporter en France des hommes suspects qui le gênaient en Angleterre, quoique ses confidens lui offrissent de l'en défaire d'une manière moins contraire et plus expéditive. Il sauva, racheta, ou fit évader plus de trois cents matelots prisonniers, en soulagea un plus grand nombre, et rendit des services signalés à plusieurs officiers supérieurs.

Sa figure, douce et naïve comme celle d'un enfant, servait de voile heureux à l'intrépidité de son âme, aux combinaisons de son esprit et à la force de son caractère. N'oublions pas un avantage nécessaire dans son métier; il parlait plusieurs langues avec une égale facilité : voilà une réunion de talens et de qualités bien rare, et le tout pour faire un espion et le conduire à sa ruine. Il ne put jamais parvenir à se faire rembourser de ce qu'il appelait ses avances : mais un tel personnage ne pouvait long-temps manquer de ressources. Avant sa détention à la Bastille, il avait fait l'acquisition de l'île Massache, près Saint-Domingue. C'est-là qu'il alla mourir, après y avoir fait un établissement qui commençait à prospérer.

Le style de ses Mémoires (adressés au roi) est clair, naturel, facile; c'est celui d'un homme d'esprit bien élevé, que les circonstances forcent à prendre la plume; qui la prend, non pour faire un livre, mais pour avoir cinq cents mille francs : bonne raison d'être occupé des choses plus que des mots, *de re magis quam de verbo laboranti*. C'est le précepte de Quintilien, auquel M. de Paradès ne songeait guère, mais qu'il a très-bien rempli.

Sur une Brochure qui a pour titre : *Lettre d'un Grand-Vicaire à un Évêque, sur les Curés de campagne;* par M. Sélis. — 1790.

Un écrivain célèbre, pour exprimer que les habitans de la campagne forment le fond de l'humanité, a dit énergiquement : *les nations vivent sous les chaumes.* Ce mot seul suffirait pour faire sentir de quelle importance sont les curés de campagne ; cette importance, reconnue même sous le despotisme, doit l'être encore davantage sous le régime de la liberté. Faits pour instruire et consoler le peuple, que pouvaient-ils autrefois, du moins la plupart ? C'est beaucoup s'ils pouvaient remplir la dernière de ces fonctions, parmi des paroissiens dont ils partageaient la misère, et quelquefois l'ignorance. A la vérité, un petit nombre de ces curés jouissait d'une sorte d'opulence; autre abus, qui, dans un mauvais ordre de choses, entraînait des désordres d'un autre espèce. C'est le contraste de ces désordres que M. Sélis présente dans un cadre qui les rapproche d'une manière naturelle, piquante et animée. Sobre de morale directe, l'idée que l'auteur n'énonce pas, naît du récit des faits, du choix des circonstances réunies avec goût, avec esprit, et quelquefois plaisamment. Une grande variété résulte naturellement du cadre que M. Sélis a choisi. Le grand-vicaire a voyagé dans toute la France ; il a le choix des abus. Au curé grossier, ignorant, quelquefois profanateur par sa sottise, qui dit à ses paroissiens : « Morbleu, vous ne voudriez-pas de Jésus-Christ pour maître d'école; » il oppose le curé riche, dont le presbytère est un petit palais, qui, recevant des hôtes distingués, et leur présentant des mêts délicats dans des plats d'argent, fait valoir l'attention polie qu'il a eue de n'inviter aucun de ses confrères, tous pauvres diables, dit-il, assez mal mis et peu présentables; le curé janséniste, qui ne veut pas qu'on danse, et dont les paroissiens s'enivrent, se battent les dimanches et se haïssent toute la semaine; celui qui croit, comme les paysans, que certaine statue de la vierge parle dans l'occasion; celui qui explique à ces paysans ce que c'est que le scotisme et le thomisme; celui qui, pour se faire admirer au château, où il vient du monde tous les étés, affecte dans ses sermons les beaux gestes, et fait de l'esprit, dieu sait comment; un autre qui, dans sa chaire, établit en patois une conversation familière, entre lui et ses auditeurs, sur leurs affaires, sur les siennes, sur son ménage, sur sa gouvernante, etc. Voilà le tableau des travers qu'offrait cette portion du ci-devant bas-clergé, qui ne sera ni plus bas ni plus haut. Sur chacun de ces travers, dont M. Sélis indique la cause, on se dit, et c'est une réflexion consolante : cela ne sera plus ainsi. Une de ces causes, c'est le vice de l'éducation des séminaires. — Elle changera; les évêques la soigneront davantage; ils auront moins de distractions. — C'est le défaut ou le peu des lumières des collateurs. — Il n'y aura plus de collateurs que le peuple, qui connaît ses besoins et ses amis. — C'est l'inertie et l'abrutissement où la vie des curés de la campagne les fait tomber trop souvent. — Cette vie ne sera plus la même. A peine pouvaient-ils autrefois consoler le peuple; ils pourront avant peu d'années le consoler et l'instruire.

Les fêtes de rosière ne pouvaient guère trouver grâce devant un homme aussi sensé que M. le grand-vicaire. « La vertu qui entre en concours, dit-il, n'est plus digne du prix; tout est péril lorsque la vertu a un but humain, et que ce but c'est la gloire. Il faut que la vertu agisse avec simplicité, sans rien rechercher, sans rien attendre. » L'auteur passe en revue les effets de cette institution, mauvaise en morale, et provoquant plusieurs vices, tels que la fausseté, la jalousie entre les rivales; et dans les villages, les mauvais propos, les calomnies, les parallèles, etc. A côté des traits d'un pinceau ferme, succèdent quelques autres du crayon de Calot; c'est la peinture de la fête du château, de la rosière en cordon bleu, du repas donné par le seigneur *bienfaisant*, de l'embarras de la pauvre fille en présence des dames de la ville, dont le ricannement la rend honteuse de sa gloire. « Pour comble d'indécence, dit M. Sélis, on a fait des pièces de théâtre et des romans sur les rosières. Voilà bien notre nation! » J'arrête l'auteur sur ce dernier mot. Sans doute il a voulu dire : telle a été trop long-temps notre nation. Il ne veut pas dire sans doute que notre nation est condamnée, par son caractère, à une frivolité éternelle, à une incurable futilité. Il sait trop que les nations sont ce qu'elles doivent être, par leur gouvernement, leurs institutions, leurs circonstances antérieures; et que ce n'est pas une bonne manière de corriger les hommes, que de vouloir leur prouver qu'ils sont incorrigibles par leur nature : c'est ce que les partisans du despotisme essayèrent pourtant de nous persuader. « Français, vous êtes frivoles, inconséquens et nés pour toujours l'être. Ne vous mêlez point de vos affaires ; mettez dans nos mains le bout de vos chaînes; et puis, riez, chantez, le reste nous regarde. Laissez-vous conduire par nous qui sommes profonds et conséquens, quoique Français. » Cette doctrine a prévalu long-temps, mais elle ne réussira plus. Une sagacité médiocre suffit pour prédire que, dans vingt ans, ces mots : *voilà bien notre nation!* seront pris dans un sens beaucoup plus favorable et plus obligeant pour elle.

Ce petit écrit est terminé par le récit d'une aventure intéressante et vraiment arrivée. Les personnages sont trois curés, dont l'un était mort depuis peu. Il est remplacé par le curé d'un village, situé dans le même diocèse, mais à une assez grande distance. Ce second curé, homme vertueux, et chéri de ses paroissiens depuis vingt-deux ans, ne se résout qu'avec peine à les quitter pour un plus riche bénéfice; mais l'évêque l'ordonnait, et même au nom de la religion. Il cède la cure vacante à son vicaire, également plein de vertus. Il part, et s'arrête en chemin chez un de ses confrères qui lui donne à dîner. Il trouve à table un prêtre pâle et languissant, qui raconte d'une voix lugubre le danger qu'il avait couru, ayant été cru mort, et enterré pendant une léthargie. C'était le possesseur de la cure opulente vers laquelle s'acheminait, malgré lui, le curé voyageur. Ravi plus qu'affligé de ce hasard, qui le rendait à ses anciens amis, à ses chers paroissiens, il veut retourner sur ses pas pour être vicaire dans le village dont il était curé. On le retient, on l'empêche de partir. Le possesseur de la riche cure renonce à ses droits, et prétend qu'il les a laissés dans le tombeau. Le nouveau titulaire retourne chez lui, et va embrasser son ancien vicaire, qui veut lui rendre la cure. Nouveau combat de générosité. L'affaire est portée devant l'évêque qui, touché du désintéressement de ces trois vertueux ecclésiastiques, donne un bon bénéfice au vicaire déplacé, et laisse les deux curés chacun à leurs places. Ces trois hommes sont encore vivans.

Ce nouvel écrit ne peut que faire honneur à M. Sélis, déjà connu par une bonne traduction de Perse, et par plusieurs ouvrages agréables, où l'on remarque plus d'une sorte d'esprit. C'est un de ces professeurs qui associent à l'érudition un excellent goût de littérature, ce qui n'est pas rare dans l'université, et un esprit philosophique qui n'y est pas assez commun.

Sur un ouvrage intitulé : *Essai sur la Mendicité;* par M. de Montlinot. — 1790.

Sur une population de vingt-cinq millions d'hommes, cinq millions de pauvres, de pauvres dans toute la force du terme, c'est-à-dire mendians ou prêts à mendier : c'est-là une de ces idées qui pénètrent l'âme de tristesse et d'effroi, un de ces résultats qui ont fait mettre en question si la société est un bien. Oui, elle est un bien acheté par de grands maux ; et quand ces maux sont montés à un tel excès, l'édifice social chancèle, et court risque d'être renversé : c'est ce que nous voyons. Un seul fait pareil, connu de l'administration comme il l'était, devait annoncer aux hommes éclairés une prochaine révolution dans l'état : c'était une nation dans une nation ; et le gouvernement embarassé entre ces deux peuples, n'y savait d'autre remède que de multiplier, en faveur des propriétaires, les lois, les réglemens, les punitions contre les hommes sans propriété. Enfin ses embarras croissant de jour en jour, il sentit qu'il fallait, pour contenir cette multitude de mendians et pour en diminuer le nombre, se faire un système et des principes. Il appela à son secours des hommes instruits, accoutumés à réfléchir, amis de l'humanité, tranchons le mot, des philosophes; car, dans les dernières années, le gouvernement avait entrevu que ces gens-là avaient quelquefois du bon. On créa des bureaux où ils furent admis, et il fallut bien convenir qu'on ne laissait pas d'en tirer des lumières. Dans ce petit nombre de citoyens utiles et respectables, il faut placer M. de Montlinot, à qui l'on confia le dépôt de mendicité de Soissons.

Les comptes qu'il rendit au gouvernement d'année en année et qu'il publia, portent le caractère d'un esprit étendu et d'une âme philantropique. Le sentiment profond d'humanité qui lui fit remplir ses devoirs avec une scrupuleuse exactitude, bientôt les lui rendit chers, et lui fit aimer les malheureux, devenus l'objet de ses soins. C'était un médecin qui s'attachait à ses malades, et il apprit à parler dignement du pauvre. Il ne vit plus les mendians comme *une vermine qui s'attache à la richesse* (1). Il serait plus près de répondre avec Rousseau, qu'il est naturel que les enfans s'attachent à leurs pères. Mais il n'emprunte de Rousseau que le sentiment qui a dicté cette réponse, et quelquefois l'éloquence noble et tou-

---

(1) Expression de Voltaire.

chante qu'inspire ce sentiment. C'est le mérite qu'on avait déjà remarqué dans les comptes rendus des années précédentes, et qui est encore plus remarquable dans celui de 1789, dont il est ici question.

L'auteur fait d'abord sentir, et malheureusement porte à l'évidence, que la société consomme le pauvre comme une denrée ; qu'elle fait elle-même les mendians qu'elle punit ; que tous les arts, sans en excepter l'agriculture, dévorent en moins de trente ans les machines vivantes dont ils s'emparent ou qui végètent à leur solde ; que tous les hommes livrés aux travaux de la campagne, ou occupés des métiers les plus nécessaires, contractent des maladies habituelles avant l'âge de cinquante ans. Ainsi, l'âge des besoins est pour tous l'âge de la détresse. Voilà ce que n'ont pas voulu voir ceux qui jusqu'à présent ont écrit sur le peuple. *Sur le peuple*, c'est le mot qui échappe à la plume de M. de Montlinot, et il signifie les mendians. Hélas ! jusqu'à présent, ce sont presque des mots synonymes, dans un pays où tant de milliers d'hommes meurent dans *une mendicité acquise par le travail*, autre expression énergique et affligeante de M. de Montlinot. Tel est l'excès de la misère, et il serait encore plus grand, si le remède n'était pas dans le mal même, si les dix-neuf vingtièmes des gens sans propriétés, ne mouraient pas avant le temps.... C'est le remède, c'est là ce qui soulage l'administration d'un poids

qu'elle ne pourrait seulement pas soulever. Ecartons ces idées ; mais pardonnons à J.-J. Rousseau ses déclamations contre l'état social. Il ne l'a vu que d'un côté ; c'est ce qui fait qu'on déclame ; mais il faut l'avouer, ce côté fait frémir, et ce qu'il a d'affreux justifie la sensibilité qui s'en indigne et s'en irrite avec violence. Ce qui n'indigne guère moins, ce sont les reproches calomnieux qu'on accumule sur le peuple. On l'accuse d'être paresseux, adonné au vin, imprévoyant dans la force de l'âge. Sur ce dernier reproche seulement, écoutons M. de Montlinot : «Eh! quelle épargne peut
» faire un ouvrier auquel on n'accorde qu'un mo-
» dique salaire pour le plus grand emploi de ses
» facultés ? Dans la loterie de la vie humaine, il
» n'a que des chaînes de malheur à attendre ;
» défaut d'ouvrage, maladie, accidens, intempérie
» des saisons, tout pèse sur lui. Sa reproduction
» même, la plus grande consolation des êtres
» vivans, devient un poids qui l'accable.

» Ah ! si on voulait l'entendre, ne pourrait-il
» pas dire au riche : « Pendant que vous respiriez
» un air frais, je coupais vos moissons, courbé
» sur une terre brûlante ; vous dormiez encore,
» quand je devançais le jour pour vanner vos
» grains ; vous dormiez encore, quand je voitu-
» rais, couvert de frimats, le produit de vos ré-
» coltes. Né avec des organes faibles, vous pro-
» longez cependant votre existence au-delà du
» terme ; et moi, accablé de maux incurables

» dans un âge peu avancé, qu'allez-vous m'of-
» frir après trente ans de travail? peut-être le
» pain de l'aumône. Ah! malheureux, j'ai trop
» vécu. Vous m'accusez d'imprévoyance, mais
» en est-il un seul parmi vous qui, largement
» stipendié par le gouvernement dans sa jeu-
» nesse, puisse se passer de tout secours? Des
» pensions, des grâces vous assurent une exis-
» tence douce; et en cessant de travailler, on vous
» paye encore. Et moi, si ceux qui me connais-
» sent sont pauvres et me forcent d'aller men-
» dier au loin la subsistance d'un jour, on m'en-
» ferme comme un homme dangereux; toutes
» les bouches semblent répéter : *Malheureux, tu*
» *as trop vécu!* »

Les autres reproches faits au pauvre, sont repoussés par M. de Montlinot avec la même énergie et la même sensibilité.

Des principes établis par l'auteur et des faits qui appuyent ces principes, il résulte que la mendicité est un effet nécessaire de l'état social; que cet acte ne peut être ni un crime, ni un délit, à moins qu'il ne soit uni à une action qui trouble l'ordre public : alors il devient un objet de police. Cependant il a presque toujours été puni comme un délit; et M. de Montlinot cite vingt-huit ou vingt-neuf lois publiées contre ce délit depuis environ deux siècles. Telle était encore l'ignorance de l'administration en 1777, que, dans l'ordonnance alors promulguée, on fait dire au roi, « que

» sa majesté n'a pu qu'être surprise qu'il pût en-
» core exister des mendians. » Comme si les secours donnés à quarante mille pauvres dans les
divers hôpitaux du royaume, et, si l'on veut, à
un pareil nombre dans les ateliers de charité,
étaient une ressource suffisante ; comme si l'administration tenait dans ses mains les infirmités,
les malheurs publics et privés, la cause toujours
renaissante du luxe et de la misère, etc.

On ajoute, dans cette même ordonnance, « que
» tous mendians de l'un et de l'autre sexe, vaga-
» bonds ou domiciliés, seront obligés, dans le
» délai de quinze jours, de prendre un état ou
» emploi, métier ou profession, qui leur procure
» les moyens de subsister sans demander l'au-
» mône ; » comme si le gouvernement avait créé,
dans le moment, des travaux particuliers analogues aux talens de chaque individu ; comme si
on avait ouvert de nouveaux champs à la culture,
des ateliers dans tous les genres d'industrie; comme
si enfin un homme, à la volonté de l'administration, pouvait être, dans le délai de quinze jours,
tisserand ou cordonnier.

Qu'arriva-t-il de cette loi ? ce qui devait arriver :
c'est qu'après quelques rigueurs inutiles, elle
resta sans exécution. Un grand nombre de mendians périrent ou furent secourus ; un grand
nombre trouva des ressources dans la commiséra-
tion générale. « Le pauvre, dit M. Montlinot, a un
» patrimoine distinct et connu ; il ne peut faire un

» pas sans marcher sur son terrein. Ne cherchons
» pas à trop multiplier les administrations de cha-
» rité ; laissons agir cette grande loi de la morale
» universelle, qui nous pousse à secourir nos
» semblables : ce n'est point une loi sèche qui
» mesure ce qu'elle doit et ce qu'elle peut. A l'as-
» pect de la misère, elle n'a plus de limites ; elle
» fait verser sur le pauvre, et les secours qui sou-
» lagent, et les consolations qui relèvent, et ce
» doux espoir d'un avenir meilleur. Ah! si l'homme
» puissant ne voyait plus autour de lui de mal-
» heureux, si le pauvre n'aidait pas le pauvre,
» si le prisonnier ne s'intéressait pas au sort de
» son compagnon, la société ne serait plus un
» bienfait. C'est donc de la sensibilité générale
» qu'il faut attendre des secours ; elle seule, tou-
» jours agissante, saisit les objets qu'elle a sous
» les yeux : elle se repaît de larmes et de dou-
» leurs; et c'est dans ces enivrantes fonctions que
» le cœur s'ouvre et savoure à longs traits cette
» douce bienfaisance si connue des âmes sensibles.
» C'est un adage reçu, qu'il n'y a pas de souf-
» france où existe une femme ; c'est dans leurs
» cœurs qu'il faut aller chercher ces délicieuses
» émotions, ce trésor inépuisable de tendresse,
» qui, sanctifiée par la religion, ou légitimée par
» le mariage, ou enfin anoblie par des sentimens
» généreux, produit tant d'actes de charité. »

M. de Montlinot ne parle ainsi qu'après avoir fait
sentir l'insuffisance et les inconvéniens de tous

les établissemens publics, tels qu'hôpitaux, maisons de charité, dépôts, bureaux d'aumônes, etc.

« L'abandon que nous paraissons faire, dit-il, du
» mendiant ou du pauvre, est le plus grand mo-
» yen de subsistance que nous puissions deman-
» der à l'administration : c'est à l'importunité de
» la misère, on ne peut trop le répéter, que l'on
» doit les établissemens les plus utiles. Il ne faut
» pas indiscrètement ôter toutes les épines, des
» roses qui couronnent l'homme insouciant sur
» le sort de ses semblables ».

Après avoir montré l'injustice des lois *contre la mendicité acquise par le travail*, et prouvé à l'administration qu'elle s'épargnerait bien des peines inutiles, si elle déclarait que la mendicité pure et simple n'est pas un délit, M. de Montlinot cherche quels doivent être les moyens de police contre le mendiant-vagabond, éloigné du lieu qui l'a vu naître et où il a travaillé ; les moyens de distinguer l'homme inquiétant, du malheureux coupable d'avoir trop vécu ; et il propose divers adoucissemens dans la police, trop sévère dans l'ordre actuel envers ce dernier. C'est ici qu'il faut déplorer encore les maux inévitablement attachés à l'existence sociale, lorsqu'on entend un philosophe prononcer ces mots : « Il faut le dire, c'est
» qu'en supposant qu'un homme dénué de tout
» secours depuis un long terme, ne fût qu'un
» homme malheureux, qu'il fût injuste de l'ar-
» rêter.... Eh bien! il faudrait commettre cette in-

» justice politique, et ne pas laisser sur les routes
» celui qui n'ayant rien peut tout oser «. C'est pour
cette classe d'infortunés que seraient faits les dépôts auxquels on ôterait ce nom qui réveille trop
d'idées avilissantes, et qu'on appellerait *maisons
de sûreté*. Ces maisons n'emporteraient l'idée d'aucun châtiment, mais seulement celle de simple
arrestation. De sages réglemens détermineraient
l'utilité qu'on pourroit tirer de cette classe malheureuse. A l'égard des vagabonds, détenus jusqu'ici dans les maisons connues sous le nom de
dépôt de mendicité, les lois prononceraient sur
leur sort, et remédieraient aux inconvéniens de
la police actuelle. En voici un exemple. Il a été envoyé, de Saint-Denis à Soissons, depuis le 29 octobre 1788 jusqu'au 20 février 1789, cent quarante-
un mendians valides. Dans ce nombre, quarante-
cinq pouvaient être considérés comme repris en
tierce récidive. Plusieurs avaient déjà été arrêtés
quatre, cinq et six fois. Les frais de transport ont été
de 606 liv. Voilà donc 606 liv. dépensées pour faire
transporter quarante-cinq hommes, qui deux fois
ont été rejetés de leurs provinces comme inconnus
et sans ressource. Pourquoi produire à grands frais
un mouvement inutile? A cet abus et à tant d'autres nés d'une police vicieuse, M. de Montlinot
propose un remède, le seul peut-être qui existe, la
translation; et c'est ici un des principaux objets de
son ouvrage. S'il existe un moyen de faire désirer
l'établissement que l'auteur propose, c'est la ma-

nière dont il débute pour en faire sentir la nécessité, c'est le tableau qu'il présente à ses lecteurs. En voici quelques traits, qu'il est bon de remettre sous les yeux des heureux du siècle, et de ceux qui ne réfléchissent pas à quel prix on achète le bonheur social.

« Vingt mille individus au moins désolent le
» royaume par des déprédations de toute espèce.
» Six ou sept mille au plus sont arrêtés ou punis.
» La sûreté des routes coute plus de quatre mil-
» lions par an. La somme volée chaque année en
» France, peut être évaluée au moins à un mil-
» lion. Il existe plus de soixante mille hommes
» qui gémissent dans les prisons ou maisons de
» force, ou qui végètent dans les hôpitaux. Il y a
» plus de cinquante mille journaliers, qui, bâ-
» tards ou rejetés par des parens pauvres, sont
» sans autre asile que les cabarets. Il déserte à
» peu près quatre mille hommes, par année, des
» troupes de France. La plupart, manquant de
» de tout, sont obligés d'avoir une marche sourde
» et des domiciles secrets. Il y a en France plus de
» quatre millions d'individus dont la subsistance
» n'est pas assurée pour un mois. Si l'on consi-
» dère en masse les dépenses du gouvernement,
» les revenus des hôpitaux, des hôtels-dieu, et
» les actes particuliers de bienfaisance, on peut
» évaluer à plus de cinquante millions par an ce
» qu'il en coute pour prolonger l'existence de
» ceux qui survivent à la servitude des arts, à

» l'incontinence des corrupteurs, au régime des
» hôpitaux, et aux châtimens de la loi. Que pro-
» duit cette dépense avec laquelle on fonderait
» un royaume? A agiter l'administration, qui, sans
» profit, tourmente l'homme sans propriété. »

On conviendra que ce préambule est tout-à-fait propre à faire agréer le projet d'une colonie en Afrique : et c'est l'idée à laquelle l'auteur s'arrête. Les raisons politiques, géographiques, qui lui font préférer l'île de Bulam à nos possessions voisines, les moyens de fonder cette colonie aux moindres frais possibles, les avantages qu'on pourrait d'ailleurs en tirer, etc.; c'est ce qu'il faut voir dans l'ouvrage même. Nous ne présenterons que le résultat des idées de l'auteur. Des calculs très-détaillés semblent prouver invinciblement que le transport de sept cents hommes, les fournitures de toute espèce, les frais de l'établissement, et de tout ce qui est nécessaire pendant six mois à la nourriture des colons, ne monteraient qu'à la somme de 130,000 livres. En suivant cette proportion de 130 mille par cent personnes, jusqu'à dix ou vingt mille hommes exportés, on sent combien il en couterait moins qu'il n'en coute pour le bonheur de ceux qui n'ont point de propriétés, et pour la tranquillité de ceux qui en possèdent. La grande objection contre ce projet, c'est l'opinion où seraient les expatriés, qu'on les envoie à une mort certaine ; opinion née des fautes du gouvernement, quand il s'est autrefois chargé de fonder quelques établissemens nouveaux à Cayenne et dans la Louisiane. Ce préjugé, enraciné chez le peuple, serait sans doute un grand obstacle dans les commmencemens ; mais il céderait à la publicité des soins qu'on prendrait pour assurer l'existence des nouveaux colons.

Le cours naturel des idées nous a empêchés de nous arrêter sur une des meilleures vues de M. Montlinot, le projet d'un établissement dans les campagnes, en faveur des cultivateurs invalides. On sait que les hôpitaux se sont cru en droit de n'appliquer les actes de leur bienfaisance qu'aux individus des villes où ils étaient établis, et que le pain de l'hôpital est devenu le pain privilégié du citadin. Les pauvres de la campagne se sont ainsi trouvés abandonnés. « Voilà, dit M. de Montlinot, les vrais pauvres de l'administration : mais il faut les honorer, et non les avilir par l'aumône. » Les bornes d'un extrait ne nous permettent pas d'entrer dans le détail du plan qu'il propose de cet établissement, pour les pauvres de la campagne, qu'on nommerait cultivateurs invalides. L'exécution du plan serait un véritable monument de bienfaisance nationale, et prouverait que nous savons honorer l'agriculture ailleurs que dans les livres et les pièces de théâtre.

Ce projet d'un établissement pour les cultivateurs invalides, ainsi que l'idée de la transportation dont nous avons parlé plus haut, semblent avoir été agréés par la section de l'Assemblée nationale qui forme le comité de mendicité. Les membres qui le composent, ont cherché à s'environner des lumières de plusieurs hommes connus (1), parmi lesquels il faut compter M. de Montlinot. Il participe aussi aux éloges que méritent le plan de travail et les trois premiers rapports de ce comité (2). Mais c'est ici qu'on voit ce que peuvent les premiers efforts d'une société de citoyens libres, qui se communiquent leurs pensées. Il ne faut pas oublier que l'écrit de M. de Montlinot, publié cette année, a été composé l'année dernière. On s'aperçoit qu'il a connu la source du mal, mais qu'il n'ose et ne peut la dire; il va jusqu'où l'on pouvait alors. Il a senti, il a établi la nécessité d'élever l'aumône à la qualité de bienfaisance publique. Le comité va plus loin; il prononce nettement que tout homme a droit à sa subsistance; que l'assistance donnée au pauvre n'est pas un simple bienfait, mais une dette de l'état; que la misère du peuple est un tort du gouvernement; enfin qu'il ne s'agit plus de faire

---

(1) M. de la Millière, intendant des hôpitaux; M. de la Rudelle, ancien administrateur de l'hôpital général; M. de Boncerf, connu par des recherches et des ouvrages sur la mendicité; M. Thouret, inspecteur-général des hôpitaux; M. Lambert, inspecteur des apprentis de différentes maisons de l'hôpital général.

(2) Voyez le plan de travail du comité de mendicité et les trois premiers rapports, rédigés par M. de la Rochefoucault-Liancourt, imprimés chez Baudoin, à l'imprimerie nationale.

la charité aux pauvres, mais de faire valoir les droits de l'homme pauvre sur la société, et ceux de la société sur lui. De ce double rapport, le comité a conclu qu'il fallait les considérer dans la constitution; que le soin de veiller à leur subsistance n'est pas, pour la constitution d'un empire, un devoir moins sacré que celui de veiller à la conservation des propriétés du riche. Il faut donc rendre constitutionnelles les lois qui établissent l'administration des secours donnés aux pauvres. La classe indigente de la société étant partie intégrante de la société, la législation qui gouverne cette classe doit faire partie de la constitution : c'était le seul moyen d'empêcher que cette grande idée ne se réduisit à n'être qu'une belle conception de l'esprit, sans application à un empire qui jouit du bonheur d'avoir une constitution. C'est la première fois que les législateurs ont ainsi parlé aux hommes; et nombre de gens, nous ne l'ignorons pas, en concluront qu'il ne fallait pas leur parler ce langage. Il est à croire que la postérité ne sera pas de leur sentiment.

Sur l'ouvrage intitulé : *Prônes civiques, ou le Pasteur patriote;* par M. l'abbé Lamourette. — 1790.

L'ÉCRIT que nous annonçons a des droits à l'attention publique; c'est l'ouvrage d'un théologien ami des hommes, et d'un prêtre qui a de la religion. Une production distinguée de M. l'abbé Lamourette a déjà montré qu'il ne croyait pas la perpétuité de la foi attachée à la perpétuité des bénéfices. Il a pensé que la révolution, qui donnait la liberté à la France, n'était pas moins favorable à la renaissance de l'esprit religieux. Cette conviction lui est commune avec tous les ecclésiastiques vertueux, dont la piété est accompagnée de lumières, et qui ne confondent pas avec l'intérêt de la religion l'éclat mondain de la hiérarchie sacerdotale ; mais tous ne peuvent, comme M. l'abbé Lamourette servir la patrie par un talent aussi rare et aussi précieux. Orateur, philosophe et théologien, il ne sera désavoué que par les docteurs en cette dernière science, ou plutôt en cette dernière faculté, car sa théologie n'est point la leur. Jusqu'à présent, la théologie avait pris constamment le parti des gouvernans contre les gouvernés : elle avait marqué du sceau de la religion dont elle s'était saisie, tous les abus de la puissance ; elle s'était mise au service et aux ordres de la politique, qui, depuis des siècles, n'était plus elle-même que l'art de maintenir le gouvernement, quelque vicieux qu'il pût être. M. l'abbé Lamourette n'a pas cru que ce fût là l'emploi le plus chrétien et la plus belle vocation de la théologie. Il l'a consacrée au service de la religion. Il a vu, dans le christianisme, la perfection de l'ordre ; et dans une constitution faite pour ramener l'ordre, il a vu

l'espérance du retour à la perfection morale et chrétienne. Ainsi, tandis qu'un trop grand nombre de prêtres, ou pervers, ou aveugles, ou hypocrites, cherchent à tourner en fanatisme l'ignorance d'un peuple qu'ils égarent, un vertueux ecclésiastique donne un exemple qui ne sera pas infructueux, en substituant l'esprit de l'évangile à celui d'une théologie esclave du despotisme; et cette distinction entre le christianisme et la théologie, qu'on ne la regarde pas comme une de ces subtilités nées de cet esprit irréligieux tant reproché à notre siècle, de cet esprit philosophique, pour parler le langage de nos adversaires. Voici ce qu'imprimait, il y a plus de trente ans, un homme de génie (1), qui, quoique philosophe, a le plus hautement adhéré aux principaux dogmes du christianisme ; un métaphysicien célèbre qui a tenté de prouver la résurrection des corps ; enfin à qui d'autres philosophes ont reproché de parler trop fréquemment des anges, des chérubins, des séraphins. « On rend un mauvais service à la reli-
» gion, quand on la tourne contre la philosophie;
» elles sont faites pour s'unir : c'est contre la théo-
» logie que la religion doit combattre ; et alors
» chaque combat que livrera la religion, sera une
» victoire. »

C'est donc une victoire que M. l'abbé Lamou-

---

(1) M. Bonnet.

rette fait remporter à la religion sur la théologie, en prouvant que la révolution est, de toutes les vicissitudes, la plus propre à ramener tous les états de la société à la pratique de la morale, et qu'elle doit entièrement renouveler le règne du christianisme. Nous n'insisterons pas sur les preuves philosophiques de cette vérité : mais nous offrirons à l'attention de nos lecteurs celles que l'orateur tire de l'écriture sainte. Après avoir établi que le dieu créateur de l'homme ne l'a pas marqué d'un sublime caractère pour subir l'avilissement de la servitude, après avoir tiré de ce principe les conséquences qui en dérivent, M. l'abbé Lamourette prouve, par les livres saints, que la plénitude du pouvoir absolu entre les mains des rois, est un renversement d'ordre caractérisé dans l'écriture par les traits distinctifs de la gentilité. C'est ce qu'indiquent ces mots si fréquens, *les rois des nations*, que les écrivains sacrés n'emploient jamais sans les rapporter à une des misères de l'idolâtrie. Il cherche et trouve ce même signe d'improbation dans ce fameux discours du prophète Samuel, dont les prêtres catholiques ont souvent fait un usage si coupable; comme si ces mots : *le roi vous ôtera vos fils pour en faire ses serviteurs, etc.*, étaient le titre qui consacre la puissance absolue des monarques ; comme si la menace des abus qu'entraîne le despotisme, était la mesure de ses droits. Enfin il rappelle les termes de l'écriture : *le peuple saint voulut ressembler aux infidèles, et s'écarta des voies du Seigneur;* paroles par lesquelles le passage au régime despotique est marqué comme l'époque d'une grande erreur, une méprise funeste qui ne pouvait rendre les Israélites que plus misérables et plus vicieux.

Les partisans de la royauté absolue appèlent à son secours le précepte que Jésus-Christ fait à tous les enfans de dieu d'obéir aux césars. « Quel
» est, dit l'orateur, l'esprit de ce précepte ? Sa
» doctrine en ce point, mes frères, n'est que
» l'application d'un principe que la nature et la
» droite raison avaient de tout temps révélé aux
» hommes ; c'est que la résistance à l'oppression
» ne peut être que l'ouvrage de quelques hommes;
» et que tout effort pour détruire une fausse auto-
» rité, ne doit procéder que du centre où réside
» la véritable, c'est-à-dire, du corps des sociétés
» et de la volonté des nations ; c'est qu'il importe
» au repos du monde qu'il subsiste une autorité,
» quelle qu'elle soit, dans le sein des empires, et
» que la pire de toutes est encore préférable au
» désordre de l'anarchie et de la licence sans bor-
» nes ; c'est qu'enfin, dans le déclin des états, et
» au milieu des calamités qu'entraînent après eux
» l'orgueil des princes et l'esclavage des peuples,
» l'insurrection ne commence à être légitime qu'au
» moment où elle est un moindre malheur que
» toutes les cruautés et tous les forfaits de la ty-
» rannie.

« C'était dans le même esprit, qu'avant cette
« grande révolution qui prépare votre bonheur,
» et sous le despotisme de ces hommes hautains
» et durs qui disposaient, à leur gré, de votre vie
» et de votre liberté, nous vous exhortions dans
» nos temples à la patience, à l'obéissance et à la
» paix. Nous aurions été des pasteurs séditieux et
» indignes du ministère auguste qui nous était con-
» fié, si nous vous avions adressé un autre langage,
» et que, devant le sanctuaire du dieu de la concorde
» et de la charité, nous nous fussions établis les
» détracteurs de votre gouvernement et de vos
» lois. Nos discours sur ce point si important de
» la morale chrétienne, étaient même d'autant
» plus pressans et plus sincères qu'ils nous étaient
» inspirés par notre amour et par notre tendre
» vénération pour un roi, qui, au milieu de la
» tyrannie que des ministres corrompus et super-
» bes exerçaient sur vous, fut constamment le plus
» juste des princes et le meilleur des hommes. »

L'orateur passant ensuite au prétexte par lequel les ennemis de la révolution couvrent leurs déclamations insensées sur les dangers que court la religion, prouve qu'au contraire c'en était fait d'elle, si l'ancien gouvernement eût duré. Où existait-elle? était-ce chez les oppresseurs? était-ce chez les opprimés? Il met en contraste le luxe des uns, la misère des autres, et considère, quant aux mœurs et à la religion, le double effet de ces deux fléaux. Nous regrettons de ne pouvoir transcrire ce morceau en entier, où se développe tout le talent oratoire de M. l'abbé Lamourette; mais il nous faut absolument réserver une place pour un autre morceau qui, avec le même avantage, a de plus le mérite d'être plus piquant et plus neuf. Nous espérons que c'est un signal de paix entre la religion et la philosophie, qui ne doivent avoir qu'un seul et même but, le bonheur de l'homme et celui des sociétés politiques. Nous plaignons les prêtres capables de calomnier la foi d'un respectable ecclésiastique, qui a osé rendre justice aux philosophes : c'est un désaveu aussi noble qu'éloquent des motifs ridicules ou malhonnêtes, qu'on leur supposait dans les attaques qu'ils ont livrées à la religion. Il faut entendre l'orateur lui-même :

» On croit d'ordinaire que les systèmes irréli-
» gieux qui, depuis un demi-siècle, inondent la
« cité et nos provinces, ne sont que le fruit des
» efforts que le libertinage a de tout temps oppo-
» sés à l'importunité du remords et à la crainte de
» l'avenir; mais l'intérêt du vice n'est que la cause
» subalterne de l'impiété. L'incrédulité systéma-
» tique a sa première origine dans la haine que les
» esprits réfléchis et sensés ont conçue contre une
» théologie qui a consacré la tyrannie, qui a flatté
» l'orgueil des dépositaires du pouvoir, qui a fait
» une loi à tous les peuples de la terre de souffrir
» la servitude, et ouvert l'enfer sous les pieds de
» quiconque oserait dire à son frère : *Soyons libres.*

» Les écrivains qu'on appèle *irréligieux*, n'é-

» taient au fond que des philosophes politiques,
» qui n'avaient d'autre but que de redresser notre
» gouvernement sur les principes imprescriptibles
» et inviolables de la vraie association. Plus ils
» ressentaient d'indignation contre les iniquités et
» les scandales du régime tyrannique qui asser-
» vissait une nation si digne d'être libre et heu-
» reuse, plus aussi ils devaient s'armer de toutes les
» forces de la raison pour combattre tout ensei-
» gnement qui affermissait la puissance des des-
» potes, et entretenait le stupide aveuglement du
» peuple. Si, aux premières époques des réclama-
» tions de la philosophie, et lorsque les saines
» lumières commencèrent d'éclairer l'horizon de
» la France, les ministres de la religion se fussent
» hâtés de régler leur enseignement sur l'esprit de
» la liberté et de la démocratie évangélique ; la
» philosophie, au lieu de se tourner contre la foi,
» en serait devenue le plus inébranlable appui : le
» concert le plus touchant, et le plus redoutable
» pour tous les oppresseurs, se serait établi entre
» les oracles de l'aréopage et les prêtres du temple.
» L'égide de la raison serait venue couvrir le signe
» sacré du christianisme ; et l'on aurait vu le
» flambeau de l'intelligence humaine s'incliner
» devant celui de la révélation, comme devant la
» règle éternelle de toute justice et la source in-
» corruptible de toute sagesse. Mais les ministres
» de l'évangile ont commencé par déclarer, du
» haut de la tribune sainte, une guerre éternelle

» à toute doctrine contraire à leurs intérêts ou à
» leurs préjugés. Ils ont attaché une idée odieuse
» à tout ce que le génie des grands hommes, qui
» ont immortalisé notre siècle, a opposé de lu-
» mières au torrent des erreurs humaines, à l'abus
» de la religion et à l'ascendant des traditions
» théologiques. Ils ont enseigné aux peuples que
» les maîtres et les tyrans de la terre ne tenaient
» leur puissance que du ciel, et que la seule idée
» de lutter contre l'oppression, était un attentat
» contre la divinité. Le sacerdoce, qui devait aux
» hommes des exemples de douceur, de bonté et
» d'humilité, devint intolérant, turbulent et per-
» sécuteur. C'est lui qui a provoqué, contre les
» défenseurs des droits du peuple, les rigueurs de
» l'autorité; c'est lui qui a mille fois fait ouvrir les
» portes d'airain et plonger dans les cachots des
» hommes qui n'avaient que le tort d'avoir tenté
» le rappel de la justice, et le retour à la raison.
» Qu'est-il arrivé d'une conduite si injuste? ce qui
» arrive toujours, lorsque la contradiction est
» brusque et passionnée. Dès que les philosophes
» ont vu les prêtres décidés à incorporer dans
» l'essence de la religion les idées aristocratiques
» de la théologie, ils ont cessé eux-mêmes de dis-
» tinguer l'évangile de la superstition. Plus affec-
» tés du désir de délivrer le monde de ses fers,
» que de la nécessité de respecter des vérités sa-
» crées et mystérieuses, ils ont attaqué tout le
» corps d'une doctrine dont l'abus faisait la force

» des tyrans. Ainsi, un cultivateur voit une plante
» vicieuse qui enveloppe tout le tronc et qui s'est
» enlacée dans tous les rameaux d'un arbre fer-
» tile et salutaire; et après de vains efforts pour
» la séparer de la substance où elle s'est insérée
» et comme confondue, le cultivateur, oubliant de
» quel prix est pour lui l'arbre qu'il se résout d'a-
» battre, s'arme pour la destruction du tout, et
» renverse ce qui est bon pour anéantir ce qui
» est mauvais. »

On ne peut nier que ce ne soit là l'histoire exacte de la guerre entre la religion et la philosophie : il est temps que la paix se fasse, et il est probable que le présage de M. l'abbé Lamourette sera accompli. « Jamais, dit-il, la religion ne fut haïe
» pour ce qu'elle est; elle n'a été combattue que
» pour ce qui n'est pas d'elle : on accusait la phi-
» losophie d'avoir juré la ruine de la religion et
» l'abolition du ministère évangélique, l'extinc-
» tion de tout sacerdoce et de tout culte; on pré-
» disait que, si jamais elle parvenait à s'emparer
» de la force publique, on la verrait proscrire ou-
» vertement le christianisme. Vous avez vu, et
» vous voyez encore aujourd'hui la force publique
» à la disposition de la philosophie; et la philo-
» sophie, loin de tourner sa puissance contre la
» religion, l'emploie tout entière à la régénération
» du christianisme et de son sacerdoce. » On voit que M. l'abbé Lamourette n'a pas changé d'opinion sur l'avantage que la religion tire de la réforme

opérée par la vente des biens de l'église. « Qu'elle
» est donc heureuse, s'écrie-t-il, qu'elle assure un
» grand triomphe à la religion, la nécessité qu'on
» nous impose de renoncer à tout ce qui nous
» fermait vos cœurs, et nous ôtait votre con-
» fiance! etc. »

On voit par les morceaux cités de ces *Prônes*, que le talent de M. l'abbé Lamourette est digne de seconder ses intentions civiques et pieuses. On a trouvé que son style est trop noble, trop soutenu, trop élevé pour des prônes. Ce reproche serait fondé, si ces discours devaient en effet être prononcés dans un auditoire champêtre; mais ce n'a point été l'intention de l'auteur; et plusieurs ouvrages beaucoup plus simples, composés pour cette classe encore si peu éclairée, n'en sont pas entendus. Il faut commencer par instruire ceux qui communiquent avec elle, et qui font passer l'instruction. C'est ce qu'a fait M. l'abbé Lamourette; il a voulu rappeler aux prêtres vraiment religieux qui existent en France, le véritable esprit de l'évangile dans ses rapports à l'union sociale que la constitution vient de renouveler parmi nous. C'est à eux de proportionner ensuite leurs instructions à la portée de ceux qui les reçoivent. Il a voulu surtout faire du christianisme un sentiment actif et pratique; c'est le vœu de tout ce qui existe d'hommes éclairés en Europe. Tous sentent que la théologie est à la religion ce que la chicane est à la justice; enfin que la religion est faite pour l'homme, et non l'homme pour la religion; et pour qu'on ne croie pas que c'est là une idée purement philosophique, appartenant à l'esprit qui domine de nos jours, citons encore ce même philosophe, qui a si souvent combattu l'incrédulité.

» Retenez ceci, dit M. Bonnet (1); Dieu n'est
» point l'objet direct de la religion, c'est l'homme;
» la religion a été donnée à l'homme pour son
» bonheur: toutes les facultés de l'homme ont
» pour dernière fin la société; elle est l'état le plus
» parfait de l'homme. La religion se rapporte donc
» en dernier ressort à la société, comme le moyen
» à sa fin. Des hommes qui seraient fâchés qu'on
» ne leur crût pas une âme raisonnable, pensent
» que la société est faite pour la religion; ils veu-
» lent en conséquence que l'on sacrifie à la reli-
» gion des biens que Dieu avait destinés dans sa
» sagesse au bonheur de la société. La montre
» est-elle pour le ressort? le vaisseau est-il pour
» les voiles? »

---

(1) La différence de communion entre M. Bonnet et les catholiques ne saurait diminuer le poids de son opinion, puisque son église admet quelques-uns de nos mystères les plus impénétrables, auxquels il paraît aussi attaché que peut l'être le catholique le plus croyant.

Sur *la Collection abrégée des Voyages faits autour du monde, par les différentes nations de l'Europe, depuis le premier jusqu'à ce jour*, rédigée par M. Bérenger. (1790.)

C'est un de ces recueils qu'il suffit de dénoncer à la curiosité publique, et qui sont à la fois assurés du débit et du succès. Celui-ci l'est à double titre; par le mérite des ouvrages qu'il rassemble, et par l'avantage de faire suite à différens Recueils de Voyages admis dans toutes les bibliothèques. Cette Collection n'a pour objet que des Voyages autour du globe. Elle en contient vingt-six, depuis celui de Magellaens, en 1519, jusqu'au troisième voyage du capitaine Cook en 1776; espace d'environ cent soixante ans. Parmi ceux qui tentèrent cette grande entreprise, d'abord si prodigieuse, on compte un Portugais, Magellaens; un Italien, Gemelli-Careri; quatre Français, MM. le Gentil, Bougainville, Pagès, Surville; sept Hollandais et dix Anglais : entre les Hollandais, on distingue Le Maire, fameux par la découverte du détroit qui porte son nom; Noort, Rogewin, etc., navigateurs célèbres, mais dont le nom est comme éclipsé par celui des Anglais Drack, Cavendisn, Dampier, Anson, et surtout par celui de l'immortel Cook, qui fit trois fois le tour du globe, et dont les découvertes surpassèrent toutes celles de ses devanciers. On voit que, jusqu'à présent, nul peuple ne put, dans cette carrière, égaler la gloire des

Anglais ; qu'ils sont suivis de loin par les Hollandais ; et qu'enfin à grande distance, un Français osa, vers 1740, tenter une entreprise exécutée par l'Anglais Drack en 1572, c'est-à-dire, depuis plus de cent cinquante ans. C'est que l'activité des Français était, à cet égard, comme enchaînée par leur gouvernement, si peu favorable au progrès des connaissances qu'exige l'art de la navigation. La preuve que la position géographique des deux empires, relativement à la mer, n'était point la seule cause de cette prodigieuse infériorité de la France à l'égard de l'Angleterre, c'est que les Hollandais, dont les côtes sur l'Océan sont si peu étendues en comparaison de celles de la France, se montrèrent presque rivaux des Anglais dans ces glorieuses entreprises. C'était le fruit de la liberté, et pourtant d'une liberté trop combattue et trop imparfaite. Les Français n'ont pas besoin de cette réflexion pour sentir le prix du bien qu'ils viennent de conquérir ; mais il est doux de retrouver partout les effets de cette liberté précieuse, et de se convaincre, de plus en plus, qu'en tout genre elle est la source des talens et des succès.

L'auteur de cette collection, M. Béranger, n'a rien négligé de ce qui pouvait la rendre digne des regards et de l'attention du public. Son abrégé, fait avec précision et avec goût, a rejeté tous les détails inutiles, trop souvent fastidieux dans les relations des voyageurs ; et s'il a supprimé les détails nautiques utiles aux seuls marins, il a conservé soigneusement tout ce qui peut intéresser le philosophe, le naturaliste, l'homme de goût, et tous ceux à qui cette collection est particulièrement destinée.

Sur l'*Histoire de la Sorbonne*, *dans laquelle on voit l'influence de la Théologie sur l'ordre social;* par M. l'abbé DU VERNET (1790).

On peut remarquer, par les deux lignes ajoutées au titre de l'ouvrage, que l'auteur a mesuré d'un coup-d'œil toute l'étendue de son sujet. Il a senti que l'histoire d'une corporation serait d'un intérêt médiocre qui ne suffit plus au public. M. l'abbé du Vernet ne pouvait écrire l'Histoire de la Sorbonne, comme Crevier écrivit, il y a cinquante ans, celle de l'Université; et la différence qui se trouve entre les deux époques, se retrouve aussi entre les deux auteurs. La distance est moins grande entre l'Université et la Sorbonne. Ces deux corps, souvent alliés et quelquefois ennemis, ont jeté l'un et l'autre un grand éclat, ont joui même d'une autorité très-grande, en des temps d'ignorance et de superstition. Le règne de la Sorbonne a duré plus long-temps; et cela devait être; c'est que la superstition survit à l'ignorance, ou du moins à l'ignorance grossière; c'est que les intérêts de la Sorbonne, liés immédiatement à ceux du clergé, devaient paraître unis à ceux de la religion; c'est que les Français, en sortant de la barbarie, s'attachèrent de préférence à la littérature d'agrément, aux arts d'imagination, tandis que le despotisme retenait dans l'enfance la raison des peuples. Il est heureux pour l'humanité que le despotisme n'ait pu soupçonner les rapports secrets qui lient ensemble toutes les connaissances humaines, conduisent de l'une à l'autre, développent en tout sens la raison applicable à tout, et finissent par éclairer d'une lumière égale toutes les parties de l'entendement. Si ces rapports eussent été saisis par les dépositaires du pouvoir, il est probable que les arts d'agrément, au lieu d'être encouragés, seraient devenus odieux aux tyrans de toute espèce, comme l'a quelquefois été la philosophie. Alors un sonnet ou un madrigal eussent obtenu les honneurs de la persécution, comme un système philosophique; et Voiture ou Sarrasin auraient eu la destinée de Bayle et de Descartes.

Mais nous voilà bien loin de la Sorbonne; pas trop pourtant, puisqu'il s'agit de persécution, et qu'en ce genre la Sorbonne a joué un assez beau rôle. C'est ce qu'on verra dans l'ouvrage de M. du Vernet. Les folies, les absurdités, les crimes nés de cette fureur d'argumentation théologique, se trouvent rassemblés sous ce titre *Histoire de la Sorbonne*, à peu près comme on désigne tout un canton par le nom de son chef-lieu. Cette manie des subtilités scolastiques exista dans une antiquité très-reculée. Ce fut la maladie des anciens sophistes de la Grèce. Mais ici se présente une singularité remarquable. Comment, dans la Grèce libre et païenne, où la religion se mêlait à toutes les institutions politiques, comment arrivat-il que les disputes des sophistes, sur tant d'objets qui tenaient à tout, soient toujours ensevelies dans l'enceinte des écoles, sans influer sur les affaires publiques, sans occasionner aucun trouble, sans se mêler aux intrigues de l'ambition ? Et au contraire, dans cette même Grèce soumise au despotisme, sous l'empire d'une religion dont le fondateur a dit *mon royaume n'est pas de ce monde*, d'une religion dont la base est l'oubli ou le mépris des choses terrestres, comment se fit-il que les querelles des sophistes chrétiens aient pris si rapidement une si redoutable importance, se soient associées aux mouvemens de la puissance publique, aient influé plus d'une fois sur le sort des empereurs et de l'empire ? Comment se forma ce rapport nouveau, inconnu à toute l'antiquité, entre les disputes des écoles, entre les orages des cours, entre des vétilleurs et des ambitieux, entre des araignées qui tissent leur toile ou se dévorent dans un coin, et les aigles, ou si l'on veut, les vautours qui se déchirent dans l'air ? L'explication est simple. Les sophistes chrétiens étaient prêtres, du moins pour la plupart. Ce furent eux qui, peu de temps après la naissance du christianisme, le chargèrent de plusieurs dogmes métaphysiques, étrangers à l'évangile, dogmes par qui une religion de paix devient, en peu d'années, une religion de guerre, dogmes par qui les prêtres ramenèrent les chrétiens aux intérêts terrestres dont J. C. avait voulu les détacher. C'était précisément détruire l'esprit du christianisme : mais c'était le détruire au profit des prêtres; car le christianisme (semblable en ce point à la royauté) n'a jamais eu de plus grands ennemis que ses propres ministres. Mais ils voulaient remédier au vice radical qu'ils trouvaient à l'évangile, celui de borner aux biens d'en haut l'influence ecclésiastique. Les biens d'en bas ayant aussi leur valeur, quelle devait être en cette position le chef-d'œuvre de l'habileté sacerdotale ? C'était de rendre temporelle la puissance spirituelle, accordée par le sauveur aux pasteurs de l'église. C'est à quoi l'on parvint en substituant la théologie à la religion, en mettant sous la protection de la foi certaines opinions métaphysiques, transformées adroitement, par les prêtres, en opinions religieuses. On sent combien l'art des anciens sophistes devait être utile à cette opération. Voilà ce qui, dans la Grèce chrétienne et dans Alexandrie, ressuscita, entretint et accrut le goût des subtilités scolastiques, inné chez les Grecs, et alors animé de l'enthousiasme d'une religion nouvelle. Tant que la puissance publique ne s'en mêla point, le mal ne put être que local et particulier. Mais Constantin et ses successeurs ayant été contrains d'entrer dans ces méprisables querelles, sous peine d'être soupçonnés d'indifférence pour la religion, elles prirent une importance qui se répandit jusque sur les théologiens et les rendit redoutables aux empereurs. Les mêmes causes produisirent le même effet dans l'Occident; et semblable à ces maladies qui, plus terribles dans les climats où elles sont transplantées que dans les pays où elles sont habituelles, la théologie parut avoir réservé pour l'église latine, plus ignorante et plus grossière, ses symptômes les plus effrayans. Ce fut un des fruits apportés d'Orient en Europe avec la lèpre, autre conquête des Croisés. C'est vers ce temps que brillèrent en France Abailard, Pierre Lombard, la Porée, et leurs disciples, qui, d'après les Grecs modernes, appliquèrent à la théologie chrétienne les vétilleuses distinctions imaginées par les anciens sophistes. Cette habitude d'escrime scolastique fit naître, dans l'espace de peu d'années, un grand nombre d'hérésies, dont les noms sont ensevelis avec celui de leurs auteurs. La seule qui ait conservé une triste célébrité, est celle des Albigeois, qui entraîna la ruine d'un peuple, et fit établir en Languedoc le tribunal de l'inquisition. Il existait en France plusieurs de ces écoles plus ou moins fameuses, lorsqu'un pauvre prêtre champenois, nommé Sorbon, devint le fondateur d'une école qui les éclipsa toutes. Il obtint de saint Louis, dont la tête était affaiblie par les maladies et les fatigues de la guerre, un emplacement rue Coupe-Gorge, où il rassembla des théologiens qui prirent d'abord le titre de pauvres maîtres. Ils y substituèrent bientôt celui de sages maîtres, préférant, comme de raison, la sagesse à la pauvreté. En peu de temps, cette sagesse de tous valut à plusieurs de magnifiques surnoms; comme ceux d'Angélique, de Séraphique, d'Invincible, d'Incomparable. L'Université les reçut dans son sein; et ce n'était pas un petit avantage. Le chef d'un corps qui avait sous ses ordres trente mille écoliers et qui de plus exerçait, fut-il laïque, le droit d'excommunier, comme le pape et l'évêque de Paris; un tel allié, si puissant et si redoutable, n'était pas à dédaigner, et pouvait appuyer les décrets des sages maîtres. Aussi, dès l'année 1330, se trouvèrent-ils en état de condamner un souverain pontife. Le pape avait eu le malheur de prêcher que la vision des élus et les supplices des méchans dans l'autre monde n'étaient qu'imparfaits. Des supplices imparfaits! voilà de quoi mettre en colère des théologiens du quatorzième siècle, grands amis de la perfection des supplices.

Le scandale fut au comble parmi les *maîtres en divinité*. C'est un autre nom qu'ils se donnaient, pour varier. Ce dernier titre faisait merveille pour le peuple, et annonçait qu'ils en savaient sur dieu tout autant que le pape. C'était le célèbre Jean XXII, alors dans la plus extrême vieillesse. Il n'ignorait pas ce que peuvent les haines théologiques, dont il avait pensé être la victime. Il déclara qu'il n'avait proposé son opinion que par manière de dispute. C'était la terminer ; et certes rien n'était plus sage. Ce qu'il y a de curieux, c'est que le roi de France, Philippe de Valois, apparemment très-versé dans les discussions métaphysiques, mettant de l'amour-propre à l'honneur d'avoir de meilleurs théologiens que le pape, avait pris parti pour sa troupe contre la troupe italienne du pontife. Philippe, en lui envoyant la décision de ses docteurs, lui avait écrit : *Nous châtierons tous ceux qui pensent comme vous et nous vous ferons ardre, si vous ne vous révoquez.* Pape ou sacristain, on ne se fait point *ardre* à 90 ans ; et Jean XXII prit le parti de se *révoquer*, pour mourir tranquille. C'était le bon temps de la Sorbonne et de l'Université. On sait le rôle que jouèrent ces deux corps pendant toutes les guerres des Anglais, entre les factions d'Armagnac et de Bourgogne, qui avaient chacune leurs soldats, leurs théologiens et leurs bourreaux. Au milieu de ces horreurs, la France avait osé, qui le croirait? se soustraire un moment au joug pontifical. Mais le clergé de ce temps était fait pour cette servitude étrangère. L'usage que firent les évêques du droit de conférer les bénéfices, révolta le peuple et les grands. On aima mieux dépendre d'un prêtre italien, que de voir passer les bénéfices à des palefreniers et à des valets. La seconde tentative ne fut pas plus heureuse ; et la France n'en tira d'autre avantage, que d'entendre publier au son de trompe, qu'on ne reconnaissait plus de pape. Le pontificat en fut quitte pour séduire un certain nombre de magistrats et de théologiens, ou pour gagner une des deux factions. Suivant qu'une de ces factions était faible ou triomphante, on prêchait ou on désavouait la doctrine de l'assassinat des rois. La Sorbonne fournissait à tout. C'était de son sein qu'était sorti le docteur Jean Petit, cordelier, grand apôtre de cette doctrine, et le docteur Gerson, qui obtint la condamnation de Petit, et dix ans après fit exhumer son cadavre. On sait qu'elle fut un des premiers corps, qui, après la mort de Charles VI, reconnut pour roi de France le roi d'Angleterre Henri IV.

C'est dans l'ouvrage même qu'il faut lire l'histoire de Jeanne d'Arc, et particulièrement, le détail de son procès. L'indignation qu'excitent ses ennemis et ses juges laïcs, tant étrangers que français, n'approche pas de l'horreur qu'inspire la basse et perfide férocité des prêtres, et surtout des docteurs de Sorbonne. Il faut entendre M. du Vernet lui-même. — « Le bûcher de Jeanne, dit-il, n'était pas encore éteint, que plusieurs juges laïcs désavouèrent cet attentat. « Nous sommes »tous perdus et déshonorés d'avoir brûlé une »femme innocente, s'écria l'un des assesseurs du »bailli de Rouen. » Le bourreau lui-même court se jeter aux pieds d'un confesseur. Il demande pardon à dieu, en versant un torrent de larmes. Pendant ce temps, la Sorbonne rendait grâce au ciel de la mort de Jeanne. L'Université prodiguait les hymnes et les mauvais vers sur cet événement, etc. » Laissons ces atrocités, et arrivons au moment où l'imprimerie, introduite en France, préparait de loin l'instruction qui devait adoucir les mœurs. N'est-il pas remarquable que cette invention, destinée à détruire un jour le despotisme et la superstition dans une grande partie de la terre, ait eu pour appuis, à sa naissance, qui? Louis XI et deux docteurs de Sorbonne?

Ce fut dans l'enceinte de la Sorbonne que furent établies les premières presses. Il fallut les protéger contre la fureur des suppôts subalternes de l'Université, parcheminiers, copistes, relieurs, qui craignaient de mourir de faim. Il est vrai que ces presses servirent comme elles pouvaient servir alors. Elles imprimèrent des légendes, des livres de dévotion, de sorcellerie, de démonographie. Que faire? on débute comme on peut. On commence par *la Fleur des Saints*, et on finit par *le Contrat Social*. Le sort des peuples ne put donc d'abord être amélioré d'une manière sensible. Mais il faut considérer que la presse dut rester, et resta en effet entre les mains de leurs tyrans; et le bien qu'elle devait produire, se trouvait ainsi reculé jusqu'aux générations suivantes. Cependant on peut apercevoir à cette époque une accélération de mouvement dans l'esprit humain, qui se rapporte naturellement à cette cause, du moins comme à la plus puissante et la plus active. Ce fut alors qu'on osa attaquer et rejeter la doctrine d'Aristote, qui régnait dans les écoles depuis plusieurs siècles. Bientôt après, parut Ramus qui, le premier, s'éleva contre le jargon scolastique, contre l'argumentation théologique, cultiva les sciences naturelles autant qu'on le pouvait alors, brava la persécution, la pauvreté, fut l'ami le plus courageux et le bienfaiteur de ses disciples, fut appelé aux places et les refusa, refusa sur-tout celle d'ambassadeur en Pologne, où on voulait l'envoyer pour déterminer l'élection du duc d'Anjou, et dit, en rejetant l'espoir d'une grande fortune présentée à son ambition : *l'éloquence n'est pas mercenaire.* C'est la honte de la Sorbonne et de l'Université, d'avoir persécuté un tel homme, pour avoir été d'une opinion contraire à la leur sur la prononciation des mots *quisquis* et *quanquam*. Ce ne serait pas assez connaître l'esprit humain, de se moquer de ceux qui croiraient que cette dernière querelle a pu, autant que tout autre, être cause de l'assassinat de Ramus dans la journée de la Saint-Barthélemi.

Il ne faut donc pas s'étonner si on retrouve dans nos guerres de religion, et surtout dans celles de la ligue, toutes les fureurs des siècles précédens. C'était l'instant du combat entre l'ignorance absolue et la raison naissante, mais égarée. La superstition violemment attaquée, mais attaquée par des ennemis superstitieux eux-mêmes, redoublait d'efforts pour repousser ses adversaires. La cour de Rome essayait de ressusciter les maximes ultramontaines, sur le détrônement et sur l'assasinat des rois. Le chancelier de L'Hospital avait eu bien de la peine à obtenir la rétractation de la Sorbonne sur une thèse de cette espèce ; et quelques historiens assurent que cette rétractation ne fut prononcée que par le bedeau. Les papes purent voir, et virent en effet par-là le parti qu'on pouvait tirer de la Sorbonne. Aussi devint-elle naturellement le berceau de la ligue. Là, dans la chambre du docteur Bouchet, se forma le comité secret d'où partirent toutes les décisions importantes, où se fabriquèrent les décrets qui dégradèrent Henri III, qui proscrivirent Henri IV. Là, furent nommés et choisis les *seize* à qui l'on confiait la surveillance sur les différens quartiers. Là, se rendait le duc de Guise, qui ne dédaigna pas même de paraître publiquement en Sorbonne.

Ce qui rendait tous ces docteurs si redoutables, c'est que plusieurs étaient curés de Paris. L'exécution du projet devenait l'intérêt principal de ceux qui l'avaient conçu. C'est ainsi que les destins de la France se balancèrent plusieurs années entre le Vatican, l'Escurial et la Sorbonne. Les thèses séditieuses ne cessèrent même pas, après que Henri IV eut daigné se faire absoudre à Rome. Le docteur Rose, condamné à l'amende honorable, reçut son arrêt avec une insolence qui montrait à la fois combien il avait de partisans dans son corps, et combien ce corps était encore puissant. Henri iv ne l'ignorait pas; et c'est ce qui le justifie d'avoir refusé de prendre un parti violent, soit contre le saint siége, soit contre les jésuites, soit contre les docteurs les plus séditieux et les plus coupables. Il connaissait la faiblesse de Rome ; il savait que le pape s'était hâté de lui donner l'absolution, quand sa sainteté avait cru que l'on songeait à s'en passer ; il pouvait laisser subsister l'arrêt qui bannissait les jésuites du royaume ; on le lui conseillait ; on lui parlait d'établir en France un patriarche. Les refus du roi l'ont fait accuser de faiblesse par plusieurs historiens : reproche injuste ! Henri iv jugeait l'esprit de la nation ; il voyait que le fanatisme la dominait encore ; il savait que le peuple est ennemi de la raison, jusqu'au moment où il est assez éclairé pour en devenir le défenseur; que la Sorbonne et les jésuites, autrefois ennemis, s'étaient réconciliés ; que les jésuites, qualifiés par la Sorbonne, de *bâtards*, de *scélérats* et d'*infâmes*, lorsqu'à peine institués, ils ne pouvaient être coupables, avaient été déclarés des *hommes illustres et respectables* depuis qu'ils avaient prêché le régicide. Enfin, Henri iv voyait que, pour un trop grand nombre de Français, le pape et le christianisme était une seule et même idée; qu'être chrétien apostolique et non romain, paraissait alors impossible. Il n'osa risquer une démarche aussi hasardeuse ; et le poignard d'un monstre prouva, pour le malheur des peuples, que le roi ne s'était point trompé. Depuis sa mort, ce même esprit parut plus d'une fois subsister encore dans la Sorbonne ; mais il ne s'y manifesta plus avec la même audace. C'étaient des symptômes équivoques, et qui n'étaient remarqués que des connaisseurs. C'était le silence gardé sur le livre de Mariana, sur d'autres ouvrages où l'on célébrait Jacques Clément et d'autres assassins des rois ; tandis que ce même corps condamnait *la Sagesse de Charron*, livre excellent, que n'ont pu faire oublier tant de livres de morale écrits depuis cent cinquante ans. En cette occasion, le parlement fut très-supérieur à la Sorbonne, grâce au président Jeannin, qui, secondé de quelques hommes instruits et lettrés, sauva cette flétrissure à la mémoire de Charron, ou plutôt au parlement lui-même.

Dans cet amas d'atrocités absurdes qui composent l'histoire de ce temps, parmi cette foule de fanatiques, dont les portraits forment une galerie odieuse, fatigante pour la vue, les yeux se reposent avec plaisir sur l'image d'un homme vertueux et d'un prêtre citoyen. M. l'abbé du Vernet s'est plu et a dû se plaire à rappeler un nom respectable et presque oublié. C'est celui de Richer, docteur de Sorbonne, parvenu au syndicat perpétuel par ses vertus, qui lui attirèrent une longue persécution. Nous avons parlé des tentatives de la cour de Rome, pour remettre les rois dans sa dépendance, et accréditer de nouveau les anciennes maximes pontificales : ses efforts redoublèrent après la mort de Henri IV, sous le gouvernement faible de Marie de Médicis. Un nouveau nonce du pape, légat en France, les cardinaux de Joyeuse et du Perron, un grand nombre d'archevêques et d'évêques, les jésuites, une grande partie du clergé séculier et régulier, s'étaient réunis pour le succès d'une confédération, qui tendait à faire du royaume de Louis XIII un pays d'obédience. Un seul homme brisa cette trame si habilement et si fortement ourdie ; ce fut Richer. Il eut l'adresse de faire renouveler à propos la condamnation de cette doctrine perverse, d'empêcher l'admission des jésuites dans l'université, de rallier à lui tous les bons citoyens ; enfin il composa un petit livre intitulé *de la Puissance ecclésiastique et politique*, ouvrage qui anéantissait les prétentions ultramontaines. Richer devint dès-lors un objet d'horreur pour le pape et pour les cardinaux français dévoués au saint siége.

Croira-t-on que le pape osa mépriser assez la cour de France, pour lui faire demander officiellement qu'on lui livrât Richer, qu'il voulait faire juger à Rome par l'inquisition ? Croira-t-on qu'il se tint à la cour plusieurs conseils pour agiter cette question, et que plusieurs membres votèrent pour cette indignité ? N'est-ce pas une chose curieuse de voir, au dix-septième sciècle, un prêtre français, du Perron, parvenu aux grandes dignités de son pays par les grâces de la cour, aller, en qualité de cardinal, demander à cette même cour qu'on livrât à un prince étranger un citoyen vertueux, un sujet fidèle, coupable d'avoir défendu les droits de la royauté, les prérogatives de la couronne et l'inviolabilité de la personne des rois? Rien n'étonne après une telle insolence. Mais on peut s'indigner de voir le pape hasarder l'enlèvement de Richer. On s'indigne de voir cet enlèvement près d'être effectué au milieu de Paris, par d'Epernon, couvert lui-même des bienfaits de Henri III et de Henri IV. Quel intérêt pouvait engager ainsi un Français du premier rang à se déshonorer par une telle bassesse? le chapeau de cardinal promis à la Valette, fils du duc d'Epernon. Le garde des sceaux, du Vair, magistrat jadis intègre, fut prié de faire cesser cette persécution à l'égard d'un citoyen qu'il estimait. Sa réponse fut que Richer ne devait *pas être plus sage que le temps*. Quel intérêt dictait cette lâche réponse? l'espoir du chapeau qu'ambitionnait du Vair, déjà évêque de Lisieux.

Voyons la suite, et continuons d'admirer les effets du chapeau. Plusieurs années se passent, et Richelieu parvient à la toute-puissance; Richelieu, cet homme si haut, par qui l'autorité royale était devenue arbitraire, et qui rapportait tout à la splendeur du trône; eh bien! il se rend complice de ceux qui veulent l'avilir; il s'engage à obtenir la rétractation de Richer. Après avoir inutilement employé la séduction, il a recours à la violence : quel motif l'animait? toujours le chapeau. Cependant Richelieu était déjà cardinal. Oui; mais il avait la noble ambition d'habiller de rouge, comme il l'était lui-même, un imbécille frère, chartreux jadis, alors décloîtré, et devenu archevêque de Lyon, par la grace de son aîné. C'est pour cela qu'il faut faire sa cour au pape, dégrader la couronne de son roi, faire inviter à dîner chez le père Joseph un vieillard vertueux, défenseur des droits du trône, le faire saisir au sortir de table par des hommes armés, et lui arracher, le poignard sur la gorge, une rétractation forcée, faiblesse qui en peu de mois le conduisit au tombeau, accablé de honte et de remords.

> Voyez combien voilà de choses enchaînées
> Et par la *barette* amenées !
>
> LAFONTAINE.

Observons que, dans cette infamie du père Joseph, il y avait encore du chapeau pour le compte du moine qui voulait être cardinal. Telles étaient les causes secrètes, et alors ignorées, d'une trame ourdie, au nom de la religion, par deux hommes, dont l'un, après avoir le matin accepté la dédicace d'un livre de dévotion, faisait agiter le soir, dans sa maison de Ruel, une question de galanterie, une thèse d'amour; et dont l'autre, capucin voluptueux, dictait, au sein des délices du siècle, les statuts d'un ordre religieux très-sévère (les Annonciades) dont il était le fondateur. Il est instructif, il est philosophique de se représenter ce cardinal et ce moine, confidens et complices en intrigues, en voluptés, en vengeances sacerdotales, en atrocités ministérielles, causant familièrement à table du supplice d'Urbain Grandier, de Marillac, et *tutti quanti*, des charmes de Marion de Lorme, de Ninon de Lenclos et *tutte quante*. Ces deux prêtres trouvaient sans doute que tout allait le mieux du monde, et surtout que les Français d'alors étaient de fort bonnes gens.

Le temps n'est plus de semblables pratiques.

Voilà donc comme les rois étaient servis aux temps qu'on voudrait leur faire regretter, et qu'on leur représente comme la plus brillante époque de leur puissance et de leur grandeur.

Ce qui surprend sans cesse dans la lecture de cet ouvrage, c'est la protection et souvent la faveur royale accordées à des monstres qui ont prêché le détrônement, l'assassinat, l'empoisonnement des rois. On en trouve vingt exemples depuis Saint-Thomas-d'Aquin, fort attaché à ce dogme du meurtre des rois, jusqu'au jésuite Moya, confesseur d'Anne d'Autriche. Celui-ci établissait, dans un opuscule théologique, qu'il était permis d'assassiner ses ennemis en cachette, *quand on ne pouvait faire mieux*. Et ce monstre en fut quitte pour voir son livre condamné en Sorbonne; et il continua de jouir de son crédit attaché à sa place, de calomnier, auprès de la reine sa pénitente, les honnêtes gens qui détestaient ces maximes, et les écrivains qui les dévouaient à l'exécration publique. C'est ainsi que le cardinal du Perron allait perdre l'avocat-général Servin, en le représentant comme un sacrilège qui voulait qu'on violât le sacrement de la confession, dont le secret fait la base. Servin, mandé à la cour, répondit aux reproches de la reine, en montrant le *Directoire des inquisiteurs*, de 1585, qui contient la forme dont, à l'inquisition, on procède contre les rois, et la manière secrète dont on peut leur ôter la vie. La cour frémit en lisant ces horreurs, et remercia Servin.

Cette conduite de la Sorbonne, sous le syndicat de Richer, est le beau moment de cette société; c'est une époque honorable pour elle. Elle parut encore s'en souvenir en 1664, lorsqu'elle condamna un livre de jésuite, qui établissait encore ces maximes de suprématie pontificale. Le jugement de la Sorbonne déplut au pape Alexandre VII. Le pontife adressa à Louis XIV un bref, où il lui demanda la suppression de ce décret. Ce bref, jugé scandaleux, fut condamné par le parlement; l'avocat-général Talon composa un réquisitoire où il passait en revue les excès de Rome, et donnait une liste des papes qui avaient erré dans la morale et dans la foi. Louis XIV avait alors vingt-six ans. Il aurait pu à cet âge apprendre à se défier des bulles pontificales. Il aurait dû se souvenir de celle-ci quarante ans après, lorsque le saint siège lui dépêcha la bulle *Unigenitus*, qui bouleversa son royaume, et à laquelle il ne put jamais rien comprendre, comme il l'avoua lui-même en mourant.

Nous n'irons pas plus loin, et nous laisserons la Sorbonne dans sa gloire. Après des papes condamnés ou protégés, après des rois détrônés, dégradés, réintégrés, qu'est-ce, pour un corps si célèbre, qu'est-ce que sa querelle avec Saint-Cyran, avec Arnaud même ? Qu'est-ce que la décision de la Sorbonne sur les visions de Marie Agreda, historienne de la sainte vierge, en huit gros volumes, condamnée à Paris et canonisée à Rome ? Qu'est-ce que la tracasserie faite à la mémoire de Descartes, au lieu d'une bonne persécution qu'il aurait pu éprouver de son vivant, mais à laquelle il sut échapper par ses amis et par sa volonté connue, feinte ou simulée, de dédier à la Sorbonne son livre intitulé *les Méditations?* Nous n'oserons pas parler avec cette légèreté des querelles du jansénisme. Elles ont occupé trop de grands hommes ; elles ont fait écrire trop de gros volumes au célèbre Arnaud, homme de génie, né pour éclairer son siècle bien plus que pour écrire, comme il l'a fait victorieusement contre M. l'abbé Picoté. On rit en songeant à la célébrité que ces querelles donnèrent à de certains personnages ;

c'est un amusement de voir quel respect ils s'attiraient de la part de nos plus grands hommes. Racine, couvert de gloire, et revenu aux illusions du jansénisme, après avoir abjuré celles du théâtre; Racine a écrit ces mots, *l'illustre Tronson, le grand Petitpied* (c'étaient des docteurs de Sorbonne) : et l'année suivante, il composa Athalie. Il y a place pour tout dans l'homme.

Ce serait supposer à nos lecteurs un goût excessif pour le ridicule, que de leur offrir le résultat des décisions de la Sorbonne, dans les procès portés depuis cent ans à cet auguste tribunal ; nous n'en citerons qu'un exemple ; la dispute des récollets et des jésuites, au sujet des Hurons et des Iroquois, incapables, selon les récollets, de comprendre la transubstantiation, et selon la partie adverse, très-capables de la bien concevoir, si les récollets s'y fussent bien pris : question importante, très-bien résolue par la Sorbonne, en décidant que, *pour être admis au baptême, il faut au moins la connaissance implicite de ce qu'on reçoit.* Rien de plus clair : aussi tout le monde fut-il content. Même sagacité, même force de jugement dans la décision du procès des jésuites et des dominicains sur la croyance religieuse des Chinois ; affaire qui ressortissait évidemment du tribunal de la Sorbonne, et dont le succès dut inquiéter beaucoup la cour de Pekin. Quant à la bulle *Unigenitus*, on sait que cette bulle, admise sous Louis XIV, rejetée sous la régence, fut admise de nouveau sous Louis xv, à la satisfaction du docteur Grand-Colas, qui se fit alors un nom immortel. M. du Vernet s'est contenté de donner un court précis de cette grande affaire, n'ignorant pas que toutes ces merveilles forment une partie essentielle de l'Histoire de France. On a dit que l'Histoire d'Angleterre, dans un certain période, devait être écrite par le bourreau. Ce même historien aurait bien droit à composer aussi quelques chapitres dans celle de France; mais il faut convenir que, pour une grande moitié de cette histoire, il pourrait remettre sa plume à Rabelais. Il paraît que telle était l'opinion de Rabelais lui-même, si l'on en juge par les allusions fréquentes aux événemens dont il était le témoin. Mais son véritable lot était l'Histoire de la Sorbonne; aussi montre-t-il un grand respect pour les jugemens de ce corps, et s'en rapporte-t-il à ses lumières dans les affaires embarrassantes qui surviennent à Pantagruel. M. l'abbé du Vernet, moins gai, sans être moins philosophe que Rabelais, a mis heureusement en valeur un grand nombre de ridicules que son sujet lui présentait; mais il paraît quelquefois embarrassé de leur multitude, et l'abondance des biens lui a peut-être nui vers la fin de son ouvrage. C'est que l'ouvrage devenait moins susceptible de variété; c'est que, depuis la mort de Louis xiv, l'importance de la Sorbonne a diminué par degrés, et a fini par disparaître. On croit voir un fleuve qui, après des débordemens et des ravages, finit par se perdre dans des sables. En effet, dans l'espace d'environ quatre-vingts ans, l'Histoire de la Sorbonne n'offre presque rien de sérieux, si ce n'est le don fait par elle à Louis XIV de toutes les propriétés de ses sujets. Ceci passe la raillerie. Heureusement, le roi ne se prévalut point de cette libéralité, et se contenta modestement de l'impôt du dixième : il croyait même, avant la consultation, n'avoir pas le droit d'y prétendre; mais la Sorbonne leva ses scrupules, *et fit pécher son maître en conscience.*

Cet ouvrage, achevé il y a plus de quinze ans, et qui fait beaucoup d'honneur au talent de M. l'abbé du Vernet; cet ouvrage, encore utile à présent, eût été d'une utilité beaucoup plus grande, s'il eût paru au moment où il fut composé. Ainsi, la persécution qui conduisait l'auteur à la Bastille, lui a dérobé une partie de sa gloire, et sans doute la plus précieuse à ses yeux, celle d'avancer la victoire de la raison et la ruine des préjugés nuisibles à la société. Il eût déterminé cette victoire qu'il rend aujourd'hui plus complète. Il porte les derniers coups à l'ennemi qu'il aurait alors terrassé. Son livre est l'abrégé des annales du fanatisme, du moins en France. C'est l'extrait mortuaire de la théologie, rendu public à la renaissance du vrai christianisme, de la liberté et des principes utiles au bonheur des hommes.

Entraînés par les choses, nous nous sommes peu occupés du style, quelquefois pénible et incorrect, mais souvent vif, piquant et animé. Plusieurs morceaux annoncent un élève et un heureux imitateur de Voltaire, dont M. du Vernet a été l'historien, après en avoir été l'ami (1).

Sur les *OEuvres de Jean Law, contrôleur-général des finances sous le Régent;* contenant les principes sur le numéraire, le commerce, le crédit et les banques, avec des notes. — 1791.

Les objets traités dans ce recueil deviennent de jour en jour d'un intérêt plus général, et la classe d'hommes qui s'en occupent devient aussi plus nombreuse ; cet ouvrage ne saurait donc manquer d'être recherché par ceux qui se livrent aux spéculations de ce genre. Il est difficile d'avoir un meilleur maître que Jean Law. On convient maintenant que cet homme, qui a ruiné la France, était doué d'un génie à la fois très-profond et très-étendu. Appliqué de bonne heure à cette science déjà très-avancée en Angleterre par

---

(1) M. l'abbé du Vernet va publier une seconde édition de la *Vie de Voltaire*. La première a paru sous un régime peu favorable à de certains développemens. Il n'est pas impossible que la censure ait gêné l'auteur, et qu'il se soit souvenu de la Bastille. On pourra comparer les deux éditions, les deux manières, les variantes. Rien n'est plus propre à former le goût, comme on dit, et surtout le jugement.

les écrits de Locke, Davenant, Child, et plusieurs autres, Law s'était montré l'élève et le rival de ces hommes célèbres. Il avait été devancé en France par cette réputation, et ce fut elle qui lui donna d'abord accès auprès du régent. Il paraît que les fautes qui perdirent le système, la banque et l'auteur, étaient toutes contre ses principes, et même contre sa volonté. Mais on sait qu'il ne fut pas long-temps maître absolu, qu'il eut souvent la main forcée, et qu'il fut entraîné par-delà ses mesures; c'est ce qui ne surprendra pas dans une cour telle que celle du régent, gouverné par l'abbé Dubois.

Quoi qu'il en soit, son ouvrage sur le numéraire et sur la banque d'Écosse, le principal de ceux qui sont contenus dans ce volume, s'est soutenu malgré la catastrophe du système, et a conservé en Europe la célébrité qu'il obtint à sa naissance. Il est regardé comme un livre classique. Il s'en fit à Londres une édition nouvelle en 1751, qui donna lieu à plusieurs traductions françaises. La meilleure est insérée dans le livre de M. Forbonnais, sur les finances. Celle qui se trouve dans le recueil que nous annonçons, est accompagnée de notes très-instructives.

Le reste du recueil est composé d'une suite de mémoires et de lettres adressées au régent, prince rempli, comme on sait, d'esprit et de pénétration; mais qui, étranger à des spéculations si nouvelles pour lui et même pour la nation entière, avait besoin d'instruction. Il savait en demander. Il proposait ses doutes à Law : celui-ci les éclaircissait sur-le-champ. C'est donc dans cette suite de lettres et de mémoires, que le lecteur s'instruira comme le prince. On conçoit que Law ne négligeait rien pour être entendu et rendre l'instruction plus facile.

Elle le deviendra encore davantage pour le lectenr, par le soin qu'a pris l'éditeur de mettre à la tête du recueil un excellent discours préliminaire, ouvrage d'une main habile et exercée, sur le crédit et sur les banques. L'auteur s'est attaché à être plus simple encore, plus élémentaire que Law lui-même. On ne peut que lui applaudir de vouloir bien descendre et se mettre à la portée du plus grand nombre de ses lecteurs ; tous n'ont pas la perspicacité du régent ; et la science dont on traite ici, est trop peu avancée pour qu'on puisse négliger d'en rendre les premiers élémens simples et faciles. Il observe qu'à cet égard nous sommes à cent ans des Anglais ; et il en trouve la preuve dans plusieurs préjugés encore subsistans parmi nous, et détruits en Angleterre depuis plus d'un siècle.

L'auteur de ce discours préliminaire paraît doué de cet esprit philosophique, qui, en approfondissant son sujet, indique rapidement des rapports nouveaux avec d'autres objets qu'il ne peut ou ne doit pas approfondir. Il sait ainsi jeter du jour sur des questions intéressantes qu'il se contente d'effleurer. C'est principalement dans les notes de son discours préliminaire qu'on trouve plusieurs de ces heureuses indications ; nous voudrions pouvoir en citer quelques exemples, mais la plupart sont de nature à ne pouvoir être isolés. En voici une qui peut l'être ; et sa singularité, qui montre le tour d'esprit de l'auteur, la rendra remarquable et la fera lire avec plaisir.

On a dit et répété souvent que les succès à la guerre appartiennent à celui qui a le dernier écu ; et l'on a eu raison. Mais il n'est pas clair qu'on ait employé les écus le mieux possible. Par exemple :

« On entretient en France une armée qui coûte cent millions par an ; c'est deux milliards pour vingt ans.

» Nous n'avons pas plus de cinq ans de guerre chaque vingt ans ; et cette guerre, en outre, nous met en arrière d'un milliard au moins.

» Voilà donc trois milliards qu'il nous en coûte pour guerroyer cinq ans. Quel en est le résultat? car le succès définitif est incertain.

» Avec bien du bonheur, on peut espérer de détruire cent cinquante mille ennemis par le feu, le fer, l'eau, la faim, les fatigues, les maladies, etc. Ainsi la destruction directe ou indirecte d'un soldat allemand, nous coute vingt mille livres, sans compter la perte sur notre population, qui n'est réparée qu'au bout de vingt-cinq ans.

» Au lieu de cet attirail dispendieux, incommode et dangereux d'une armée permanente, ne vaudrait-il pas mieux en épargner les frais et acheter l'armée ennemie, lorsque l'occasion s'en présenterait ? Le chevalier Guillaume Petit estimait un homme 480 livres sterling. C'est la plus forte évaluation, et ils ne sont pas tous aussi chers, comme on sait. Mais enfin, il y aurait encore moitié à gagner en finance, et tout en population ; car pour son argent, on aurait un homme nouveau, au lieu que, dans le systême actuel, on perd celui qu'on avait, sans profiter de celui qu'on a détruit si dispendieusement. »

Cette idée rappelle un trait connu de la plupart de ceux qui ont eu l'avantage de vivre avec le célèbre Francklin. Il racontait, qu'à son dernier voyage à Londres, et peu de temps avant la guerre, il avait mandé à ses commettans : « Calculez en
» conscience les sommes que peuvent vous coûter
» la guerre, et envoyez-moi seulement la moitié
» de ces sommes ; je vous promets d'en acquérir
» votre indépendance, en achetant tout le parlement
» et le roi lui-même. Il est même vraisemblable
» que, du surplus, je pourrai me faire de bonnes
» rentes, si vous permettez que j'en dispose. » C'est dommage que la proposition n'ait pas été acceptée. Outre l'économie du sang humain, qu'il faudra bien tôt ou tard compter pour quelque chose, l'Angleterre et la France y eussent épargné cinq ou six milliards, et le succès de cette négociation eût fait prendre un tour nouveau à la politique européenne, qui a grand besoin d'être un peu rajeunie.

Sur l'Ouvrage intitulé : *Observations faites dans les Pyrénées*, pour servir de suite à des *Observations sur les Alpes*, insérées dans une traduction des *Lettres de W. Coxe, sur la Suisse.* — 1791.

On se rappelle le succès mérité des lettres de M. William Coxe sur la Suisse, et le succès non moins grand des observations faites dans le même pays par le traducteur, M. Ramond. Elles jetèrent un nouvel intérêt sur un ouvrage déjà si intéressant par lui-même. Les remarques ne furent pas moins recherchées que le texte ; elles ne lui furent inférieures en rien, et parurent supérieures en beaucoup de choses. Il faut tout dire, M. Coxe, quoique très-riche, semble quelquefois l'être un peu moins auprès de son opulent assosié. M. Ramond peint à grands traits la nature que M. Coxe se contente de décrire ou de dessiner. L'un se borne à vous communiquer ses pensées, et l'autre vous prodigue, avec ses pensées, l'abondance des sentimens qui les embellissent. L'un est un compagnon aimable ; mais l'autre devient un ami dont on a peine à se séparer. A ce mérite de plaire et d'intéresser toutes les classes de lecteurs, mérite si rare et si décrié par les savans qui en sont dépourvus, M. Ramond associait des connaissances qui ont droit à leur estime et à leurs suffrages. Il présentait des vues neuves sur les montagnes et sur les glaciers ; et l'on a plus d'une fois entendu à M. de Buffon que la manière dont M. Ramond avait présenté certains phénomènes des glaciers des Alpes, avait apporté du changement dans la manière dont il les considérait auparavant.

L'ouvrage que nous annonçons peut être condéré comme la suite du premier, et le développement des idées qui avaient si vivement frappé M. de Buffon. Le système de l'auteur se montre ici dans toute son étendue, comme son talent s'y montre dans sa plénitude, et enrichi des connaissances en tout genre, acquises pendant plusieurs années, depuis la publication de son premier ouvrage. C'est avec cet accroissement de connaissances en physique et en histoire naturelle, qu'il a voyagé dans la partie centrale et supérieure des Pyrénées. M. Ramond est le seul jusqu'à présent qui ait eu occasion de les comparer avec les Alpes. « J'y ai voyagé, dit-il, comme dans celles-là, à pied, seul, et me livrant sans réserve à leurs habitans. Ainsi, me trouvant dans une condition pareille, j'ai pu comparer ces monts entre eux, sous les mêmes rapports et avec cette conformité de vues qui résulte de la similitude des situations. »

» Dans ce voyage, je crois avoir vu des objets qui n'avaient point été vus, ou n'avaient point été décrits. J'ai rectifié quelques-unes de mes idées, j'en ai généralisé d'autres; et j'ai trouvé, dans la comparaison, des avantages et des plaisirs que je voudrais faire partager. Cette esquisse de la partie centrale des Alpes, rendra mon premier ouvrage moins imparfait, de tout ce dont mes propres idées sont moins imparfaites. »

L'auteur a soumis son ouvrage au jugement de l'académie des sciences, qui ne s'est pas bornée à une simple approbation. MM. de Dietrich et d'Arcet, savans distingués par leurs connaissances en physique, chimie, minéralogie, ont inséré, dans leur rapport, un extrait dont il suffira de citer ici quelques passages.

« Cet ouvrage est fait par un observateur, accoutumé à peindre les grands objets de la nature, auquel aucune science n'est étrangère, qui avait bien étudié les Alpes, et qu'aucun péril n'a arrêté. La chaleur et la vérité de ses descriptions, et la variété de ses observations, inspirent aux lecteurs de toutes les classes un intérêt qu'ils trouveront rarement dans les ouvrages qui traitent de pareils objets; il les amene par degrés, et sans le leur faire pressentir, aux discussions les plus sérieuses et les plus importantes; et des observations, qui d'abord ne paraissent que locales et purement géographiques, le conduisent à des résultats qui lui appartiennent tout entiers. »

MM. de Dietrich et d'Arcet indiquent ici plusieurs de ces résultats sur la disposition des végétaux, au penchant des montagnes, disposition relative à la température de leurs différentes zones; sur la hauteur des différens monts, comparés entre eux et avec ceux des Alpes ; sur la formation des bassins au point de réunion des torrens ; sur le caractère distinct de la roche qui forme chacun de ces sommets; sur la différence de l'escarpement de ces montagnes au midi et au nord ; sur leur inflexion plus rapide et plus brusque du côté de l'Espagne que du côté de la France, etc.

« M. Ramond, poursuivent-ils, fixe l'état des glaces des Pyrénées. A peine croyait-on, avant lui, qu'il existât des glaciers dans ces montagnes; les considérations qu'il présente sur l'étendue de ces glaciers, comparés à celle des glaciers des Alpes, forment une des parties les plus intéressantes de l'ouvrage: elles nous ont paru absolument neuves. »

Tel est le témoignage rendu par MM. de Dietrich et d'Arcet à l'ouvrage de M. Ramond, et que l'académie a confirmé en le faisant imprimer sous son privilège. Les examinateurs nommés par elle ont cru devoir n'insister que sur les objets dont elle était plus immédiatement juge; mais en faisant entendre que cet ouvrage a droit d'intéresser les lecteurs de toutes les classes, son jugement peut être regardé comme une prédiction.

La richesse, la variété des descriptions de tout genre suffirait presque pour le recommander au grand nombre de ceux qui, dans leur lecture, ne cherchent que l'amusement. La peinture des délicieuses vallées de Campan, de Bagnères, celles des environs de Tarbes, de Pau, des sites sauvages ou terribles, quelquefois auprès d'un paysage enchanteur; Gavarnie, sa cascade, son pont de neige, ses vallées et ses précipices; le Marboré, et ses glaciers; tant de phénomènes intéressans que les montagnes offrent à chaque pas; quelle riche moisson pour un homme observateur, poète et peintre, également doué d'imagination et de sensibilité, et chez qui toutes deux se réveillent l'une par l'autre! Un seul morceau, parmi tant d'autres que nous pourrions choisir, suffit pour donner l'idée du talent de M. Ramond: c'est la peinture des sensations qu'éprouve l'auteur au retour d'une course à Gavarnie, au coucher du soleil.

« A chaque pas, je sentais changer la température. Du haut du rocher à Gavarnie, j'avais passé de l'hiver au printemps. De Gavarnie à Gedro, je passai du printemps à l'été. Ici, j'éprouvais une chaleur douce et calme. Les foins nouvellement fauchés, exhalaient leur odeur champêtre. Les plantes répandaient ce parfum que les rayons du soleil avaient développé, et que sa présence ne dissipait plus. Les tilleuls tout en fleurs embaumaient l'atmosphère. La nuit tombait, et les étoiles perçaient, successivement et par ordre de grandeur, le ciel obscurci. Je quittai le torrent et le fracas de ses flots, pour aller respirer encore l'air de la vallée et son parfum délicieux. Je remontai lentement le chemin que j'avais descendu, et je cherchais à me rendre compte de la part qu'avait mon âme dans la sensation douce et voluptueuse que j'éprouvais. Il y a je ne sais quoi dans les parfums, qui réveille puissamment le souvenir du passé. Rien ne rappelle à ce point des lieux chéris, des situations regrettées, de ces minutes dont le passage laisse d'aussi profondes traces dans le cœur, qu'elles en laissent peu dans la mémoire. L'odeur d'une violette rend à l'âme la jouissance de plusieurs printemps. Je ne sais de quels instans plus doux de ma vie le tilleul en fleurs fut témoin; mais je sentais vivement qu'il ébranlait des fibres depuis long-temps tranquilles; qu'il excitait d'un profond sommeil des réminiscences liées à de beaux jours. Je trouvais, entre mon cœur et ma pensée, un voile qu'il m'aurait été doux, peut être.... triste, peut-être.... de soulever. Je me plaisais dans cette rêverie vague et voisine de la tristesse, qu'excitent les images du passé ; j'étendais sur la nature l'illusion qu'elle avait fait naître, en lui alliant, par un mouvement involontaire, le temps et les faits dont elle suscitait la mémoire, je cessais d'être isolé dans ces sauvages lieux : une secrète et indéfinissable intelligence s'établissait entre eux et moi ; et seul sur les bords du torrent de Gedro, seul, mais sous ce ciel qui voit s'écouler tous les âges et qui enserré tous les climats, je me livrais avec attendrissement à cette sécurité si douce, à ce profond sentiment de co-existence qu'inspirent les champs de la patrie. Invisible main qui répands quelques doux momens dans la vie, comme ces fleurs dans un désert, sois bénite pour ces heures passagères, où l'esprit inquiet se repose, où le cœur s'entend avec la nature, et jouit ; car *jouir* est à nous, êtres frêles et sensibles, que nous sommes, et *connaître* est à celui qui, en livrant la terre à nos partages et l'univers à nos disputes, étendit entre la création et nous, entre nous et nous mêmes, la sainte obscurité qui le couvre. »

Il nous semble que ces deux pages, écrites dans les Pyrénées, pouvaient être datées du Valais, et qu'elles ne dépareraient pas une lettre de Saint-Preux à Julie. On voit que l'académie avait raison de dire que l'ouvrage de M. Ramond inspirait aux lecteurs de toutes les classes un intérêt qu'ils trouveraient rarement dans les écrits de ce genre. On retrouve, en vingt endroits de celui-ci, la délicate et profonde sensibilité qui respire dans ce morceau; mais il serait trop long de les indiquer, et celui qu'on vient de lire, suffit pour donner l'idée du coloris qui anime les tableaux qu'il trace de la vie champêtre, des mœurs pastorales, etc. Celui qui représente une famille de bergers espagnols, passant du sol de leur patrie et du revers de la montagne, sur la partie française des Pyrénées, est digne du pinceau de Teniers. On peut appliquer à ce tableau ce que M. Ramond dit de la nature, qui, tous les ans, reproduit cette scène patriarcale : « qu'il réunit la vénérable empreinte
» de l'antiquité aux charmes d'une immortelle
» jeunesse. »

Une autre source non moins féconde de l'intérêt que M. Ramond a su répandre sur son ouvrage, c'est la variété de ses connaissances en différentes parties de l'économie sociale, autre étude qui semble avoir partagé sa vie avec celle des sciences naturelles : c'est ce dont les *Lettres sur la Suisse* offraient déjà la preuve. Les Pyrénées ne pouvaient lui fournir des occasions aussi fréquentes de montrer et de communiquer cet autre genre d'instruction ; cependant il ne se trouve guère moins dans ce dernier écrit, et il se trouve orné du charme de cette sensibilité, aussi prompte à se réveiller chez M. Ramond, par le désir du bonheur des hommes, que par la contemplation des beautés de la nature. C'est dans l'ouvrage même qu'il faut lire ce que dit l'auteur sur les résultats de l'opposition entre les limites naturelles et les limites politiques de la France et de l'Espagne, en certaines parties des Pyrénées ; les diverses comparaisons répandues dans l'ouvrage, entre le sort, les mœurs, les habitudes des bergers des Pyrénées et celles des habitans des Alpes ; enfin le morceau sur les influences politiques et morales des prohibitions, à l'occasion de la mort d'un jeune homme tué sur ces montagnes, dans une querelle de contrebandiers.

Des deux parties qui composent cet ouvrage, l'une est principalement consacrée à des considérations locales, géographiques, particulières aux Pyrénées, ou communes aux Pyrénées et aux Alpes. Dans la seconde, l'auteur se livre à des idées plus générales. C'est ici qu'il développe tout son système sur les montagnes, sur la part qu'elles prennent ensemble au dessein de notre continent, enfin ses idées sur les montagnes primitives. Il examine les deux principaux systêmes, l'inondation du globe et son incandescence, le systême de M. de Saussure et celui de M. de Buffon.

Mais le chapitre le plus brillant du livre, celui qui montre le mieux l'étendue des connaissances de M. Ramond, c'est celui qui termine l'ouvrage, et dans lequel, considérant les Pyrénées relativement aux mines, il passe en revue les différens peuples qui en ont recueilli les produits; il examine l'influence que ces différens peuples, Phéniciens, Romains, Carthaginois, et depuis les barbares du Nord, eurent sur les mœurs des Espagnols et des indigènes habitans des Pyrénées. Il semble s'être attaché à découvrir, parmi tous ces mélanges, le peuple primitif, comme il s'était attaché, dans les montagnes, à démêler la roche primitive, le pur granit parmi les rocs secondaires. Ce peuple primitif, et dont la race est restée pure et sans mélange, c'est le peuple des Vaccées, c'est-à-dire, les Biscayens et les Basques. C'est ce qui paraît attesté par l'élégance et la vivacité de l'Ibère et du Gaulois, conservées dans ces montagnes, et modifiées dans le reste des Pyrénées par la gravité du Romain, et la grossièreté du barbare : dégradation qui se remarque, depuis le centre de ces monts jusqu'à la Méditerranée, dans des vallées habitées de tout temps par les étrangers, et que l'on peut regarder comme le grand chemin des peuples, tant barbarés que civilisés, qui se disputaient l'Espagne et les Gaules.

Telle est la cause que M. Ramond indique de la dissemblance des peuples qui habitent actuellement les Pyrénées, de l'appesantissement des uns et de la vivacité des autres; il pense que les races sont, dans l'histoire de l'homme, une donnée primitive ; et il s'est confirmé dans cette idée, en voyant que, depuis quinze siècles, le même climat n'a point rapproché des races différentes, que des climats divers n'ont point séparé des races pareilles. Même résultat dans l'Inde, où les principes, soit religieux, soit civils, préviennent le mélange des castes... L'Arabe, le Copte, le Grec, le Musulman en sont de nouvelles preuves; et plus que tout le reste, la nation juive, conservant dans tout l'univers sa physionomie asiatique, et parlant la plupart des langues avec les inflexions de l'Arabe. Ainsi, de nos jours, des observations plus exactes ont ôté aux climats l'influence exagérée qu'on leur accordait au physique comme au moral; et loin de lui accorder une influence capable de déterminer la nature du gouvernement, on lui refuse l'influence illimitée qu'on lui attribuait sur les races et sur les hommes.

Sur la *Vie privée du maréchal de Richelieu.*

Ce livre qui, dans tous les temps, eût piqué la curiosité, doit en ce moment la réveiller encore davantage, et intéresser sous plus d'un aspect. Il suffirait seul pour nous faire mesurer l'abîme dont nous sortons. Il présente, dans la vie d'un seul homme, le tableau de tous les abus, de tous les vices moraux et politiques, qui, en conduisant la nation au dernier terme du malheur et de l'avilissement, l'ont placée dans l'alternative de périr, ou de changer entièrement les bases de l'édifice social. On a vu des hommes, affligés et même consternés de la révolution, convenir, après la lecture de ce livre, qu'elle était inévitable et nécessaire. Un court précis de la vie de cet homme singulier rendra cette opinion très plausible.

La vie de M. de Richelieu est comme partagée en trois portions égales; la première, entièrement livrée aux plaisirs, à la débauche, et même à tous les genres de débauche; la seconde, partagée entre l'ambition, les affaires et les plaisirs; la troisième, marquée par tous les abus du pouvoir, par le mépris de toutes les convenances, par les vices les plus odieux et les intrigues les plus avilissantes. Parcourons rapidement ces trois époques.

On a dit que le cardinal de Fleury avait commencé sa fortune à soixante-treize ans, par être roi de France. On peut dire que Richelieu, à quatorze ans, pensa commencer sa carrière de galanterie à peu près de même, c'est-à-dire, par une princesse, héritière présomptive du trône. On crut qu'il était distingué par la duchesse de Bourgogne. On le crut: et cette opinion était presque, aux yeux de Richelieu, l'équivalent de la réalité. Il acquérait une célébrité précoce par cette aventure un peu précoce elle-même, qui lui valut d'être marié, et mis à la Bastille. L'éclat même de la punition accréditait ce bruit, si favorable à l'amour-propre du jeune homme. Il convient lui-même qu'il prit soin de confirmer ce soupçon. Sa grande excuse, outre la vanité, c'est que cela ne pouvait nuire à la princesse qui était morte; et il est vrai que les morts se laissent calomnier tant qu'on veut. Richelieu se vit tout-à-coup l'objet des complaisances de plusieurs femmes de la cour; et le mot que lui dit Louis XIV, à son retour de l'armée de Villars, lorsqu'il vint annoncer la nouvelle de la victoire de Denain; ce compliment flatteur, «Vous êtes destiné » à faire de grandes choses,» était un oracle qui le recommandait à l'attention des dames. Mais, tant que le roi vécut, ses galanteries furent décentes, c'est-à-dire, ignorées. On ignora, par exemple, une aventure avec une madame Michelin, aventure dans laquelle Richelieu développa une atrocité froide, monstrueuse à son âge: c'est ce fond de barbarie que Richardson dit être dans le cœur

d'un vrai libertin, et qu'il a si bien exprimé dans le caractère de Lovelace. Richelieu lui-même nous a conservé tous les détails de cette horrible anecdote : nous y reviendrons. Madame Michelin n'était qu'une bourgeoise ; qu'elle attende : il est juste que les femmes présentées passent avant elle. Honneur, par exemple, à madame de Guébriant, qui, écrivant à Richelieu un billet daté du Palais-Royal, lui indique un rendez-vous à la cour des Cuisines : « Restez-y, lui répond le duc, et char-
» mez-y les marmitons pour lesquels vous êtes
» faite. Adieu, mon ange. »

La cour du Palais-Royal n'était pas, comme on voit, celle de Louis XIV : aussi ce billet est-il des beaux jours de la régence, pour lesquels Richelieu semblait né. Il serait impossible et inutile de raconter ses succès en ce genre ; car c'en était un, comme on le voit par le mot même de *succès*, appliqué à ses turpitudes. Nous renvoyons, sur toute cette époque de la régence, aux précédens *Mémoires de Richelieu*. On aurait pu croire qu'ils ne laissent rien à désirer ; mais la *Vie privée* contient de nouveaux détails dont quelques-uns sont assez piquans dans ce misérable genre ; d'autres vont au-delà même de ce qu'on imaginait. Nous osons blâmer l'auteur de la *vie privée* de les avoir recueillis ; ils seraient mieux à leur place dans quelques-uns de ces ouvrages dont la licence est annoncée par leur titre même, et que la pudeur ou seulement le bon goût rejettent avec dédain, en se reprochant une indiscrète curiosité. L'auteur remarque, d'après Richelieu lui-même, que, lorsque le récit de ces indignités parvenait jusqu'au peuple, qui, alors connaissant peu les grands, les respectait, il n'en voulait rien croire et rejetait ces bruits comme absurdes ou calomnieux. Rien de plus simple : il ne pouvait attacher l'idée de plaisir à ces inconcevables folies, à ces produits monstrueux d'une imagination dépravée. La vérité perdait, à force d'invraisemblance, son effet et ses droits : et le vice, protégé en quelque sorte par son excès même, trouvait, dans l'incrédulité publique, un asile contre le mépris et l'horreur qu'il aurait inspirés.

Laissons donc là les amours de Richelieu avec la duchesse de Berri, la princesse de Conti, mademoiselle de Charolois, mesdames d'Averne, de Tencin, Sabran, de Nèle, Villars, Mouchy, Villeroi, Gontaut, Parabère, *e tutte quante*, etc; ses duels, ses emprisonnemens, les visites des princesses rivales, etc.; mais remarquons jusqu'où l'air et la mode peuvent pousser le délire, et le rendre en quelque sorte contagieux. Croirait-on qu'à son dernier emprisonnement à la Bastille, où il fut mis pour la conspiration de Cellamare, toutes ces femmes que nous venons de nommer, et beaucoup d'autres encore, prirent, pour promenade journalière, les environs de la Bastille ? C'est là que se rendaient ses maîtresses délaissées, outragées même par lui. Les voitures descendaient depuis le bas des tours jusqu'à la porte Saint-Antoine, pour recommencer à parcourir le même espace jusqu'à la retraite du duc. Toutes ces femmes le saluaient; et les gestes finirent par former un langage. Le chapeau en l'air exprimait: *Je vous aime*; et la réponse de la dame était de lever la main hors de la voiture. Le nombre des carosses était quelquefois si grand, qu'il obstruait le passage de la porte Saint-Antoine, et y occasionnait la foule. C'est un fait attesté par les vieillards contemporains.

Ce qui n'est pas moins surprenant, ce qui a fait dire à plusieurs de ses maîtresses qu'il avait un charme pour se faire aimer, c'est que la plupart de ces femmes lui sont restées constamment attachées, quelques-unes même jusqu'à leur mort. On connait l'excès et la durée de la passion de mademoiselle de Valois. Ce fut pour elle, il est vrai, qu'il fit les choses les plus extraordinaires; mais il les aimait encore plus qu'il n'aimait ses maîtresses. Le duc de Modène, son mari, et mari très jaloux, s'empressa de l'arracher à la vie du Palais-Royal, et de la conduire dans ses états; Richelieu part *incognito* pour l'Italie, arrive à Modène, se présente à la princesse, suivi d'un seul valet, déguisé, comme son maître, en marchand de livres. Méconnu d'abord, reconnu ensuite, tendrement défrayé de son voyage, et surpris à une troisième entrevue par le prince qui survint, il ose soutenir son personnage.

Heureusement le duc de Modène n'avait jamais vu le rival dont il savait sa femme éprise; il lui demande des nouvelles de France, du duc de Richelieu, à qui le brocanteur se vante d'avoir vendu de mauvais livres, et surtout beaucoup de libelles contre le régent et l'abbé Dubois ; excellent commerce dont il s'est bien trouvé: c'est une scène digne du *Légataire*. Richelieu eut toujours un goût vif pour cette sorte de passe-temps; et le hasard le servit souvent à souhait : comme, par exemple, lorsque, déguisés en abbés, lui et l'un de ses amis, pour aller voir au couvent deux jeunes pensionnaires, dont il était amoureux, il se vit sollicité d'abord et enfin forcé, par l'absence du prédicateur ordinaire du couvent, de prononcer un sermon à sa place, quoiqu'il prétendît *n'avoir pas les pouvoirs*. Il s'en tira très-bien, et fut fort applaudi ; *étonné*, dit-il en descendant de chaire, *de n'avoir pas débité plus d'extravagances*. Le goût pour les bizarreries le suivait jusques dans sa vieillesse, et lui fit attacher du prix à séduire une jeune dévote de Bordeaux, par l'entremise innocente d'un gardien des capucins chargé, sans le savoir, d'un billet doux pour sa pénitente. C'est ce qui fait que cinquante années de la vie d'un duc et pair, ambassadeur, gouverneur de province, maréchal de France, présentent une foule de détails dignes de figurer dans les aventures de Mazulim, de Mizapouf, et ressemblent trop souvent aux *Six semaines du chevalier de Faublas* (1).

Il semble que ce don de se faire aimer s'étendit jusqu'à ses rivaux, à ceux qu'il trompait sans cesse : témoin le régent qui se plaignait de lui fréquemment, qui voyait Richelieu lui enlever ses maîtresses, ses propres filles, toutes les femmes de sa cour, même les filles de théâtre, et qui ne finissait pas moins par l'admettre de nouveau dans sa société intime et dans sa grande familiarité. Il n'y a pas jusqu'à Dubois, qui ne devint pour lui moins brutal que pour tout autre, et qui ne semblât quelquefois même le rechercher, quoiqu'il eût contre lui les mêmes sujets de plainte que le régent. Ce prêtre indigne, las de trouver sans cesse Richelieu sur son chemin, finit par lui demander quartier, et le prier de lui laisser quelques femmes, par grâce. Le duc promit; mais il n'était pas en son pouvoir de tenir parole : aussi, bientôt après, il fut pris sur le fait par l'abbé, qui entra en fureur, invoqua la foi des traités; Richelieu prétendit cause d'ignorance, et dit à l'abbé : « Pour pré-
» venir les méprises nouvelles, que ne me donnez-
» vous votre liste? je la respecterai. » Dubois se mit à rire, s'adoucit, et, malgré quelque reste d'humeur, lui dit presque poliment : « Je ne veux
» vous avoir pour confrère qu'à l'académie. »

Ils en étaient en effet tous les deux, et y étaient

---

(1) Petit roman fort connu.

aussi bien placés l'un que l'autre. Richelieu avait déjà cet honneur, qui, comme on a vu, ne lui était pas arrivé en dormant. Richelieu à l'académie à l'âge de vingt-six ans, et vingt-trois ans avant Voltaire, qui n'y fut admis qu'à cinquante ans passés! C'est là un des ridicules les plus innocens de l'ancien régime; mais telle était la convenance d'alors. Cette réception faisait d'ailleurs tant de plaisir à mesdames de Villars, de Villeroi, à nombre d'autres, qu'il y aurait eu une malhonnêteté gratuite à les en priver. Richelieu a imprimé les lettres qui attestent la joie de ces dames sur ce grand événement, et sur l'importance qu'elles attachaient au titre d'académicien. Rien ne montre mieux à quel point les futilités consacrées par la mode peuvent tourner les têtes. Qu'importait un honneur littéraire à un homme qui ne savait pas orthographier! Lui-même nous a laissé son discours de réception, transcrit de sa main, et depuis imprimé figurativement avec les fautes d'orthographe. Le discours, comme on le devine, n'était pas l'ouvrage du nouvel académicien. Tous ceux qui ont vu des lettres particulières de M. de Richelieu, savent que cet homme si brillant dans la société, écrivait comme un de ces hommes si méprisés par lui, que des circonstances ont privés des premiers élémens de l'éducation.

Malgré cet inconvénient, M. de Richelieu ne fut point embarrassé de sa harangue. Pour être plus sûr de son fait, il en fit faire trois: l'une par Campistron, l'autre par Fontenelle, et la troisième par Destouches. De ces ouvrages réunis et confondus par centons rapprochés, auxquels il fit les changemens qu'il voulut, il composa un tout qu'il copia lui-même: voilà son seul tort. Sa harangue eut, comme de raison, le plus grand succès; car M. de Richelieu avait le sentiment des convenances. On conçoit que, non-seulement il n'était pas obligé d'écrire comme un homme de lettres, mais qu'il devait même s'en abstenir avec soin: c'eût été une dérogeance, et Richelieu ne pouvait pas faire une pareille faute. On connaît cette phrase qui a duré jusqu'à nos jours: *un style d'homme de qualité, écrire en homme de qualité;* c'est-à-dire, bien, pas trop bien pourtant; non comme un homme de lettres, qui doit y regarder, qui tâche; mais en homme comme il faut, qui fait bien tout, naturellement, cela comme le reste, sans prétention; qui a de l'esprit il est vrai, du talent même si l'on veut, mais qui en serait dispensé, et dans le fond n'est tenu à rien. C'est dommage que la révolution tarisse la source de tous ces bons ridicules. Quelle suppression! quelle réforme! Cela est fâcheux pour les plaisans. Mais qu'y faire? il faut que tout le monde y perde. Par bonheur, cette même révolution, brisant les entraves de toutes ces bienséances conventionnelles, délivre et met à l'aise le génie et le talent des ci-devant privilégiés; cela console. Revenons au véritable talent de M. de Richelieu, celui de séduire les femmes. Nous n'avons pas oublié notre promesse sur l'aventure de madame Michelin.

C'était une jeune femme d'une beauté rare, du maintien le plus modeste et le plus touchant, pleine d'honnêteté, de religion, et jusqu'alors très-attachée à ses devoirs. Par malheur, ses devoirs n'étaient pas tous également agréables: son mari était vieux, un bonhomme occupé de son commerce; c'était un miroitier du faubourg Saint-Antoine. Le duc de Fronsac (c'était alors son nom) la vit et en devint amoureux. Il se déguise, se présente chez le marchand comme pour acheter des meubles, cherche à plaire à sa femme, ne peut s'en faire écouter, s'aperçoit pourtant qu'il plaît, et qu'il ne trouve d'obstacles à sa passion que dans l'honnêteté de celle qui en est l'objet. Il se résout à employer la ruse et la violence; mais il manquait d'argent : son père vivait. Que fait le jeune duc? il va chez une femme de la cour, dont il est amoureux et aimé, et lui emprunte l'argent dont il a besoin pour la tromper elle-même. Il s'était déjà fait meubler un appartement par le bonhomme Michelin, qui n'était point surpris qu'un jeune homme eût un asile à offrir à ses maîtresses. Mais il s'agissait de conduire dans cet asile la femme du bonhomme. Qu'elle y vînt de son gré, c'est ce qui était impossible : comment l'y conduire? Il suppose qu'une certaine duchesse veut donner sa pratique à M. Michelin, lui commander un ameublement; mais pour cela on veut causer avec madame Michelin. Cette duchesse était à la campagne. Un carrosse devait venir chercher la femme du miroitier, la vient chercher en effet, un jour qu'on avait eu soin d'éloigner le mari. La voiture emmène la femme dans une maison inconnue. Elle entre dans un appartement où elle trouve le duc de Fronsac. Surprise, effroi de la malheureuse femme. Elle se défend contre ses entreprises; mais le duc avait fait fermer toutes les portes. La victime succombe. Le coupable était aimé: il obtint sa grâce, et de plus un second rendez-vous, non dans cette maison, mais chez madame Michelin même. Là, toujours échauffant le cœur et les sens d'une femme faible, mais honnête, et intéressante même dans sa faute, chassant les remords par l'amour, il parvient à obtenir, dans une nuit indiquée, le partage du lit nuptial.

Quel était son but? Il avait aperçu une amie de madame Michelin, logée dans la maison, jeune et belle comme sa voisine, mais d'une beauté différente. Il se reprochait de ne l'avoir pas assez remarquée, d'avoir été injuste envers elle. Le mal fut facilement réparé. Celle-ci, n'ayant pour elle que sa figure, était une bourgeoise vaniteuse et sotte, flattée d'attirer les regards d'un duc, donnant l'idée d'une femme née pour le vice, comme madame Michelin pour la vertu. L'affaire ne traîna pas en longueur; mais il fallait au duc de Fronsac quelque chose qui le dédommageât de cette facilité, qui rendît l'aventure piquante. Il imagina de choisir, pour le rendez-vous donné à madame Renaud (c'est le nom de cette femme), la même nuit obtenue avec tant de peine, et qui devait appartenir à madame Michelin; nuit dont l'espérance avoit été achetée par des remords terribles, que redoublait l'idée, effrayante pour une bourgeoise dévote, d'assoupir une servante avec de l'opium. Qu'on juge de sa surprise, lorsqu'avant deux heures du matin, le duc de Fronsac, trompant sa maîtresse par une fable, par un récit romanesque, sort de chez elle, et est supposé sortir de la maison. Il monte chez madame Renaud, et reste chez celle-ci jusqu'à neuf heures du matin.

Mais, s'il aimait les scènes piquantes, il eut tout sujet d'être content. Voilà madame Michelin qui, probablement pour distraire sa douleur, ou pour échapper un moment à ses remords, vient voir son amie. C'est le duc de Fronsac qui s'offre à sa vue. Elle ne revient pas de son étonnement : aucune des deux femmes n'est confidente de l'autre. Madame Renaud redoutait sa dévote amie, qu'elle croyait inabordable. La dévote a peine à se croire trompée, loin de se croire trahie; pour trahie, elle ne l'était pas encore, puisque M. de Fronsac n'avait rien dit à madame Renaud. Mais il n'était pas homme à se priver du surcroît d'agrément que jetait dans cette scène la révélation du mystère. Il apprend à madame Renaud, trop humiliée, que son amie a des raisons d'être indulgente ; qu'une nuit partagée entre deux rivales honnêtes ne saurait les brouiller ni entr'elles, ni avec leur amant. Madame Renaud reste confondue, en apprenant l'emploi des deux premières heures données à sa voisine. Celle-ci ne peut concevoir l'étrange mortel dans les mains de qui elle est tombée. La douleur de l'amour outragé, le dépit de l'orgueil humilié devant une rivale étonnée et indigne de l'être, le bouleversement de toutes les idées, le mélange de toutes les passions, tout cela formait un tableau ravissant pour un homme tel que le duc de Fronsac. Cependant cette scène avait encore besoin d'être égayée; et c'est pour cela qu'il propose aux deux rivales de vivre de bon accord, de former entre trois cœurs unis une société vraiment douce et charmante; et là-dessus, nombre d'exemples pris dans la société, tirés de l'histoire tant profane que sacrée. Cette proposition, qui ne paraissait pas effrayer infiniment madame Renaud, confondait et accablait madame Michelin; mais enfin il parvint à l'appaiser, à la consoler; et, resté seul avec elle, il obtint encore son pardon.

Ce n'est pas tout : toujours séduite, toujours entraînée, elle consent d'accepter un déjeûner chez le duc de Fronsac. Cette fois, elle croit bien être seule et n'avoir pas de rivale à craindre. Mais

Fronsac tenait à son plan, et voulait le réaliser. Madame Renaud paraît : nouvelle peinture des délices attachées à un sentiment commun à trois belles âmes ; et toujours redoublant le désordre de leurs idées par son ton, sa vivacité, ses manières, il oblige les deux femmes à tirer à la première lettre à qui passerait la première du salon dans un cabinet. L'une et l'autre, ayant eu audience alternativement, s'en retournent, l'une assez contente, l'autre la mort dans le cœur : on devine assez que c'était la pauvre madame Michelin. L'honnête bourgeoise, peu faite à ces mœurs, et ne trouvant qu'une source de peines dans l'erreur qui l'avait séduite, confuse, déchirée de remords, avilie à ses propres yeux, devient triste, languissante, malade : il crut qu'elle n'était qu'ennuyeuse. Il avait dès lors arrangé tout son plan d'égoïsme (nous verrons la théorie, il l'a tracée lui-même : elle est curieuse). Il laissa là madame Michelin. Elle voulut le voir, et lui parla comme fit Clarisse à Lovelace, comme une âme tendre et dévote qui, renonçant à la vie, s'occupe avec effroi de l'avenir et du salut de ce qu'elle aime. On juge comme elle fut reçue. Il alla conter toute cette belle aventure à la duchesse qui lui avait prêté l'argent pour les meubles achetés chez le miroitier, et jouir de l'effet de cette belle histoire sur une femme qu'il avait aimée, et qu'il se plaisait à désoler de temps en temps.

Cependant sa victime dépérissait, et mourut enfin; ce qu'il apprit en rencontrant le mari en deuil, qu'il fit monter dans sa voiture. Il convient ou il prétend qu'il fut touché du récit de cette mort : « Mais je savais déjà, disait-il, qu'il n'est pas prudent de se concentrer dans sa douleur, et j'allai chez la duchesse de.... où il ne fut question que du voyage de la princesse de.. (c'était une de ses nouvelles maîtresses); et le plaisir d'entendre parler d'elle me rendit bientôt ma belle humeur. » Tel était M. de Richelieu à l'âge de seize ans; et tel il se peint lui même. Mais ce qui rend cette aventure encore plus odieuse, c'est qu'on s'aperçoit que cette lâche et cruelle atrocité prend sa source, non dans l'étourderie et dans la frivolité de son âge, mais dans un mépris féroce pour quiconque n'était pas de sa classe; sentiment qui chez lui se reproduit sans cesse : et *les gens de notre sorte*, et *un amant tel que moi*, et *un rien de nous autres charme ces femmes-là.*

Mais que dire du passage suivant? C'est au moment qu'il veut quitter la malheureuse qu'il a séduite, et qu'il représente lui-même comme la plus honnête personne qu'il ait connue : « Et comme Mercure, poursuit-il, qui a pris la figure de Sosie, et qui va ensuite se nétoyer dans l'Olympe avec de l'ambroisie, je promis bien de me décrasser de ces deux liaisons roturières auprès de la céleste princesse de..... » Ce trait et cent autres de même espèce, répandus dans ses

Mémoires, montrent à quel point cet orgueil nobiliaire peut détruire l'humanité dans le cœur de ceux qu'il a corrompus. Nous n'en citerons qu'un seul exemple. Le lendemain de la bataille d'Ettinghen, Richelieu fut chargé de faire enlever les morts. On sait que la vue d'un champ de bataille est affreuse le lendemain d'une action; mais celui-là, surtout, faisait horreur : on en jugera par un seul trait : M. de Richelieu vit *les corps des gens de son espèce, mêlés et confondus sans ménagement avec ceux des simples soldats.* C'est ce mélange dont il fut le plus saisi. M. de Richelieu avait raison : c'est là une des calamités qui consternent profondément une âme noble. N'est-ce pas en effet une chose indécente que cette confusion des rangs parmi des gens tués la veille, et chez qui on eût pu si aisément rétablir l'ordre? n'est-ce pas une malhonnêteté grossière, un manque d'éducation dans le général ennemi, de n'avoir pas, immédiatement après sa victoire, commandé le triage des cadavres, afin de séparer du moins les espèces? Cet usage devrait être établi par les lois de la guerre, et même par le droit des gens. Grotius et Puffendorf sont impardonnables de n'y avoir pas songé. Quant à l'assemblée nationale..... n'en parlons pas. Elle a fait bien pis : elle a confondu les espèces dans le genre, et même les espèces vivantes, ce qui est un peu plus contrariant.

On serait tenté un moment de croire ces vaniteuses sottises assez châtiées par le ridicule qui les poursuit; mais, avec un peu d'attention, on s'aperçoit bientôt qu'il fallait quelque chose de plus. Encore un petit exemple; rien n'éclaircit mieux les idées.

Un des gens de M. de Richelieu battit si fort un homme, que le battu mourut quelques jours après : c'est ce qu'on appelle vulgairement *tuer*. La femme du défunt eut l'insolence de se plaindre : « Je fus obligé, dit M. de Richelieu, d'écrire à « d'Argenson pour la faire taire. » On sait que *faire taire* un homme du peuple, une femme du peuple, c'était, en langage de police, menacer de Bicêtre. On voit que le peuple a gagné à se faire appeller *la nation*. Ceci, par parenthèse, explique assez bien le plaisir qu'il trouve à se servir de ce mot; et, sans justifier l'abus qu'en a fait quelquefois son ignorance passagère, on peut dire qu'il s'est trouvé assez mal du mot *peuple*, pour vouloir lui en substituer un autre. Revenons au mot de M. de Richelieu: *Je fus obligé d'écrire à d'Argenson....* Il a regret à la peine de se mettre à son bureau, de prendre la plume pour exiger d'un magistrat le silence des lois, c'est-à-dire, leur violation, en arrêtant la poursuite d'un homicide! Et que dire de la tranquille certitude qu'il a d'être obéi par ce d'Argenson, auquel il commande une honteuse prévarication, comme un hommage dû à la grandeur ? Sans doute il regrettait aussi de prendre la plume, quand il fit mettre pour six mois à Bicêtre un bourgeois de Paris, qui avait cru reconnaître sa femme dans la personne de madame de Charolois, conduite chez un commissaire; quand il fit enfermer au Fort-l'Évêque un de ses valets de chambre, pour avoir été préféré à lui par une jolie ouvrière; quand il fit mettre pour six mois à l'hôpital cette malheureuse, *pour la punir*, disait-il, *d'avoir un mauvais goût, et de préférer un valet à un grand seigneur.*

Il faut convenir que tous ces traits, et tant d'autres effets immédiats d'une féroce arrogance, trop commune en différentes classes autrefois privilégiées, ont dû provoquer d'autres punitions que celle du ridicule. C'est du souvenir de tant d'outrages que sont nés les plus grands événemens d'une révolution qui foule aux pieds ce stupide orgueil, et qui absout un peu les Français de leur longue patience. La destruction presque subite de ce monstre, vil bâtard de la féodalité, rappelle un fameux passage de Suétone (1) applicable à l'état dont nous sortons. Les Français, ayant souffert ces opprobres et ces horreurs pendant plusieurs siècles, les firent enfin cesser en 1789.

Les désordres dans lesquels se plongeait la jeunesse du duc de Richelieu, lui étaient communs avec toute la jeune noblesse de France; mais il avait surpassé tous ces rivaux dans cet

---

(1) Tale monstrum per mille annos perpessus orbis terrarum tandem sustulit.

art, alors si célèbre, d'orner le vice, de le revêtir de l'agrément des manières, de toutes les grâces de l'esprit; de lui prêter la séduction d'une amusante légèreté, qui tourne en passe-temps le mal qu'elle fait et jouit du scandale qu'elle cause : talent fort estimé des descendans de l'ancienne chevalerie, et par lequel Richelieu était devenu l'objet de l'émulation générale. Il pouvait se flatter d'être le meilleur élève du fameux comte de Grammont, ou plutôt d'Hamilton, son historien. Ce livre a été long-temps, comme on sait, le bréviaire de la jeune noblesse. C'est lui qui a le plus contribué à fonder en France une école d'immoralité prétendue agréable, et d'une perversité réputée charmante. Réussir auprès des femmes fut d'abord le premier mérite ; les tromper fut le second ; et, comme tous les arts vont en se perfectionnant, les livrer au déshonneur et à la dérision publique devint la jouissance la plus délicieuse. C'est ce qui paraît inconcevable; mais ce n'est pas tout: le comte de Grammont étendit beaucoup les bornes de l'art et les ressources du talent; celui de friponner au jeu devint une gentillesse parmi les adeptes ou les concurrens; et enfin la science fut portée au comble par l'admission des friponneries de toute espèce, et même de la filouterie. C'était pousser un peu loin les droits de l'honneur français; mais, d'un autre côté, c'était lui faire d'illustres et de nombreux partisans; c'était appeler à son secours tous les ennemis de la morale moins complaisante, moins arbitraire, et qui, par cette raison, a paru long-temps un peu bourgeoise : grand défaut, devenu moins choquant, depuis qu'au lieu de bourgeois la France a des citoyens. On commence à s'apercevoir que l'abolition des ordres lui a déjà fait prendre une meilleure contenance, et l'on croit qu'avec le temps elle pourra triompher de son fantastique adversaire, *l'honneur français*, dont M. de Richelieu était alors un des plus illustres représentans, ayant affiché plus de cent femmes, et tué ou blessé deux ou trois hommes. On l'a vu depuis, dans sa vieillesse, tenir le sceptre de l'honneur, d'une main odieuse, avilie aux yeux de la morale, mais non pas aux yeux de cet honneur : observation qui rend inutiles toutes celles qu'on pourrait y ajouter.

Il était probable que ce seraient là les plus grands exploits de M. de Richelieu, et que les succès de cette espèce, ceux de la table et du jeu composeraient toute sa gloire. Il n'en serait pas moins parvenu à tout ; c'était le privilége des hommes de sa classe.

Mais M. de Richelieu joignait à ses vices quelques qualités heureuses ; et aux préjugés qui dégradaient sa raison, comme celle de tant d'hommes nés dans le même rang, il unissait un esprit fin, une certaine sagacité indéfinissable, un tact heureux et prompt qui, en toute affaire, lui faisait saisir le point de la difficulté, et chercher les moyens de la vaincre. Il savait ce qu'il voulait, chose plus rare qu'on ne pense; et, malgré une foule d'inconséquences dans les détails de sa vie privée, il marchait toujours à son but. C'est ce qu'avait démêlé Voltaire à travers les folies dont il avait été témoin, et que lui-même avait partagées. Richelieu, dès sa première jeunesse, avait arrangé son plan d'égoïsme : ce qui suppose, à la vérité, une âme froide et un esprit déjà pervers, mais capable de réflexion. Ce plan s'étendit ensuite avec les succès et avec les espérances qu'ils font naître; mais il le rapporta toujours à un même objet, à un calcul de bonheur tel que ses idées et ses passions lui permettaient de le concevoir. Rechercher tous les plaisirs, tirer de leur publicité même une sorte de gloire et un moyen de les multiplier, courir à la fortune par toutes les voies qui étaient à son usage (et presque toutes y étaient), se maintenir auprès du maître, avoir une place à la cour et un gouvernement où il pût faire tout ce qu'il voudrait : voilà les idées qui l'occupaient dans le sein des plaisirs même. A la vérité, telles sont à peu près celles des courtisans qui se trouvent à portée de former de pareils projets; mais nul n'avait plus que Richelieu, l'art de deviner et de ménager quiconque pouvait le servir dans ses vues. Il dut même en être occupé plus constamment, persuadé, d'après une prédiction d'astrologue, qu'il remplirait la carrière d'un siècle : il ne s'est trompé que de huit ans.

Ce fut immédiatement après la mort du régent, que Richelieu commença de mêler les affaires aux plaisirs. Le plaisir même préparait le succès des affaires, ou du moins des intrigues qui le conduisaient à s'en occuper utilement pour lui. A cette époque, madame de Prie régnait, car M. le duc était premier ministre. C'était peu de s'être assuré de mademoiselle de Charolois, sa sœur (*s'assurer* était le mot technique); il fallait encore être sûr de madame de Prie : et Richelieu s'en assura de la même manière. Il fit mieux encore, il se laissa quitter. Un de ses principes (car il en avait beaucoup de cette espèce) était de gagner de primauté toutes les femmes; mais cette fois, il jugea que le rôle d'un amant affligé, résigné, philosophe indulgent, qui connaît l'inconstance du cœur humain et qui la pardonne, convenait merveilleusement au succès de son affaire. Il acquit ainsi la confiance de la maîtresse de M. le duc. Il la prit encore par un autre faible : il la servit dans le projet de renvoyer l'infante, et de donner une femme de son choix à Louis XV. Il proposait une princesse de Saxe, et remit même un Mémoire à madame de Prie sur ce sujet. C'était une idée de madame de Gontaut, qui depuis peu s'était attachée à M. de Richelieu. Ainsi les femmes faisaient tout pour lui, et lui faisait tout pour les femmes. Cet embarras de marier le roi était la suite du renvoi de l'infante. On avait scandalisé l'Europe, offensé le roi d'Espagne, indisposé l'Empereur. On manquait à la mémoire de Louis xiv, à la personne de Louis xv: mais ce désordre arrangeait madame de Prie; et l'intérêt personnel d'une vile intrigante, maîtresse du prince ministre, s'appela politique, raison d'état, pendant tout le ministère de M. le duc : c'est la règle. Une chose remarquable, et qui prouve combien les événemens peuvent, en politique, devenir favorables aux plus mauvaises mesures, comme nuisibles aux meilleures, c'est que ce renvoi de l'infante, ce refus de lui substituer une princesse de Saxe, cette étrange préférence donnée à la fille d'un roi détrôné, ces fausses combinaisons valurent à la France, par une suite de hasards impossibles à prévoir, la possession de la Lorraine et du duché de Bar; avantages très-supérieurs à ceux que pouvait apporter l'infante d'Espagne, ou la princesse de Saxe.

Dans l'inquiétude que causait cette célèbre tracasserie, dont il pouvait résulter une guerre, l'ambassade d'Allemagne devenait d'une extrême importance. Richelieu osa présumer assez de son esprit et de ses talens, pour la solliciter. Il trouva la cour de Charles vi livrée à l'Espagne, prévenue de la faiblesse de notre ministère, et disposée à développer cet orgueil que le faible oppose à ceux qu'il croit encore plus faibles que lui. Richelieu n'eut d'abord que des dégoûts à essuyer. L'Empereur lui refusa long-temps la permission de faire son entrée: on répandait dans Vienne que, vu sa jeunesse, il ne pouvait être qu'un espion. C'est ce qui l'affligea le plus, *attendu que ce rôle*, dit-il, *n'appartient qu'à un homme du peuple*. On ne conçoit pas un pareil reproche à l'égard d'un ambassadeur avoué par sa cour, qui certainement ne va pas dans une cour étrangère pour espionner, mais simplement pour épier, observer, surprendre les secrets, ce qui est bien différent.

Le moment où Richelieu s'offensait d'être pris pour un espion, était précisément celui où Voltaire, son ami, faisait réciter au théâtre ces beaux vers, dans *Brutus*:

> L'ambassadeur d'un roi m'est toujours redoutable :
> Ce n'est qu'un ennemi, sous un titre honorable,
> Qui vient, rempli d'orgueil ou de dextérité,
> Insulter ou trahir avec impunité.

Observons que celui qui débite ces vers est un consul romain, Valérius surnommé Publicola, *qui cultive le peuple, qui s'est voué au peuple, homme du peuple*, si l'on veut, mais dans un sens fort différent de celui que Richelieu attachait à ce mot.

Les obstacles mis à l'entrée de l'ambassadeur de France étaient l'ouvrage du duc de Riperda, Hollandais, ambassadeur d'Espagne. Richelieu résolut de se débarrasser de cet adversaire, sans compromettre de nouveau la cour de Versailles avec celle de Madrid. Tel était et tel est encore l'état des mœurs en Europe, que le talent de se battre en duel n'est pas toujours étranger à celui des négociations (quoique l'abbé de Mably n'en parle pas) et peut contribuer à leur succès. Une insulte personnelle faite à Riperda, et dont celui-ci négligea de demander raison, dégrada l'ambassadeur d'Espagne, et lui rendit le séjour de Vienne encore plus désagréable qu'il ne l'avait été au duc de Richelieu. Celui-ci obtint l'honneur de faire son entrée : c'était l'honneur de se ruiner. Elle fut remarquable par un faste sans exemple jusqu'alors ; mais Richelieu voulait éblouir, comme il voulait que sa cour intimidât celle de Vienne, qui prenait le ton d'une supériorité offensante. On continua de prodiguer les dégoûts à l'ambassadeur de France. L'Empereur, qui ne l'invitait ni aux bals ni aux fêtes de la cour, le réservait pour les messes, les vêpres, et tous les offices, qui étaient d'une longueur insupportable à tout autre que sa majesté impériale, laquelle était dévote. L'ambassadeur tint bon contre l'ennui : courage qui lui fit beaucoup d'honneur, et montra qu'il était propre aux affaires. C'est ce que l'on ne croyait pas ; mais on en fut parfaitement sûr, lorsqu'on le vit travailler douze ou quinze heures de suite, quelquefois même passer les nuits à chiffrer. La patience avec laquelle il supporta ce travail, il l'attribua toute sa vie aux différentes stations qu'il avait faites à la Bastille, où il lut avec fruit l'histoire, et principalement celle de France. C'était le seul temps de sa vie qu'il eût donné à l'étude, et il aimait à rappeler l'obligation qu'il avait à cette forteresse.

La pénétration naturelle de Richelieu lui fit

apercevoir bien vite qu'on lui avait mal fait entamer la négociation ; et il vit mieux et plus juste que tout le conseil de France : ce qui n'était pas bien difficile. Le plus simple bon sens avertissait que, dans le dessein d'appaiser Philippe v, il fallait choisir pour médiateur, non pas le roi d'Angleterre qui lui était suspect, mais l'Empereur lui-même alors disposé en faveur du roi d'Espagne. Croira-t-on qu'il fallût beaucoup de temps et de soin à Richelieu pour convaincre de cette vérité le duc de Bourbon et Morville, ministre des affaires étrangères ? On n'a indiqué, dans la vie privée du maréchal, que le principal objet de cette négociation. Les détails sont réservés à sa vie publique, et contiendront vraisemblablement un gros volume : c'est plus que la seconde guerre punique dans Tite-Live ; mais tout devient important chez les modernes.

L'étonnement que causait à Paris et à Versailles le genre de vie qu'il menait à Vienne, la facilité avec laquelle il se prêtait à des mœurs si nouvelles, lui firent donner le nom d'Alcibiade. Il avait de plus avec le héros grec une autre conformité : celle de se consoler de tout, comme lui, dans le commerce des femmes. Mesdames de Badiani et de Lichtenstein prirent pitié de ses tourmens diplomatiques. L'une d'elles lui déclara qu'elle estimait beaucoup le zèle qu'il avait pour sa cour, et l'en récompensa en lui révélant les secrets de la sienne.

L'intrigue de madame de Lichtenstein fut secrète; celle de madame de Badiani publique. C'était la maîtresse du prince Eugène. Il prit de l'humeur ; mais il était vieux ; et, malgré sa haine pour la cour de France, presque Français, il pardonna. Richelieu avait mis ainsi sur la même ligne à peu près Eugène et Villars. Les vainqueurs, les vaincus, Français, étrangers, amis, ennemis, Voltaire comme les autres, tout subit le sort commun : Madame du Châtelet se reprocha toujours cette faiblesse, du moins à ce qu'elle prétend. Il paraît que Voltaire prit très-mal la chose, et presqu'en bourgeois; c'est beaucoup dire : au moins est-il vrai qu'il n'y mit pas une grâce parfaite.

Tandis que l'ambassadeur, aidé de ces dames, menait à bien sa négociation, M. le duc de Bourbon fut renvoyé du ministère. Richelieu en fut plus affligé que surpris. Il s'était, comme on dit, tenu en mesure avec l'évêque de Fréjus ; et, par un heureux hasard, il se trouva en position de servir utilement le nouveau ministre. Le suffrage de l'Empereur était nécessaire au précepteur du roi de France, qui sollicitait le chapeau de cardinal. Cette partie de la négociation devint bientôt, comme de raison, la plus importante : elle réussit ; le cordon bleu en fut la récompense. Il en eût désiré quelqu'autre plus solide, « connaissant, » dit-il, des choses beaucoup meilleures que le cor-

» don bleu. » Cependant, comme il l'obtint trois ans avant l'âge, sa vanité fut satisfaite ; et ce cordon lui tint lieu d'une récompense plus réelle. Il quitta Vienne, et revint triomphant du séjour de la dévotion à celui des plaisirs, pour lesquels il avait une vocation plus marquée.

Richelieu, de retour à Paris, se rendit à tous les goûts de sa jeunesse. Il redevint le héros de toutes les aventures galantes. Il ne put plus faire un pas à la cour, sans trouver quelqu'une de ses maîtresses anciennes ou nouvelles. Ce fut alors qu'il acheva de mériter la gloire qu'on lui a depuis accordée, celle d'avoir perfectionné les mauvaises mœurs. Les femmes de la ville furent aussi l'objet de ses soins ; et là, parmi les hommes, la classe de ceux à qui leur fortune permettait de vivre avec la classe supérieure, le prit pour modèle ; l'imitation descendit même dans les rangs inférieurs, et y produisit de ridicules copies dignes d'être jouées sur le théâtre, et qui en effet y ont été jouées. Mais la représentation de ces ridicules reproduits sur la scène, loin de les corriger, a semblé quelque temps les multiplier dans le monde et dans la société. C'est ce qui, plusieurs années après, a fait dire à J.-J. Rousseau que le théâtre renforçait les mœurs, au lieu de les réformer : observation juste et profonde d'un phénomène bizarre, qui ne peut avoir lieu que dans une nation entièrement dégradée, où la dépravation de tous a corrompu le jugement de tous ; où, par le renversement de toutes les idées naturelles, et par l'oubli complet de toute morale, la peinture du vice est prise naïvement pour son éloge; enfin, où l'on accepte comme modèle présenté à l'imagination ce qui est offert au mépris et à l'indignation publiques.

S'il pouvait exister un spectacle plus affligeant et plus odieux, ce serait de voir ce même peuple, assemblé au théâtre, se réjouir et rire aux éclats de sa propre dégradation, en applaudissant sur la scène à des traits qui l'avilissent lui-même, dans la personne d'un bourgeois ou d'une bourgeoise insultés par un monsieur le comte ou une madame la marquise, dont les insolences étaient à coup sûr honorées de la faveur du parterre. Des pièces entières roulent sur ce fond et sont dirigées vers ce but méprisable. Certes, on peut presque pardonner à ceux qui, méconnaissant l'influence des lumières régénératrices des empires, ont cru la révolution impossible, ou ont pensé du moins qu'on ne pouvait long-temps tenir soulevé hors de la fange un peuple qui semblait s'y complaire et s'y enfoncer avec délices. Il est à croire que, lorsque la génération actuelle aura disparu et fait place à d'autres Français, à des hommes vraiment dignes de la liberté, ces turpitudes dramatiques, bannies du théâtre qui ne pourra plus les supporter, mais conservées dans les bibliothèques, comme tant de mauvais ouvrages, accuseront la bassesse inconcevable qui faisait de l'avilissement national le divertissement de tous les jours. Revenons à M. de Richelieu.

Il avait perdu sa femme, mademoiselle de Noailles, qu'il avait épousée malgré lui, et à laquelle il était toujours resté étranger. Il se remaria, ne consultant que son cœur et son orgueil: c'était presque la même chose. Il épousa madeselle de Guise, à laquelle il fut fidèle six mois, ce qui parut une merveille. C'est à l'occasion de ce mariage, que Voltaire fit sa jolie pièce :

> Un prêtre, un oui, trois mots latins
> A jamais fixent vos destins, etc.

Le public s'amusa beaucoup d'une saillie plaisante, par laquelle Richelieu rappelait une aventure de sa première femme. Madame de Richelieu, première du nom, avait long-temps aimé son mari passionnément ; mais, constamment négligée, même rebutée par lui, elle s'était enfin consolée avec un écuyer ; son mari l'avait su, et avait tiré parti de cette connaissance pour s'amuser quelquefois de l'embarras de sa femme; c'eût été un travers d'en faire un autre usage. La mort de madame de Richelieu le débarrassa de cet écuyer auquel il ne pensait plus. Croirait-on que cet homme, ayant eu connaissance du mariage de M. de Richelieu, avant qu'il fût devenu public, osa venir lui demander cette même place d'écuyer auprès de sa seconde femme ? « Quoi, » monsieur, lui dit le duc, encore cette fois ! vous » êtes bien alerte. Non, monsieur, on n'a pas » besoin de vos services. » Cette légèreté, dans la manière de considérer cet accident et d'y faire allusion, fut généralement goûtée : c'était la perfection.

On approuva beaucoup aussi les ménagemens qu'il eut pour sa seconde femme : elle était de la maison de Lorraine, et parente de l'Empereur. M. de Richelieu poussa l'attention pour elle jusqu'à se gêner et à lui cacher ses infidélités et ses intrigues. Il tint aussi une conduite excellente à l'égard de madame de La Martelière, femme de la ville, mais d'une beauté rare, à laquelle il continua de rendre ses soins pendant une longue maladie et jusqu'à sa mort. C'est ainsi qu'il en usa encore, quelques années ensuite, avec madame de La Popelinière, devenue si célèbre par l'aventure de la cheminée tournante, et à laquelle il fit une pension, ce qui n'étonne pas ; mais qui fut payée, ce qui est très-remarquable. Tous ces procédés, toutes ces honnêtetés dont personne ne chercha l'explication dans les principes de la morale universelle, tiennent chez M. de Richelieu à des convenances locales, à des détails de mœurs qu'il est à propos d'éclaircir. M. de La Martelière, M. de La Popelinière n'étaient point des miroitiers du faubourg Saint-Antoine, comme le mari de la pauvre madame Michelin : c'étaient de bons fermiers généraux de la place Vendôme, donnant d'excellens soupés aux gens de la cour, et tous les deux parfaitement ridicules. Ils défrayaient ainsi doublement leurs hôtes, et il eût fallu de terribles raisons pour se brouiller avec de pareils amis. Songeons que c'était le temps où une femme connue, voulant se justifier du mauvais choix d'un amant, a dit, dans un couplet très-joli :

> Je le pris sans scrupule,
> Et je le fis exprès
> Pour voir de près
> Son ridicule.

Comment rompre avec M. de La Martelière, qui avait mené M. de Richelieu chez sa femme et chez une fille qu'il entretenait, se vantait et se plaignait presque d'être adoré des deux, était désolé de n'avoir point d'enfans ni de l'une ni de l'autre, et à qui M. de Richelieu en promettait, gageant même *le double contre le simple?* Il gagna, et M. de la Martelière eut des enfans.

Quant à M. de la Popelinière, ce fut lui qui se mit dans son tort, et qui rompit le premier, ayant découvert la cheminée tournante par laquelle M. de Richelieu entrait dans la chambre de sa femme : il ne tenait qu'à lui de se taire. Ce fut bien ce que lui dit le maréchal de Saxe, qui, après avoir admiré l'invention de la cheminée, blâmait seulement la préférence donnée à Richelieu, et ajoutait plaisamment : *Encore si c'était moi!* Ce dernier trait prouve que le héros avait daigné descendre aux manières françaises. Voltaire avait raison de dire, dans le *poëme de Fontenoi :*

C'est là ce fier Saxon qu'on croit né parmi nous.

C'est un éloge qu'on ne peut donner à M. de La Popelinière, qui s'emporta, se couvrit de ridicule, et mit sa femme hors de chez lui. Madame de La Popelinière, ainsi chassée, perdue et déshonorée plus qu'il n'était d'usage, il convenait, il était décent que M. de Richelieu la traitât bien, vu le monde où elle avait vécu, et où n'avait pas vécu madame Michelin.

Rajeunissons M. de Richelieu, déjà vieux à l'époque de la cheminée, et suivons les progrès de sa fortune. Il avait poursuivi le cours de ses prospérités. Sa bonne conduite à Philisbourg lui avait valu le grade de brigadier des armées du roi. Il avait tué en duel M. le prince de Lixen, un allemand nommé M. de Penterieder : il avait eu de plus, dans l'intervalle, beaucoup de femmes et quelques filles. Le commandement de Languedoc vint à vaquer, et il l'obtint. On ne peut nier que sa conduite n'y ait été infiniment plus honnête que partout ailleurs, surtout pendant la vie de madame de Richelieu. Il mérite un grand éloge pour la résistance qu'il opposa à M. de Saint-Florentin, éternel persécuteur des protestans, et qui voulait faire de M. de Richelieu un instrument de persécution. C'est ce qu'il ne voulut pas être. Il envoya même à Versailles un Mémoire en leur faveur, rempli des principes de la tolérance : c'est ainsi qu'on appelait alors le simple bon sens et l'humanité. C'était le fruit de sa liaison avec Voltaire, dont, à cet égard, il se reconnaît le disciple. Ce Mémoire, et son indulgence envers les protestans, ne furent pas sans danger pour lui, et lui firent grand tort à la cour; mais Richelieu jouissait d'une faveur trop ancienne, trop personnelle, pour pouvoir être perdu par une seule bonne action : un parvenu, un intendant, un homme sans entours, à la bonne heure. Le duc se soutint, il pouvait même se compromettre encore davantage, et, en dépit de M. de Saint-Florentin, risquer toutes les bonnes actions qu'il aurait voulu, d'autant plus que madame de Châteauroux, sa nièce, parvint, peu de temps après, à la faveur déclarée du jeune monarque : c'est ainsi qu'on s'exprimait alors. L'état de maîtresse du roi n'était point encore une dignité : on ne lui disait point : *le poste où vous êtes élevée;* elle ne répondait pas : *la place que j'occupe.* Ce langage est postérieur de quelques années : il faut toujours remarquer le progrès des mœurs.

On accusa M. de Richelieu d'avoir tramé cette

intrigue ; mais il est certain qu'il n'y eut aucune part : il ne l'apprit même que par la confidence immédiate du roi. Ce n'est pas que cette accusation lui fît beaucoup de peine, puisqu'il déclare que cette complaisance est la moindre qu'on puisse avoir pour son roi, et qu'il voit fort peu de différence entre lui procurer une maîtresse ou lui faire agréer un bijou. Ces dispositions, connues du public, lui ont attiré long-temps après, et vers l'année 1770, le reproche plus grave, selon lui, d'avoir trempé dans une intrigue du même genre, mais d'une espèce beaucoup moins noble à ses yeux. Rien n'était plus contraire à ses principes. Il pensait qu'un roi se devait à lui-même de n'arrêter son choix, ou ses choix, que sur des femmes présentées ou faites pour l'être. C'était, selon lui, dégrader cette place que d'y élever des personnes d'un rang inférieur ; et les femmes de la cour étaient de cet avis. A la vérité, quand le maître avait failli à cette règle de convenance, le devoir des courtisans était d'honorer le choix du roi, et d'en tirer tout le parti possible. C'est à quoi M. de Richelieu ne manqua jamais. Il fit à toutes les maîtresses de Louis xv une cour assidue ; et même, dans sa vieillesse, on le vit approuver le dernier goût du roi, et lui citer les noms des princes, rois et empereurs qui avaient choisi, dans les derniers rangs de la société, leurs maîtresses et même leurs épouses. C'est ainsi qu'il rajeunissait, dans ses récits amusans, l'érudition historique qu'il avait acquise à la Bastille : *Qualis ab incepto!*

M. de Richelieu, admis dans l'intimité du roi et de madame de Châteauroux, devint, comme de raison, le guide de sa nièce dans sa périlleuse carrière. Il fut le confident de ses chagrins, et ils étaient grands. Elle aimait le roi, qui n'aimait que les plaisirs; elle le sentait, s'en affligeait; elle voulait la gloire de son amant qui ne voulait point de gloire ; elle se désespérait de la prodigieuse indifférence du roi sur toutes les affaires. « Je ne pouvais pas croire, écrit-elle, ce dont je suis témoin, et qui, tôt ou tard, si on n'y remédie, occasionnera un grand bouleversement.» Ce mot est remarquable. Madame de Tencin, à la même époque, parlait aussi d'un renversement total. Ainsi, dès l'année 1743, des femmes; par le seul avantage de leur position, devançaient de quinze ou vingt ans les pronostics, qui depuis ont fait honneur à la sagacité de plusieurs philosophes et de quelques hommes d'état.

Ce qui étonnait madame de Châteauroux, causera sans doute la même surprise à la postérité. On aura quelque peine à croire que, dans la guerre de Bavière, le roi écrive de sa main, le 23 janvier (la lettre existe): « Il y a des nou-
» velles de Bavière du 13 (décembre précédent),
» mais je ne les ai pas vues. » Il était resté trois semaines, sans se faire rendre compte des nouvelles de la Bavière.

Madame de Châteauroux, pour tirer le roi de cette apathique indolence, souhaita qu'il parût à la tête de ses armées. Ce désir avait quelque chose de généreux ; il tourna contre elle ; mais il accrut la célébrité et la gloire de son oncle, le duc de Richelieu.

Distingué à l'affaire d'Ettinghen, où il n'eut de chagrin que ce spectacle cruel dont nous avons parlé (*les corps morts des gens de son espèce confondus impitoyablement avec ceux des soldats*), il était devenu premier gentilhomme de la chambre et lieutenant général. Il se distingua encore sous les yeux du roi, à la campagne de Flandre et à la prise de Courtrai. Son assiduité auprès de lui pendant sa maladie à Metz, l'obstination avec laquelle il refusa de croire au danger réel de la maladie, tout servit à l'affermir dans la faveur du roi. Richelieu était sincère et vrai dans cette occasion : il ne crut jamais au danger de cette maladie de Metz, dont l'exagération lui parut l'ouvrage des prêtres et des courtisans, ligués pour écarter d'un prince faible et superstitieux madame de Châteauroux. Pendant cette crise, elle se désolait, elle prévoyait sa perte prochaine. Au retour du roi dans la capitale, sa maîtresse, confondue dans la foule, la mort dans le cœur, jouissait de l'allégresse publique. Mais quelle jouissance ! elle avait vu le roi attendri de l'amour de son peuple. « Il paraissait » ému, écrit-elle, il est donc susceptible d'un senti- » ment tendre ! » Quel mot après trois ans de liaison !

Tenue à l'écart, et souhaitant d'être rappelée, elle croit le roi arrêté par la crainte d'avouer ses torts envers elle. « Il croit peut-être, dit-elle, avoir
» trop de torts à effacer, et c'est ce qui l'empêche
» de revenir : ah! il ne sait pas qu'ils sont tous
» oubliés. »

Voilà la nature; c'est le sentiment et le langage d'Ariane dans la pièce de ce nom :

> Plus de ressentiment de ton crime passé ;
> Tu n'as qu'à dire un mot, ce crime est effacé :
> C'en est fait, tu le vois, je n'ai plus de colère.

Rien de plus touchant ; mais Ariane, en adressant ces paroles à Thésée dans Naxos, n'avait à prétendre, pour ses parens, ni commandement d'armées, ni gouvernement de province. Voilà pourquoi elle est encore plus intéressante que madame de Châteauroux, qui néanmoins, vu le temps, le lieu et la place, ne manquait pas d'une certaine honnêteté. Mais elle-même, malgré son zèle pour le bien de l'état, faisait faire des fautes à son amant. Après la malheureuse affaire d'Ettinghen, il écrit au duc de Richelieu : « Dites au ma-
» réchal de Noailles (proche parent de madame
» de Châteauroux) que je ne lui écris pas, mais
» que je suis très-content de lui. » C'est ainsi qu'il écrit au maréchal de Soubise après la bataille de Rosbac ; il fait plus, il lui donne le bâton de maréchal de France. Voilà une de ces fautes que le despotisme aurait dû à jamais s'interdire. On a

quelque peine à concevoir ces scandales authentiques, prodigués gratuitement, sans prétexte et et sans objet. Trois puissances gouvernent les hommes: le fer, l'or et l'opinion; et quand le despotisme a lui-même détruit cette dernière, il ne tarde pas à perdre les deux autres.

Nous rompons un peu trop souvent le fil des événemens publics, et nous donnons trop d'attention à la partie morale du dernier règne. Revenons à M. de Richelieu qu'on trouve partout, et jusqu'alors presque toujours brillant.

Il le fut surtout à Fontenoi ; et, quoiqu'aient pu dire ses ennemis, ainsi que ceux de Voltaire, qui accusaient ce dernier d'immoler à son idole la gloire du maréchal de Saxe, il paraît qu'on ne peut lui refuser l'honneur du conseil qui détermina le gain de la bataille. Cette idée d'entamer avec du canon la colonne anglaise, paraît d'ailleurs si simple, qu'on ne peut attribuer qu'à la maladie du maréchal de Saxe l'oubli d'un pareil ordre. Le courage de Richelieu, égal à sa présence d'esprit, le précipita dans les premiers rangs de la colonne éclaircie par le canon; et c'est là un des beaux momens de sa vie.

Il est peut-être, de tous les Français, celui qui a rendu le plus saillant ce bizarre contraste du courage d'un guerrier intrépide et des mœurs de Tanzaï : Lawfeldt lui vit déployer la même bravoure et la même intelligence. Sa réputation militaire devint alors assez grande pour que les Génois, à la mort du duc de Bouflers, désirassent de le mettre à la tête des forces de la république soulevée contre les Autrichiens. On ne peut nier que sa conduite n'y ait été habile et vigoureuse. Elle lui fit pardonner les folies qu'il fit pour Pelinetta Brignolet, belle-sœur du doge, la seule femme connue près de laquelle il n'ait pu réussir. Richelieu avait alors cinquante ans ; mais il ne voulait point s'en apercevoir ; et à Gênes même, plusieurs femmes le lui firent oublier. Il avait eu le même avantage dans son ambassade de Dresde, célèbre autant que celle de Vienne par le faste qu'il y déploya : c'était une de ses passions.

Il réparait, comme tant d'autres, par l'avarice, les dommages qu'elle lui causait. La même cour étrangère le vit abandonner à l'avidité du public reçu dans son hôtel, de superbes décorations de dessert, même son argenterie, et refuser à ses valets de pied le remboursement de leurs frais pour leurs habits de gala. On le vit depuis, dans son gouvernement de Bordeaux, s'approprier douze mille francs d'appointemens attachés à la place de capitaine de ses gardes, payés par la ville ; et en détacher généreusement douze cents livres, disant qu'à ce prix il aurait des capitaines des gardes tant qu'il voudrait. Ce capitaine des gardes était pourtant bon gentilhomme, considération très-importante pour M. de Richelieu ; mais les principes s'affaiblissent quelquefois dans la vieillesse. Nous ne parlons point de la réduction proportionnelle faite sur les six mille livres payés par la ville au secrétaire. Celui-ci n'était pas gentilhomme ; il n'y a rien à dire, si ce n'est que le gentilhomme et le roturier furent ici confondus sans ménagement, comme à la bataille d'Ettinghen.

Nous arrivons au moment où M. de Richelieu, toujours jeune, brillant d'exploits guerriers et d'aventures galantes, n'ayant été malheureux en amour que dans la ville où il avait une statue, va jeter encore un nouvel éclat, et accroître sa gloire militaire.

Il avait été l'un des courtisans les plus empressés de madame de Pompadour, qui avait succédé au poste de madame de Châteauroux. Madame de Pompadour, n'étant point de la classe des femmes présentées, la manière de penser du duc ne lui permettait point d'approuver ce choix, tant qu'il n'était pas fait ; mais, une fois fait et déclaré, Richelieu se comportait comme s'il l'eût approuvé : c'était son principe. Cette conduite avait singulièrement flatté madame de Pompadour, et redoublé pour Richelieu la bienveillance du monarque. Ce début était bon ; mais, par un caprice bizarre, Richelieu ne persévéra point : il avait de l'orgueil, et il désobligea cruellement madame de Pompadour. Elle avait, de son mariage, une fille chérie ; et, voyant la cour à ses pieds, elle crut pouvoir proposer au duc de Richelieu un projet de mariage entre son fils et Alexandrine : c'était le nom de cette jeune personne. Richelieu fit une de ces réponses, qui, sans être précisément un refus ou une offense, laissent de longs souvenirs à la vanité mécontente. Il est probable qu'il s'en repentit, et que, s'il eût prévu la mort de cette jeune Alexandrine, il se fût épargné, par une réponse plus obligeante, les désagrémens que lui attira sa réplique.

Par malheur, ces petites tracasseries décidaient quelquefois du sort d'une campagne et de la destinée de l'état. Elles pensèrent, comme on verra, faire échouer l'entreprise sur Minorque, et occasionnèrent probablement les délais mis dans le renvoi du courrier dépêché à Versailles, après l'affaire de Closter-Seven, délais qui rendirent inutiles à la France une avantageuse capitulation. Il est affligeant de songer que toutes ces petites intrigues soient une portion essentielle de l'histoire. Quant à M. de Richelieu, il croyait que c'était l'histoire toute entière, et pensait qu'elle ne pouvait être écrite que par des hommes initiés aux mystères du gouvernement : ministres, généraux, courtisans. A la vérité, elle peut, selon lui, être rédigée par un historien que choisirait le roi ; « car pourquoi (ce sont ses termes) laisser à tout le monde le droit d'écrire l'histoire ? » M. de Richelieu avait ses raisons de préférer les historiographes aux historiens. Cependant on peut voir, par la manière dont il est traité dans les Mémoires de Duclos, que personnellement il n'avait pas plus à gagner avec les uns qu'avec les autres.

Quoi qu'il en soit, les uns et les autres doivent convenir que M. de Richelieu développa, dans l'entreprise sur Minorque, les talens et les ressources d'un général. Il arrive à Toulon : rien n'est prêt ; il en est peu surpris : il connaissait la haine des ministres secrètement appuyés par madame de Pompadour. Il ne se rebute pas ; il presse l'armement, trouve des secours dans le zèle des Marseillais ; il s'embarque, arrive à Mahon, forme le siége de la citadelle, veille à tout, et s'expose comme un simple soldat. On se souviendra long-temps de la manière dont il fit cesser dans son camp l'habitude de s'enivrer. « Je déclare, dit-il, » que ceux d'entre vous qui s'enivreront désor- » mais, n'auront pas l'honneur de monter à l'as- » saut. » C'était connaître les Français.

Pendant ce temps, qu'est-ce qui se passait à Versailles ? Ses ennemis, et surtout les ministres, faisaient des vœux contre le succès du siége. On répandait, avec la joie de la malignité triomphante, les nouvelles fâcheuses, les bruits défavorables ; madame de Pompadour disait hautement que Richelieu était rempli d'une présomption qui méritait d'être châtiée, humiliée par un revers. Pour le roi, il était indécis, et comme neutre entre sa maîtresse et son général. Il trouvait sans doute le châtiment un peu fort ; mais il convenait de la présomption. « Au surplus, ajoutait-il, si la » chose tourne mal, cela le regarde, il l'aura » voulu. » Par bonheur, la chose tourna bien.

Mahon fut pris : le roi, dans le fond, en fut fort aise ; madame de Pompadour se consola, fit du conquérant son héros, l'appela son cher Minorquin, composa des chansons pour lui, les lui chanta ; il les trouva charmantes : et tout se passa le mieux du monde.

Tous ces détails sont attestés par les lettres de la duchesse de Lauraguais, long-temps amie, et alors maîtresse du duc de Richelieu (les soixante ans n'y faisaient rien). Elle était sœur de madame de Châteauroux, et terminait ce récit par ces mots : « Ma sœur avait raison de dire quelquefois » qu'on serait tenté de voir tout comme un songe, » puisqu'il est impossible de rémédier au mal » avec un maître qui se plaît à n'être rien. »

Des désastres, des scandales, des ridicules, forment, comme on sait, l'histoire des campagnes suivantes. Madame de Pompadour, malgré ses chansons pour M. de Richelieu, paraissait ne pas lui destiner de commandement ; mais le duc, exerçant sa fonction de premier gentilhomme de la chambre, au commencement de l'année marquée par le crime de Damiens, se trouva, par sa place, le garde-malade, et en quelque sorte le consolateur de son maître. Il sut, des premiers, que la blessure du roi n'était pas dangereuse ; et sa sagacité, qui avait pressenti à Metz la chute de madame de Châteauroux, immolée à l'intrigue des prêtres et des ministres, lui fit deviner que madame de Pompadour sortirait victorieuse d'une épreuve à peu près pareille. Il lui rendit des soins, quand d'autres avaient la maladresse de l'abandonner. Il était juste qu'un commandement fût la récompense de cette attention. La France avait deux armées en Allemagne : l'une aux ordres de M. de Soubise, intime ami de madame de Pompadour, par conséquent inamovible ; l'autre aux ordres de M. d'Étrées, général estimé, mais qu'elle n'aimait pas : ce fut donc celui-ci qu'il convenait de dépouiller. L'un des ministres, M. de Puisieux, son beau-père, le prévit, et lui écrivait : « Vous » êtes desservi ; déjà même on vous donne un suc- » cesseur. Donnez la bataille ; si vous la gagnez, » on vous regrettera; si vous la perdez, il n'en sera » ni plus ni moins. » Vingt ou trente mille Français tués sans objet, étaient peu de chose pour M. de Puisieux, quand son gendre était prêt de ne plus commander. Le gendre profita du conseil, risqua tout pour rien, livra la bataille et la gagna : succès inutile, c'était le signal de son rappel.

M. de Richelieu, nommé son successeur, le rencontra à Strasbourg, déjà traité, quoique loin de la cour, en général disgracié; abandonné de ses officiers généraux, et resté seul avec sa victoire qui n'avait point réussi à Versailles. Le nouveau général ne put s'empêcher de dire à cette occasion : « C'est donc presque toujours aux » places que nous devons les hommages qu'on » nous rend ! » A la nuance d'étonnement que suppose cette réflexion, on ne reconnaît pas l'esprit et l'expérience de M. de Richelieu ; l'exemple de l'abandon où étaient tombés les maréchaux de Saxe et de Lowendal, devait l'avoir instruit suffisamment. Il aurait dû être plus accoutumé à ce spectacle, moins surpris, plus fait à la fatigue.

Une anecdote particulière achève de montrer l'accord et l'harmonie qui régnaient dans le conseil. M. de Richelieu était déjà parti pour Strasbourg, que M. de Belle-Isle, ministre de la guerre, ignorait encore la nouvelle du commandement donné à M. de Richelieu. Il traita d'imbécile celui qui la lui apportait.

On connaît aujourd'hui tous les détails de cette campagne brillante et inutile, terminée par la capitulation de Closter-Seven. Il paraît certain que la conduite militaire de M. de Richelieu ne mérite que des éloges. Il paraît que l'infraction faite par les ennemis à ce traité provisoire, ne doit être imputée qu'aux délais coupables des ministres français, qui en différèrent à dessein la ratification. M. de Richelieu, toujours actif et vigilant pour son compte, s'occupait même de M. de Soubise. Il lui faisait passer de très-bons conseils, et l'avertissait de prendre garde à lui. M. de Soubise n'y prit point garde : c'était le roi de Prusse qui s'était chargé de ce soin. Il l'avait dit formellement : « Quant au petit Soubise, j'en fais mon affaire. » Il tint parole, et la bataille de Rosbac acheva d'annuller la convention de Closter-Seven, déjà ébranlée par la négligence malintentionnée du ministère français.

M. de Richelieu revint à Paris jouir d'une gloire contestée, mais réelle. Il embellit son hôtel d'un pavillon magnifique, à qui le mécontentement public avait donné le nom de *pavillon d'Hanovre*, dénomination adoptée par M. de Richelieu lui-même, soit pour la faire tomber, soit pour la faire tourner en son honneur, soit pour braver le public, plaisir auquel il n'était pas indifférent. On supposait à ses nouvelles richesses, qu'on exagérait sans doute, une source malhonnête. Il avait, disait-on, tiré du pays ennemi des contributions immenses; et, selon d'autres bruits plus calomnieux probablement, l'argent français entrait pour beaucoup dans ce surcroît d'opulence. Ses amis répondaient que le maréchal de Villars avait fait bien pis encore. Sous l'ancien régime, les malheurs et les scandales, soit publics, soit particuliers, avaient à choisir entre ces deux réponses consolantes: *c'était bien pis autrefois*, ou *un jour ce sera bien pis*. M. de Richelieu savait les employer à propos l'une et l'autre.

Nous ne nous étendrons pas sur les trente dernières années de M. de Richelieu; elles sont trop connues de la génération actuelle, composée en partie de ses contemporains. Il sembla, dans sa vieillesse, revenir entièrement aux mœurs de la régence dont il ne s'était jamais beaucoup écarté. Toujours plein de l'idée qu'il vivrait cent ans, il avait souhaité, dans tous les temps de sa vie, de se placer dans une position capable d'assurer l'impunité à ses vices et à toutes ses fantaisies. C'est à quoi un gouvernement de province était merveilleusement propre. Une place dans le ministère n'offrait cet avantage que passagèrement, et de plus l'exposait à tous les orages de la cour : aussi la refusa-t-il, à la grande surprise des courtisans, dont l'égoïsme calculait autrement que le sien. C'est après la mort du maréchal de Belle-Isle que cette offre lui fut faite; mais il était trop empressé d'aller prendre possession de son goument de Guienne, « où il pourrait faire tout ce » qu'il voudrait, et où personne n'oserait lui rien » dire, étant bien avec le maître : » ce sont ses termes. C'est en effet à quoi se réduisait tout le mystère, et M. de Richelieu l'avait très-bien saisi. Il se rendit à Bordeaux après une maladie longue et affligeante, mais utile et secourable: une lèpre universelle qui renouvela toutes ses humeurs, le rajeunit en quelque sorte et le régénéra pour le vice. Il portait à Bordeaux la réputation que devait avoir le vainqueur de Mahon, celle d'être bien à la cour, non moins désirable en province, enfin celle d'homme aimable, qualité qui relevait toutes les autres. Aussi fut-il reçu comme un triomphateur, au milieu des acclamations publiques, et avec une sorte d'ivresse. Son désir et son talent de plaire prolongèrent quelque temps cette faveur publique; mais il se lassa bientôt d'être aimé; et les vexations, les tyrannies de tout genre le rendirent odieux à la ville et à toute la province : licence effrénée, encouragemens donnés aux mauvaises mœurs, aux jeux, défense de port-d'armes, etc. Le mal était sans remède ; car M. de Richelieu était *bien avec le maître*. Il venait souvent à la cour renouveler sa faveur, et donner à son crédit la force nécessaire pour exercer dans sa province un despotisme illimité, qui s'accrut de jour en jour pendant le règne de Louis xv.

Les querelles du gouverneur de Guienne avec les divers membres du parlement de Bordeaux, ou même avec le corps entier, ne pouvaient être un grand démérite aux yeux du roi qui détestait les parlemens. Richelieu était à cet égard son confident le plus intime, comme on le voit par les lettres de Louis xv au maréchal, imprimées à la fin du troisième volume. Vindicatif comme l'était M. de Richelieu, on sent quelle fut sa joie d'être chargé de faire enregistrer l'édit de suppression du parlement de Bordeaux. Louis xv lui écrivait : « C'est le désir d'avoir la paix qui m'a déterminé à détruire des corps orgueilleux, qui s'opposent depuis si long-temps à mes volontés. J'ai trop à me plaindre de mes parlemens pour revenir jamais sur leur sort. Je leur ferai voir que je ne tiens mon pouvoir que de Dieu, que je n'ai de compte à rendre qu'à lui, et que personne ne doit s'opposer à ma volonté. » Telle

était, dès sa première jeunesse, la profonde conviction du roi ; et pouvait-on lui en faire un reproche? On avait lié cette doctrine à toutes les parties de son éducation, et on l'avait consacrée par la religion même. Il écrivait, en 1753, au sujet des querelles du parlement et du clergé :
« Je veux qu'on rende à Dieu ce qui est à Dieu, et à César ce qui est à César ; or, César ne tient que de Dieu ce qui est à César ; mais il ne le lâchera à personne sur la terre française. »

La réponse qu'on pouvait faire au roi, et qu'il fallait adresser aux courtisans et aux prêtres, est celle d'Athalie à Josabet, après avoir entendu le jeune Eliacin :

> .... J'aime à voir comme vous l'instruisez ;
> . . . .
> . . . .
> Sa mémoire est fidèle, et dans tout ce qu'il dit,
> De vous et de Joad je reconnais l'esprit.

Louis XV avait un sentiment si intime de sa puissance illimitée, qu'il n'attribue qu'à sa bonté la clémence dont il usa envers les parlemens, et qu'il les menace d'un successeur moins doux, d'un maître plus sévère. Il ne pouvait prévoir que son successeur se lasserait de voir son autorité combattue par des corps orgueilleux, éternellement compromise en de ridicules débats entre des ministres intrigans et des cours de judicature ; et qu'il aimerait mieux se voir chéri par une grande nation puissante et heureuse, que de régner sur un peuple avili et infortuné, qui ne peut apercevoir les vertus de son roi à travers les crimes de ses ministres.

C'est dans cette correspondance très-curieuse de Louis xv, qu'on trouve l'explication de la constance que ce prince a portée dans la destruction des parlemens. On en fut étonné ; mais la surprise redoubla en lisant ces étranges paroles écrites en 1753, après avoir juré de déployer contre les parlemens toute sa puissance royale : « Je répandrai mon sang avec plaisir. » Cette même lettre est terminée par ces mots : « Vous pouvez faire usage de ceci. Je ne le signe pas, vous connaissez assez mon écriture pour être sûr qu'elle est de moi ; mais je le ferais même avec grand plaisir, s'il fallait, d'une autre couleur. »

C'est ainsi que parlait, dans cette seule occasion, un prince qui, se tenant comme étranger aux affaires publiques, laissait quelquefois manquer de respect à son nom, et même contrarier ses goûts personnels par ses propres ministres. On connaît son mot : « Quand je vous disais qu'ils sont plus maîtres que moi ! Ils font des sottises ; c'est leur faute : pourquoi ne m'écoutent-ils pas ? »

Cette faiblesse avait tellement enhardi l'insolence des ministres, qu'ils affichaient leur mépris pour ses volontés connues, et même pour sa signature. « Le roi m'a donné une pension, disait un homme à l'abbé Terray, en lui montrant la signature du roi. — Que le roi vous paie, répon-

dait l'abbé. » Un autre présentait un bon du roi.
« Ce n'est pas le mien, disait le contrôleur général. » Ce contraste entre tant de faiblesse et l'espèce de force qu'il déploie dans l'affaire des parlemens, tient à des idées et à des habitudes de sa jeunesse. L'évêque de Fréjus, devenu ministre, s'étant trouvé engagé, comme ses prédécesseurs, dans ces querelles avec les parlemens, se vit forcé d'en impatienter l'insouciante jeunesse du monarque, et de lui donner un rôle personnel dans ces farces ministérielles et parlementaires. De là naquit l'importance que le roi continua d'y attacher. C'est ainsi que des circonstances particulières placent dans le caractère et dans l'esprit certains contrastes bizarres qu'il n'est pas toujours facile d'expliquer. Ce qui était plus facile, c'était d'épargner au jeune roi tout cet embarras: il suffisait, pour anéantir l'importance des parlemens, de ne point en mettre à des disputes scolastiques, déguisées en questions religieuses. Mais alors M. de Fréjus n'eût point fait sa cour au saint siège; dès lors, plus de chapeau; et rien de plus désagréable pour un évêque premier ministre. On ne saurait trop répéter que telles sont les belles idées qui ont influé pendant cinq ou six cents ans sur le sort des empires, et qui sont bien loin d'être anéanties partout.

Le plaisir que M. de Richelieu avait trouvé à faire exécuter les ordres du roi pour la destruction du parlement, lui fit accepter la commission de les porter à la cour des aides de Paris. Ces deux expéditions, et principalement la dernière, furent ce qui acheva de le plonger dans l'avilissement où il était déjà tombé. On fut indigné de voir le vainqueur de Mahon se rendre l'instrument ostensible d'une intrigue abjecte dont on le crut alors l'auteur, il n'en était que le confident; mais il l'était à sa manière : comme un vieillard corrompu qui s'amuse de tout, encourage sans se compromettre, ne désespère du succès d'aucune absurdité, et, en fait de vices ou de ridicules, ne croit rien d'impossible. Il eut raison ; rien ne l'était : mais, par malheur pour le vieux favori, Louis XV mourut. Un nouveau règne fut pour lui l'équivalent d'une disgrâce. Rebuté à Versailles, il alla régner en Guienne ; c'était un pis aller très-supportable : et voilà ce que ces gouvernemens de province avaient de bon. Mais cette fois l'honneur d'être bien avec le maître, condition requise pour y *faire tout ce qu'on voulait, sans que personne osât rien dire*, cette condition essentielle manquait à M. de Richelieu. Les Bordelais le savaient ; ils osaient *le dire* : et le gouverneur n'était pas aussi absolu qu'il le désirait. Un procès ridicule l'obligea de revenir à Paris, où le roi le fixa par la défense expresse de retourner à Bordeaux. Ce fut un moment désagréable; mais avec lui les chagrins, comme les plaisirs, ne duraient qu'un moment.

Sa place de premier gentilhomme lui donnait

des comédiens à gouverner, des caprices à satisfaire. Tout allait mal là, comme en Guienne : et quand on se plaignait : « Ce sera bien pis, répondait-il, sous mon successeur : » il faisait ainsi les honneurs de M. de Fronsac, qu'il impatientait de toutes manières, et surtout par sa longue vie. Il se divertissait à lui en présenter l'espérance ; et lui-même la considérait comme la punition des mauvais déportemens de son fils : la punition était sévère. Celui-ci, rongé de goutte, l'ayant mérité, mais pas si bien, voyait son père, le seul, entre les quatre premiers gentilshommes et leurs survivanciers, qui se trouvât en état d'être de service auprès du roi. Il recevait, dans son lit, la visite du maréchal, qui le consolait pour le désoler, le grondait de sa molesse, et se promenant lestement dans la chambre du malade, lui disait que « lorsqu'on a la goutte à un pied, il fallait se tenir sur » l'autre, chose facile, ajoutait le malin vieillard ; » et il le prouvait en restant quelques minutes dans l'attitude qu'il indiquait comme une recette. De la chambre du malade, il allait faire sa cour aux femmes, et quelquefois réussissait, dit-on. On prétend même que, pour mieux prouver sa jeunesse, il se battit en duel ou offrit de se battre à soixante dix-huit ans. Ce qui est certain, c'est qu'il fut vu sortant de chez lui, le soir, seul, à pied, et dans le costume ordinaire en pareil cas. La célébrité attachée à son nom répandait dans le public tous ces scandales ridicules ; et le bruit qu'ils faisaient, était sa récompense. C'étaient les mêmes mœurs que jadis un autre vieillard avait affichées sous la régence, et avait conservées, ainsi que sa santé, jusque dans un âge où les autres hommes touchent à la décrépitude; et Richelieu était, à cet égard, le Lauzun de son siècle.

Cependant une légère incommodité l'ayant averti qu'il vieillissait, il se maria, calcul bien entendu, qui intéressait à sa conservation une femme vertueuse dont les soins prolongèrent probablement sa vie.

Le plaisir de contrarier son fils, et la singularité d'avoir été marié sous trois règnes, entrèrent, dit-on, dans ses motifs; mais il suffisait d'un égoïsme bien conçu, au moins dans cette occasion, tel que Richelieu avait dès long-temps arrangé le sien.

Madame de Richelieu pouvait se flatter de fixer son époux: c'est ce qui fut impossible. Il fut infidèle, même volage, à quatre-vingt-cinq ans. Il fit plus, c'est-à-dire pis : on le vit balbutier de vils hommages à ces beautés ambulantes, opprobre et scandale des grandes villes; et le rebut des passans ne fut pas toujours le sien. C'était, au reste, le seul chagrin qu'il donnait à son épouse, pour laquelle il montra toujours les plus grands égards: à moins qu'on ne compte pour des chagrins (et c'en était sans doute un très-grand pour une personne aussi honnête), de voir son mari se permettre, par habitude, des injustices odieuses, des vexations coupables, et d'énormes abus de crédit. On peut citer, entre autres exemples, sa conduite à l'égard d'un particulier, voisin du maréchal, et qui ne put jamais, du vivant de M. de Richelieu, disposer d'un terrain qu'il avait acquis du roi, et où il voulait faire bâtir. Ce mot de *crédit* peut étonner dans son application à un homme assez maltraité du maître. Mais tel était l'effet d'une ancienne faveur, que lors même qu'elle n'existait plus, il en restait toujours le crédit d'opprimer à la ville : c'était bien la moindre chose. Maréchal de France et premier gentilhomme de la chambre, M. de Richelieu, avec ses entours et sa célébrité, avait des droits certains à la complaisance des gens en place, qui pouvaient craindre encore son habileté en intrigues. De plus, il faut savoir qu'indépendamment de la réserve qu'imposait la prudence, une convention tacite avait tourné en mode, chère à l'orgueil, la nécessité des ménagemens entre *gens de la même espèce*. Ainsi faciliter ou du moins permettre l'oppression d'un inférieur, était une convenance d'état dont on ne pouvait, entre honnêtes gens, se dispenser sans indécence. Protéger le faible ou l'innocent contre certains persécuteurs, paraissait un oubli des usages reçus entre personnes d'un certain rang : c'était un manque de savoir vivre. Peu de reproches étaient plus graves. Aussi, en pareil cas, n'y recourait-on qu'à la dernière extrémité, qu'après avoir épuisé toutes les conjectures, qu'après avoir supposé des motifs d'intérêt personnel, d'inimitié secrète, d'intrigue prête à éclore ; rien n'était moins naturel que de manquer à des personnes d'un certain ordre, pour protéger, qui?... un homme du peuple, autrement dit, de rien.

C'est peut-être ici le lieu d'observer que M. de Richelieu n'a jamais pu prononcer le nom d'un bourgeois exactement et sans l'estropier. Quiconque n'était pas gentilhomme, était à ses yeux un *quidam* qu'il suffisait de désigner, puisque le besoin l'exigeait ; mais savoir de pareils noms lui semblait un ridicule dont il se préserva toujours. Nous tenons ce petit détail de vingt personnes, entre autres de M. l'abbé Arnaud, que le maréchal, en dépit de la confraternité académique, appela toujours l'abbé Renaud. Peut-être aussi était-ce un souvenir machinal accordé aux mânes de madame Renaud, l'amie de madame Michelin. En ce cas, ce ne serait que l'effet du radotage, qui, avec la surdité, fut presque la seule incommodité de sa décrépitude. Il s'éteignit par degrés, presque sans douleur, sans agonie, et mourut l'année qui précéda la révolution. Heureux jusqu'au dernier moment, l'enfance dans laquelle il était tombé, lui déroba le sentiment des approches de la liberté, comme celui des approches de la mort : deux spectres également horribles à ses yeux.

Telle fut la destinée de cet homme singulier ; tel fut son caractère, si l'on peut donner ce nom au mélange bizarre de tant de qualités disparates. Nul n'eût été plus heureux, si les jouissances des sens composaient tout le bonheur de l'homme: nul ne sut mieux se conserver dans le genre de vie le plus fait pour abréger ses jours. Au reste, on a cru que la plupart des excès auxquels il parut se livrer, ne furent pour l'ordinaire qu'apparens. On dit que, dans ses débauches, plus indécentes que répétées, dans ses plaisirs affichés avec tant de bruit, il savait se commander une prudente et habile économie de lui-même ; en un mot, qu'il n'était qu'un avare fastueux, là comme ailleurs.

La fortune lui fut presque toujours favorable; mais il faut convenir qu'il provoqua ses faveurs avec esprit, adresse et activité. Il sut tourner surtout à son profit tous les vices de son siècle, dont il peut dire : *Et quorum pars magna fui.* Il eut des qualités brillantes, et aucune vertu. Il s'abstint de chasser, après avoir eu le malheur de tuer un homme à la chasse; mais dans le même temps, il laissait languir et mourir dans les prisons plusieurs innocens, qu'il y avait fait enfermer pour en avoir été contrarié dans ses goûts et dans ses fantaisies. Aussi, le peu d'actions honnêtes qui purent lui échapper dans le cours d'une longue vie, n'y paraissent que de caprices, des inconséquences qui surprennent plus qu'elles ne plaisent; comme on voit, dans quelques ouvrages d'esprit, certains traits saillans, mais déplacés, dont l'effet est détruit par cette raison.

Nous ne comptons point, parmi ses singularités, celle d'avoir mêlé à l'incrédulité en fait de religion, une grande foi à l'astrologie, la divination, la pierre philosophale : lui-même fait hommage de son incrédulité à Voltaire, et les trois autres superstitions lui étaient communes avec un grand nombre de courtisans. Les recherches occasionnées par les crimes de la Brinvilliers et de la Voisin prouvent à quel point la cour de Louis XIV était livrée à ces absurdes illusions. Mais ce fut là le moins mauvais effet de son admiration pour cette cour. Le goût d'un faste effréné, les maximes de la tyrannie, tous les préjugés de son état portés au plus haut degré, et si funestes dans un homme qui a joui presque toute sa vie d'une grande faveur et souvent d'une grande puissance : voilà ce qui a fait de sa longue existence un scandale et une calamité publics. On peut dire qu'à l'exception du vieux duc d'Épernon, comme lui gouverneur de la Guienne, et mort à peu près au même âge, aucun des ci-devant grands seigneurs n'a insulté plus long-temps et plus impunément la nation française. Il faut leur pardonner, ils n'y retomberont plus.

Nous avons eu occasion de citer plus d'une fois des Mémoires particuliers de M. de Richelieu, écrits par lui-même, ou plutôt rédigés sous ses yeux, puisque, indépendamment de l'orthographe qui est irréprochable, le style n'est pas sans agrément. Ces Mémoires, qui ne vont pas même jusqu'à la fin de la régence, font regretter qu'il ne les ait pas continués, au moins jusqu'à son départ pour la Guienne. Ils eussent été très-curieux, parce qu'il eût à peu près tout dit. Nul homme ne paraît avoir fait moins de cas de l'opinion qu'on aurait de lui après sa mort. C'est ce qu'on a pu voir dans le récit de l'aventure de madame Michelin, qui compose près de la moitié de ses Mémoires : le reste est l'histoire de ses aventures galantes jusqu'à cette époque. Il les commença à l'âge de cinquante ans, en Languedoc, où il commandait. C'était une complaisance pour une femme qui lui avait promis de le récompenser à son retour. On ne sait par quel caprice il a gardé le secret à cette femme, et à deux autres qui ne sont pas même désignées par une lettre initiale. Cette réserve surprend dans un homme qui, pour tant d'autres femmes, a étendu jusqu'à la postérité la confiance intime dont, à cet égard, il avait honoré le public contemporain. Quelle que soit cette femme, on est surpris que M. de Richelieu, en cherchant à lui plaire, soit aussi franc avec elle. C'est dans cet écrit qu'il développe au long sa théorie de l'infidélité. « C'est un goût, dit-il, né avec nous. L'homme n'a pas plus le pouvoir d'être constant, que celui d'écarter les maladies. L'objet quitté n'a été que prévenu, voilà tout. Quelques mois de plus ou de moins sont la seule différence entre l'infidèle et l'abandonné. »

Il parle de son amitié à cette même femme, à

laquelle il expose avec la même loyauté sa théorie de l'égoïsme. « Quand l'évangile nous prescrit d'aller pleurer avec les tristes, et rire avec les joyeux, il nous donne un conseil salutaire pour notre bonheur physique, autant que pour notre bonheur moral. C'est une folie de se mettre à la place de ses amis malheureux. Les gens qui regardent l'égoïsme comme un mal, ne voient pas qu'il est dans la nature. L'animal est égoïste; il ne pense et n'agit que pour lui. Ceux qui, séduits par les prestiges d'une philosophie déplacée, mettent leur bonheur à faire celui des autres, sont toujours dupes de ce système : il faut rapporter tout à soi. L'homme qui ne vit pas pour lui seul est toujours dupe de ses sentimens. Vous êtes convenue plusieurs fois, belle amie, que j'avais raison, et vous m'avez dit que c'était votre système. » On voit qu'entre les deux amans, l'union des cœurs était préparée par la conformité de principes, et surtout évaluée d'avance.

Nous regrettons de ne pouvoir présenter à nos lecteurs les idées politiques de M. de Richelieu « sur la nécessité de changer le peuple suf-
» fisamment ; sur le danger d'une aisance qui lui
» permettrait de raisonner, et de connaître peut-
» être ses forces, ce qui occasionnerait une in-
» subordination, à la vérité, facile à calmer en
» répandant un peu de sang, mais qu'il faut tou-
» jours prévenir..... M. le duc de Bourgogne, si re-
» gretté, aurait suivi la route tracée ; il aurait été

» forcé de faire ce que les ministres de son fils
» ont exécuté. » Tout ceci s'écrivait en 1746,
lorsque M. de Richelieu était devenu un homme
d'état profond.

C'est bien dommage aussi que nous ne puissions
rapporter et abandonner au commentaire de nos
lecteurs, les divers jugemens de M. de Richelieu
sur les différentes parties de l'administration sous
Louis XIV, les réponses de M. de Richelieu aux
reproches faits à la mémoire de ce prince, etc., etc.
Le rire et l'indignation se confondent à cette lecture. C'est le code de la tyrannie fondu dans celui
de la fatuité. C'est Atys ou Médor vieillissant,
devenu raisonneur, et écrivant des atrocités futiles
sous la dictée de Machiavel en délire.

Nous recommandons aussi à la curiosité de nos
lecteurs un long passage de ces Mémoires en
faveur des substitutions. Le moment où ce morceau paraît pour la première fois, le fera paraître
plus piquant. On dirait que l'auteur, qui embrasse
leur défense, a pris soin de rassembler les raisons
qui doivent entrer dans le *considérant* du décret
par lequel elles seront détruites.

Chacun des trois volumes de cette Vie est terminé par un recueil de lettres, presque toutes de
femmes. Elles n'apprennent rien, sinon que chacune avait sa manière d'aimer M. de Richelieu.
Celles de madame d'Averne et de madame de
Tencin sont un peu plus curieuses, attendu que
ces deux dames, aimant pour intriguer, développent

quantité de petits secrets alors reputés importans. Les lettres de madame du Châtelet sont celles qui donnent la meilleure idée de M. de Richelieu et d'elle-même. Elle lui parle comme à un ami aimable qui fut son amant quelques jours, ou peut-être un instant, et devant qui elle se reproche d'avoir offensé le sentiment durable qu'elle avait pour Voltaire.

Mais ce qui mérite le plus d'attention, ce sont les lettres de madame de Châteauroux et celles de madame de Lauraguais. C'est le langage de l'amitié, c'est celui de l'amour, s'exprimant avec la même confiance, et dévoilant tout l'intérieur de Versailles, pendant les campagnes de Flandre en 1743 et 1744, pendant le siége de Mahon: nous en avons cité quelques traits; ils doivent donner envie de lire le reste.

La correspondance de M. de Richelieu avec M. de Bernis, M. de Paulmy, le comte de Broglie, et madame de Pompadour (car il faut la mettre avec les ministres et les généraux), jettera un grand jour sur la campagne de 1757.

Les lettres de madame de Pompadour portent l'empreinte de la gêne avec un homme qu'on ménage, qu'on veut bien traiter, et qu'on n'aime pas, en dépit du baiser qu'on lui promit et qu'on lui donna pour le surcroît des contributions qu'il avait obtenu des états du Languedoc en 1752. Madame de Lauraguais, sa maîtresse quatre ans après, le blâme beaucoup de s'être arrêté en si beau chemin, et attribue à cette indifférence la mauvaise volonté de madame de Pompadour à l'égard de M. de Richelieu. « Je parle à mon ami, dit-elle, qui ayant été si souvent coupable, devait continuer à l'être, pour son avancement et ma tranquillité. Je comprends qu'après ce que vous m'avez dit, l'objet ne doit pas vous tenter ; mais ne fait-on pas quelques petits sacrifices pour jouir tranquillement de ce qu'on mérite? » On voit que madame de Lauraguais aimait par-dessus tout la tranquillité.

Plusieurs lettres de Louis xv à M. de Richelieu ne font pas le moindre intérêt de ce recueil. Nous nous contenterons d'en citer quelques traits.

« Le roi a soupé jeudi dans ses cabinets avec une princesse ou deux et une duchesse, et on croit qu'il recommencera demain ; mais on ne sait si les princesses y seront ou duchesses, ou marquises, ou comtesses. On remarque que, depuis quelque temps, les comtesses ont beaucoup déchu de leur faveur. Le mot de l'énigme est que madame de La Tournelle sera duchesse. » Elle le fut en effet, sous le nom de madame de Châteauroux.

« Sa majesté a paru fort contente à son soupé, de la truite du lac de Genève, que M. de Richelieu lui a envoyée.

« Il gèle ici comme tous les diables. Vous avez plus chaud que nous où vous êtes (à l'armée de Flandres); mais nous aimons mieux être ici.

« Sa majesté a décidé l'affaire des parasols, et

la décision a été que les dames et les duchesses pouvaient en avoir à la procession; en conséquence elles en ont eu.

« Non, assurément; M. de Broglie n'avait point d'ordre de quitter la Bavière; et, s'il est martyr de la politique, je vous assure que la politique l'est bien de lui.

« La semaine prochaine nous donnera vraisemblablement sujet à nouvelles tant de Turquie que d'Italie. » (Les nouvelles d'Italie, où Louis xv avait une armée, étaient plus intéressantes que celles de la Turquie. Mais ceci ne doit point étonner: c'est quatre lignes après avoir dit qu'il n'a point lu, au 23 janvier, les lettres de Bavière arrivées le 13 décembre. Il faut répéter que la lettre existe écrite de la main de Louis xv.)

« Vous savez que je vous ai défait de M. de Bernage (intendant de Languedoc), et que je l'ai remplacé par M. Le Nain; qu'en pensez-vous? L'on dit qu'il a une femme et un premier secrétaire bien jansénistes; je ne l'ai su que depuis. J'espère qu'il ne l'est pas. »

Ces citations, ainsi rapprochées, auraient suffi pour annoncer, dès l'année 1743, ce que devait être le règne. Elles eussent dit dès-lors tout ce qu'il est inutile d'exprimer à présent.

La dernière lettre du roi, celle qui termine cette correspondance, a pour objet de faire agréer à la noblesse la préférence donnée à mademoiselle de Lorraine pour l'honneur de danser au bal du mariage de M. le Dauphin.

Suivent les représentations et le placet de la noblesse qui réclame ses droits, avec respect sans doute, mais pourtant avec l'énergie convenable dans une occasion de cette importance. On se rappèle, après vingt ans, le trouble et l'agitation des esprits, pendant la discussion de cette affaire. Aussi n'était-ce pas une bagatelle, comme l'affaire des parasols.

Qu'il nous soit permis, en finissant, d'adresser à tout homme de bon sens et de bonne foi une seule question : Combien de temps pouvait subsister, sur les mêmes bases, une grande société dont le gouvernement, l'état politique et moral présentaient partout, et sous cent aspects différens, le tableau de vices, d'absurdités, d'horreurs et de ridicules qu'un petit nombre de pages vient de rassembler sous les yeux du lecteur, dans le cadre étroit de la vie privée d'un seul homme ?

Sur les *Mémoires secrets des Règnes de Louis* xiv *et de Louis* xv, par Duclos, de l'Académie française.

L'authenticité de ces mémoires n'est pas suspecte. Plusieurs amis particuliers de Duclos, et nombre de gens de lettres, savaient depuis long-temps leur existence; mais ils pensaient qu'il se passerait un grand nombre d'années, et peut-être un demi-siècle avant qu'on pût les rendre publics. La révolution, qui a ouvert les prisons et les bastilles, ouvre aussi les porte-feuilles. La vérité s'en échappe avant la mort de ceux qu'elle offense. Ce moment est, comme on le sait trop, l'époque des honteuses révélations. Mais, depuis ces deux dernières années, le nombre en est devenu si grand, que ces *Mémoires secrets des règnes de Louis* XIV *et de Louis* XV apporteront heureusement plus d'instruction que de scandale. Ils ont, pour recommandation auprès du public, le nom, la probité, le talent de l'auteur. Il est probable que cette dernière production de Duclos lui donnera, parmi les historiens, une place plus distinguée que celle où l'a mis son *Histoire de Louis* XI, objet de tant de critiques, dont plusieurs ne sont que trop justes. On connaît le mot du chancelier d'Aguesseau sur cette histoire de Louis XI : « C'est un ouvrage composé au- « jourd'hui avec l'érudition d'hier. » L'auteur des *Mémoires secrets* ne méritera point ce reproche. C'est le fruit du travail de plusieurs années ; c'est le tableau des événemens qui se sont passés sous ses yeux, dont il a pénétré les causes, dont il a en quelque sorte manié les ressorts. L'auteur a vécu avec la plupart de ceux qu'il a peints. Il les avait observés avec cette sagacité fine et profonde qu'il a développée dans les *Considérations sur les Mœurs*. C'était le vrai caractère de son esprit. Il se retrouve dans les *Mémoires se-*

crets, et ne pouvait se retrouver dans l'*Histoire de Louis* XI : c'est que l'auteur s'était déplacé. Il a écrit les Mémoires de Louis XIV et de Louis XV avec le talent qu'il tenait de la nature ; et il avait composé l'Histoire de Louis XI avec le talent auquel il prétendait. Cette différence, en marquant celle de leur mérite, semble présager celle de leur succès.

La révolution, loin de nuire à cet ouvrage, semble lui attacher un intérêt nouveau. Il est écrit, sinon dans les principes qui ont prévalu, au moins dans les idées de liberté qui ont préparé la victoire de ces principes. Duclos mérite à cet égard une place distinguée parmi les gens de lettres de la génération précédente. Il pensait et s'exprimait en homme libre : c'est ce ton qui a fait en partie le succès de son livre des *Considérations sur les Mœurs*. On le retrouve dans ces Mémoires. Louis XIV, son règne, ses ministres, ses courtisans y sont jugés d'une manière qui eût semblé bien étrange, bien audacieuse, si ce morceau eût paru à l'époque où il fut composé. On eût, pour le moins, trouvé qu'un historiographe prenait un peu trop le ton d'un historien. Il y avait là de quoi faire tort à sa place : Voltaire, qui l'avait quittée sans doute pour exercer plus librement l'emploi d'historien, n'use point de ses droits dans son *Siècle de Louis* XIV, aussi librement que Duclos dans ses Mémoires. Il est aisé de sentir les raisons de cette différence : Voltaire voulait faire jouir le public d'un ouvrage utile, et jouir lui-même de sa gloire, sans compromettre sa tranquillité. Duclos, s'étant déterminé à ne point imprimer ses Mémoires de son vivant, ne se crut pas obligé à couvrir d'un voile, encore moins à rendre respectables *les faiblesses d'un grand roi*. Il le montre tel qu'il est, jouet de ses ministres et de ceux qui l'approchaient, aveuglé par sa seconde femme, esclave de son confesseur, croyant vouloir et recevant d'autrui sa volonté, couvrant le royaume de ses espions, et ignorant des faits publics et connus de tout le monde.

On s'afflige, on gémit sur le sort des hommes, sur la fatalité qui préside aux choses humaines, lorsqu'on jette les yeux sur les trois portions du tableau que Duclos présente dans le premier livre de son ouvrage : la cour de France, celle d'Espagne, celle de Rome.

En France, un vieux roi, accablé des malheurs d'une guerre, effet d'une ambition dont il devait prévoir les suites ; idolâtré de sa cour, et haï de son peuple ; élevé au rang des saints parmi les monumens de ses adultères ; se croyant un Théodose, quand on versait pour la foi le sang de ses sujets, et rendant son âme à Dieu avec la confiance d'un parfait chrétien, sur la parole d'un prêtre barbare.

En Espagne, son petit-fils, prince faible et dévot, avec du courage et du bon sens, renfermé dans son palais entre un prie-dieu, sa femme et son confesseur; soumis, ainsi que son épouse, à l'empire d'une vieille intrigante française (la princesse des Ursins), dont l'insolence osa retarder de plusieurs mois, pour une prétention extravagante, la signature de la paix d'Utrecht, qui doit affermir sur le trône d'Espagne le monarque qu'elle asservit.

A Rome, un vieux pontife, doux et humain, instrument des fureurs d'un jésuite français, et qui, prétendant à l'honneur d'être un grand latiniste, compose lui-même, quoiqu'un peu aidé de Jouvanci, l'exorde d'une bulle qu'il déteste; et condamne, comme pape, un livre qu'il aimait, *dans lequel*, disait-il, *il s'édifiait sans cesse, comme chrétien*. Il faut convenir qu'on a quelque peine à voir le monde ainsi gouverné.

Nous écartons une foule d'anecdotes, la plupart piquantes, dont Duclos égaie un peu le fond de ce tableau si triste; mais nous en rappelerons une qui montre plaisamment sous quel aspect on avait fait envisager la religion à Louis XIV.

Le duc d'Orléans, allant, en 1706, commander l'armée d'Italie, voulut emmener avec lui Angrand de Fontpertuis, homme de plaisir, et qui n'était pas dans le service. Le roi, l'ayant su, demanda à son neveu pourquoi il emmenait avec lui un janséniste? — « Lui! janséniste! dit le prin» ce? — N'est-ce pas, reprit le roi, le fils de cette » folle qui courait après Arnaud? — J'ignore, » répondit le prince, ce qu'était la mère; mais,

» pour le fils, je ne sais s'il croit en Dieu. — On
» m'avait donc trompé, dit ingénument le roi,
» qui laissa partir Fontpertuis, puisqu'il n'était
». d'aucun danger pour la foi ? » Tel était le christianisme d'un monarque, par lequel on faisait persécuter quinze cents mille de ses sujets pour la gloire de Dieu.

La partie de ces Mémoires la plus importante, la plus soignée, c'est l'*Histoire de la Régence*. Des six livres qui composent les Mémoires de Duclos, elle en occupe quatre. C'est la plus complète que nous ayons, et elle ne laisse presque rien à désirer. Il a fallu tout le talent de Duclos pour soutenir si long-temps l'attention du lecteur dans cette suite de folies, de désastres, de brigandages, dans le récit de ces querelles entre les princes et et les légitimés, entre les légitimés et les ducs et pairs, etc.

C'est quelque chose aussi d'avoir fait supporter la vue de tous ces fripons subalternes, que la faiblesse du régent et la scélératesse de Dubois produisirent sur la scène.

Un P. Laffiteau, depuis évêque de Sisteron, émissaire de Dubois à Rome, payé pour intriguer en sa faveur, et intrigant pour son propre compte; rappelé par Dubois, qui lui donne un évêché pour s'en débarrasser, et allant passer quarante jours chez un chirurgien, ce qui, selon Dubois, lui tenait lieu de séminaire.

Un abbé de Tencin, convaincu de faux et de

parjure à Paris en pleine audience, remplaçant Laffiteau à Rome, pour qu'on n'y crût pas avoir perdu au change.

Un abbé de Gamache, auditeur de rote, qui, rappelé à Paris, refuse net d'obéir au gouvernement, se fait craindre de Dubois, mérite l'honneur d'en être acheté, et serait devenu cardinal, si une mort prématurée n'y eût mis ordre.

Un abbé de la Fare, qui subjugue Dubois par une audace astucieuse, arrache de lui, en faveur de l'archevêque de Reims, son protecteur, la permission de porter la barette obtenue de Rome sans l'aveu du régent. On déployait dans ces intrigues, pour un évêché, pour un chapeau, des talens et des ressources admirables : ce sont des ruses et des subtilités dignes de Mascarille et de Sbrigani. Le peuple s'en doutait; mais il ignorait les détails, réservés, comme de raison, à la bonne compagnie, qui a eu tort de n'en pas garder le secret. On avouera que, si de certaines dignités, de certains honneurs paraissent tombés considérablement dans l'opinion, c'est un peu la faute de ceux qui en ont si mal adroitement disposé et qui les ont si follement avilis.

Parmi le grand nombre de faits rapportées par Duclos, qui, sous le régent, rendirent l'autorité ridicule, en voici un moins connu et qui mérite de n'être point oublié. Le duc d'Orléans, pendant les troubles du système, avait exilé, comme on sait, le parlement à Pontoise. Dès le soir, le régent fit porter au procureur général cent mille livres en argent et autant en billets, pour en aider ceux qui en auraient besoin. Le premier président eut une somme encore plus forte pour soutenir sa table, et tira, à diverses reprises plus de cinq cents mille livres du régent; de sorte que la séance de Pontoise devint une vacance de plaisir. Le premier président tenait table ouverte, l'après midi tables de jeu dans ses appartemens, calèches toutes prêtes pour ceux et celles qui préféraient la promenade; le soir, un souper somptueux pour toutes les jolies femmes et les hommes du bel air, qui, dans cette belle saison, venaient journellement de Paris, et y retournaient la nuit. Les fêtes, les concerts se succédaient perpétuellement : la route de Pontoise était aussi fréquentée que celle de Versailles l'est aujourd'hui : « Il n'eût peut-être pas été impossible d'y amener le régent ». Ce dernier trait est un excellent coup de pinceau. Duclos en a plusieurs de cette espèce. C'est ainsi qu'à propos de l'abbesse de Fontevrault, sœur de madame de Montespan, qui paraissait fréquemment à Versailles, et qui venait montrer son voile et sa croix dans cette cour de volupté, il dit : « Personne n'y trouvait d'indécence; et l'on en aurait été édifié, si le roi l'eût voulu ». Ce mot ne paraîtra exagéré qu'à ceux qui ne connaissent pas à fond l'esprit de ce temps. « Quelques-uns des courtisans, poursuit Duclos, n'osaient pas même juger intérieurement leur maître : ils respectaient en lui ce qu'ils se seraient crus coupables d'imiter : semblables à certains payens que la pureté de leurs mœurs n'empêchait pas d'adorer un Jupiter séducteur et adultère. »

Si quelque chose pouvait paraître plus étrange que ce trait de faiblesse du régent, ce serait l'inconcevable aveu que fait de la sienne Philippe v, dans une lettre écrite à sa nouvelle épouse, la princesse de Parme. Il envoyait au-devant d'elle la princesse des Ursins. Il était réglé secrètement entre les deux époux, que la reine, à la première entrevue, cherchant querelle à madame des Ursins, la chasserait sur-le-champ de sa présence. « Mais, ajoutait le roi, ne manquez point votre coup d'abord, car, si elle vous voit seulement deux heures, elle vous enchaînera, et nous empêchera de coucher ensemble, comme avec la feue reine. »

La faiblesse de ces deux princes (le duc d'Orléans et le roi d'Espagne), si proches parens, mais d'un caractère si opposé, fut la vraie cause de tant d'événemens bizarres, en France et en Espagne, soit dans l'intérieur des deux royaumes, soit dans les combinaisons de la politique extérieure. Ce fut cette faiblesse qui enhardit et poussa presque aux derniers excès l'imprudence des cardinaux Dubois et Alberoni. Il serait curieux, mais il serait trop long de conter les occasions où chacun d'eux trompa son maître, comme on trompe un vieillard dans les comédies ; et quelquefois ils se jouaient de lui dans des affaires auxquelles était attachée la destinée de l'empire. Duclos prétend qu'une de ces perfidies du cardinal Alberoni fit perdre à l'Espagne l'occasion unique de recouvrer Gibraltar. En ajoutant foi au fond de son récit, nous avons peine à croire que le recouvrement de Gibraltar eût été la suite du fait qu'il raconte ; le voici. Le régent, lié avec le roi d'Angleterre George 1er, avait dépêché au roi d'Espagne, un des anciens menins de Philippe v, un gentilhomme nommé Louville, qu'Alberoni empêcha de voir le roi, par des moyens qui sont toujours au pouvoir d'un ministre. « Les mesures étaient si bien prises, dit Duclos, que si Louville eût pu voir le roi d'Espagne, il lui eût fait aisément accepter et signer les conditions peu importantes qu'exigeait le roi George ; et celui-ci envoyait aussitôt au roi d'Espagne l'ordre, pour le gouverneur, de remettre la place. Un corps de troupes paraissait à l'instant pour en prendre possession ; et Gibraltar eût été au pouvoir des Espagnols, avant que le parlement d'Angleterre en eût eu la première nouvelle. » Voilà un fait qui doit paraître au moins douteux ; et, s'il était cru en Angleterre, la mémoire du roi George y serait aussi détestée que celle de Charles II, qui vendit Dunkerque aux Français. L'historien devrait dire où il a pris cette indication. Une dépêche du ministre anglais ne serait pas une preuve suffisante, et laisserait encore plus de place au soupçon d'une ruse diplomatique, qu'à celui d'une pareille trahison. Comment imaginer que le roi George, chef d'une maison nouvellement établie sur le trône d'Angleterre, eût osé jouer ainsi sa nation, avec bien plus de risques que n'en courait Alberoni en négligeant l'intérêt de l'Espagne? Il est bien plus probable qu'on n'avait pas dessein de remettre vraiment Gibraltar à Philippe v, et que le cabinet de Londres, par une de ces ruses ministérielles si communes, tenait en réserve quelque moyen d'éluder sa promesse.

Nous avons eu de si fréquentes occasions, en rendant compte des Mémoires de Richelieu, de passer en revue les événemens et les personnes les plus connues à cette époque, que nous éprouvons une sorte de dégoût à revenir sur les mœurs et sur les idées qu'elle présente. Nous étendons cette réflexion au ministère de M. le duc, et aux premières années du cardinal de Fleuri, les seules dont Duclos ait écrit l'histoire. Mais nous croyons devoir recommander à nos lecteurs un morceau très-intéressant sur la Russie et sur le czar Pierre, composé sur des Mémoires dont il garantit l'authenticité. Ce morceau épisodique trouve sa place sous le ministère de M. le duc, à l'occasion de l'embarras où l'on fut de marier Louis xv après le renvoi de l'infante. Catherine 1re, impératrice de Russie, fit offrir, pour épouse du jeune roi, sa seconde fille, la princesse Élisabeth, qui régna depuis en Russie : elle promettait pour récompense à M. le duc, le trône de Pologne, après la mort du roi Auguste. Il est probable que cet arrangement ne convint pas à la marquise de Prie, maîtresse de M. le duc ; il refusa la princesse pour le roi, et la demanda pour lui-même, « dans l'espérance plus sûre des secours de l'impératrice, quand elle les accorderait à son gendre. » Quelque projet qu'on fasse de ne plus s'étonner, on est toujours surpris malgré soi de la manière dont les ministres traitent quelquefois leurs maîtres ; les rois et les peuples, c'est tout un pour eux : *Tros Rutulusve ruat.*

Nous ignorons si ces six livres des Mémoires de Duclos composent en effet tout son ouvrage, et nous sommes portés à croire que non. En effet, comment n'aurait-il rien écrit sur les événemens qui se passaient sous ses yeux, au moment où il était plus en état de juger les choses et les personnes ? On peut soupçonner que, vivant, il aura pu prendre des arrangemens d'après lesquels il aurait marqué deux époques différentes pour la publication de son ouvrage ; en ce cas, celle-ci paraîtrait la première, par des raisons qu'il est facile de deviner ; l'autre, dans les idées que Duclos pouvait avoir alors, plus délicate et plus épineuse, ne paraîtrait que beaucoup plus tard. Cette conjecture deviendra plus vraisemblable, si l'on fait attention à la manière dont il traite l'*Histoire de la Guerre de* 1756, qui termine le second volume. Nous le croyons détaché de cette seconde partie, comme pouvant être livré au public séparément.

L'auteur semble y avoir eu pour objet de justifier, à certains égards, le traité de Vienne, ou plutôt M. de Bernis, que l'on en crut l'auteur, mais qui ne fit que s'y prêter, dans des limites qui bientôt se trouvèrent franchies, et avec des restrictions au-delà desquelles on passa, malgré les réclamations de M. de Bernis, qui donna sa démission. L'auteur rappèle l'ivresse générale qu'excita la signature de ce traité : ivresse qui dura jusqu'aux disgrâces dont il ne pouvait être la cause. Ce ne fut pas ce traité qui fit naître les cabales, les haines, les dissensions entre les ministres, les généraux, les subalternes ; qui fit faire tant de mauvais choix dans tous les genres : et là-dessus l'historien récapitule nos sottises. Il les compte ; le dénombrement ne tient que huit pages : ce n'est pas trop. Les adversaires du traité de Vienne posent la question autrement ; ainsi, les raisons de Duclos restent sans force pour eux. Mais il est inutile d'entrer dans cette discussion, sur laquelle l'opinion publique est fixée.

Sur le *Voyage en Italie*, ou *les Considérations sur l'Italie*; par Duclos, de l'Académie française, etc.

Cet écrit, que l'auteur ne destinait pas à l'impression, ne peut qu'honorer la mémoire et le talent de Duclos. On y retrouve son esprit d'observation, sa philosophie libre et mesurée, sa manière de peindre par des faits, des anecdotes, des rapprochemens heureux. L'auteur des *Considérations sur les Mœurs*, écrivain doué d'une grande sagacité, mais dénué d'imagination, presqu'étranger aux beaux-arts, ne dut s'en occuper que très-peu, même dans leur patrie. Il n'affecte point de parler de ce qu'il ne sait pas. Les gouvernemens, les hommes, les mœurs générales et celles des différentes classes de la société, voilà presque les seuls objets de son attention. Quant à la description des monumens de curiosité de toute espèce, des chefs-d'œuvre qui attirent les voyageurs, il renvoie, sur tous ces objets, à cette multitude d'ouvrages qui en traitent bien ou mal. Il se renferme à la fois dans son goût et dans son talent : c'est ce qu'il pouvait faire de mieux pour ses lecteurs et pour lui-même.

Ce Voyage fut fait et écrit en 1767 et 1768, dans un temps où Duclos se trouvait en quelque sorte contraint de sortir de France, pour échapper à la persécution dont il était menacé pour la liberté de ses propos dans l'affaire de M. de La Chalotais. Il était de la classe de ceux qu'on cherche à faire taire sans les mettre à la Bastille ; les ministres d'alors avaient des idées très-précises sur ce qui leur convenait, en calculant la position, les entours, les appuis, le degré de célébrité, et ce qu'on appelait la considération de ceux qu'ils étaient tentés de prendre pour victimes. Duclos n'était point en position de braver un ministre, mais il pouvait l'inquiéter. Une absence, un voyage, était une sorte de transaction qui arrangeait à la fois le philosophe et le ministre.

Duclos, arrivé en Italie avec la réputation d'un écrivain distingué, historiographe de France, membre de plusieurs académies, connu de la plupart des ambassadeurs, et lié surtout avec M. le cardinal de Bernis, se trouva bientôt à portée de connaître les principaux personnages du théâtre sur lequel il était transplanté. Il trace leur caractère d'un pinceau qui paraît fidèle; il dévoile plusieurs intrigues alors secrètes; il raconte plusieurs faits alors intéressans. L'histoire des deux derniers conclaves, la lutte des factions opposées, les ruses, les contre-ruses et toutes les ressources de l'astuce italienne, employées par les concurrens, tout cela peut encore amuser, même aujourd'hui; il est toujours bon de savoir comment les hommes ont été gouvernés. Duclos prétend néanmoins que toutes ces ruses sont souvent inutiles, et que les augustes assemblées nommées conclaves se séparent quelquefois par l'ennui, la chaleur et les punaises: «car, ajoute-t-il, le saint esprit se sert de tout.» L'élection de Rezzonico, homme sans aucune espèce de talens, mais le fils d'un riche banquier, prouve que l'argent peut y servir aussi ; et le hardi voyageur ne doute pas qu'avec deux millions habilement distribués, on ne pût faire pape un janséniste. Il faut pardonner ces réflexions à un auteur français mis à *l'index*, même avant son voyage d'Italie. Il n'en fut pas moins présenté au pape; n'en reçut pas moins sa bénédiction et une belle médaille d'or. C'est une des moindres contradictions de ce monde.

L'expulsion des jésuites de France était encore assez récente, et occupait à Rome tous les esprits. Duclos raconte, à ce sujet, un fait qui montre en même temps à quoi tiennent les plus grandes affaires, et ce que c'est que cette politique si vantée de la cour de Rome. On en peut juger par le refus que fit le saint père d'adhérer à la proposition, et presque à la prière de Louis xv, qui souhaitait une réforme dans l'institut des jésuites, et à ce prix promettait de les conserver. Duclos a lu la lettre, qui contenait plusieurs éloges affectueux de ces bons pères. Il en résulte de deux choses l'une : ou que le cardinal de Rochechouart, alors ambassadeur de France à Rome, fit sèchement la commission, évita habilement de lire la lettre au père Ricci, général des jésuites, au pape, au cardinal Torrigiani son ministre;

et alors c'est le cardinal de Rochechouart qui se trouve la cause de la destruction des jésuites ; ou le pape et le cardinal Torrigiani commirent une faute inconcevable. Ce bon ministre du souverain pontife croyait, à cette époque, être au temps de l'empereur Henri IV. Comment se peut-il qu'un gouvernement dont l'existence dépend de l'état de l'opinion dans les différens pays de l'Europe avec lesquels il a des rapports, soit si mal informé sur ce qui l'intéresse davantage? C'est une question qu'on pouvait faire alors, et qui, de nos jours, a pu se renouveler, en 1791, à la lecture du dernier bref pontifical. Duclos prétend, relativement à l'affaire des jésuites, qu'il faut tout imputer à l'ignorance entêtée du cardinal Torrigiani, et que les parlemens, les jansénistes devaient lui ériger un autel, avec cette inscription : *Deo ignaro*. Ces autels aux dieux ignorans pourraient se multiplier en Europe, et la liberté française leur en doit déjà quelques-uns. Au reste, il attribue aux évêques de France à Rome, plusieurs fautes du saint siége en d'autres occasions. « J'ai ouï dire, dit Duclos au sujet de la bulle *Unigenitus*, que si nos évêques ne soufflaient pas le feu à Rome, on y serait fort tranquille sur la constitution. » Ne pourrait-on pas aujourd'hui appliquer mot à mot cette phrase à la constitution française? Il paraît qu'on le peut, si l'on en juge par l'indulgence avec laquelle on a vu à Rome les changemens opérés en Pologne, relativement au clergé.

Cette faute du saint siége, dans l'affaire des jésuites, rappelle au voyageur philosophe toutes celles que la cour de Rome venait de commettre, depuis quelques années, à l'égard de plusieurs puissances de l'Europe. Cette liste de maladresses pontificales se trouve assez longue; de ces dispositions à attirer de fâcheuses affaires par des prétentions maintenant déplacées, l'auteur concluait la destruction assez prochaine de cette puissance précaire. Il osa dire au cardinal Piccolomini, qu'il se flatterait même d'en être le témoin, s'il n'avait que dix-huit ans; et le cardinal ne le contredit pas. Il n'est pas rare de trouver dans Rome des gens d'esprit qui partagent cette crainte. « Mais ce qu'on y redoutait le plus, dit Duclos, ce sont les écrivains français, et même la nation française, qui, avec ses incommodes libertés et son habile obstination à ne point se séparer de l'église romaine, la rend plus dangereuse que ne le seraient des hérétiques déclarés. » Ces mots, écrits en 1768, sont devenus par circonstance tout à fait dignes d'attention en 1791.

On connaît assez tous les vices du gouvernement politique et économique de Rome; et, sous ce rapport, Duclos n'apprend que peu de chose aux lecteurs instruits. Mais les détails, secs et arides chez d'autres voyageurs, prennent sous sa plume de l'agrément et de l'intérêt. Dans l'exposé des défauts du gouvernement pontifical, il distingue ceux qui appartiennent au fond de ce gouvernement même, d'avec ce qui appartient à l'impéritie des papes et de leurs ministres. Cette part, qui est la plus considérable, lui rappelle fréquemment l'administration vigoureuse de Sixte-Quint, sous lequel la plupart de ces vices n'existaient pas. Cependant, il se trouve que c'est ce pape qui, pour détruire l'influence des grandes maisons et les désordres dont elle était la source, s'étant emparé de presque tout l'argent de Rome, et lui ayant substitué la monnaie de papier, a, pour enrichir quelque temps le trésor public, appauvri le peuple pour des siècles. « Bientôt, dit Duclos, il n'y aura plus d'argent dans Rome que celui que les voyageurs y portent dans leurs poches; car la plupart de leurs grosses dépenses se paient en lettres-de-change. » Ce trésor pontifical, qui, sous Sixte-Quint et ses premiers successeurs, était de vingt-quatre millions, était, en 1767, réduit à cinq, par la nécessité où les derniers pontifes s'étaient trouvés d'y puiser fréquemment. La révolution de France n'est pas propre à le recruter. Il faut pourtant convenir que le tribut payé à Rome par la nation, n'était pas aussi considérable que le prétendaient alors plusieurs écrivains français. Duclos en fait le relevé d'après les registres même de la daterie; et ce relevé donne, pour cinq ans, dix huit cents soixante-dix-neuf mille huit cents quatre-vingt-dix-sept livres. « Quelque modiques, dit-il, que soient ces sommes, c'est peut-être toujours trop ». Cette réflexion était une hardiesse philosophique en 1768 : aussi fallait-il un *peut-être* pour la faire passer.

Le tableau des mœurs de Rome est et devait être, vu le talent de Duclos, le morceau le plus intéressant de ce voyage. Il y porte le coup d'œil d'un Français, qui rend saillant tout ce qui se trouve en opposition avec nos idées ; et déjà cette opposition se marquant de jour en jour davantage, tous les excès de la superstition, les abus qu'elle entraîne, le monachisme, les secours indirects offerts à la mendicité, l'orgueil et l'ignorance des grands, le mépris des lois, leur impuissance à protéger le peuple, sa misère, la férocité qui en est la suite, etc., tout cela est peint avec la brusque vivacité particulière à Duclos. Les anecdotes forment ses pièces justificatives. En voici une d'un genre qui paraît presque incroyable. L'auteur développe plusieurs effets de ces abus de crédit, poussés à un excès monstrueux, et pour qui il a fallu même créer un mot *prepotenza* : abus en vertu duquel un coquin, protégé par une éminence, est à l'abri des poursuites de la justice, dans la franchise du palais de son protecteur. Pendant la guerre de 1745, l'empereur François 1er ayant été couronné à Francfort, une partie du peuple vouée à la faction autrichienne s'avisa d'aller sous les fenêtres des ambassadeurs de France et d'Espagne, alors ennemies de l'Autriche, témoignant sa joie par des cris de *vive l'Empereur!* L'ambassadeur de France jeta de l'argent à cette populace, qui cria *vive France!* et se retira. Mais il en fut autrement devant le palais du cardinal Aquaviva, protecteur d'Espagne. Celui-ci, se croyant bravé, ouvre sa fenêtre; et vingt coups de fusil, partis à la fois, jettent à terre autant de morts ou de blessés. Le peuple veut incendier le palais, et y brûler Aquaviva. Mais celui-ci s'était assuré de plus de mille *braves* dont il couvrit la place. Quatre pièces de canon, chargées à cartouches, en imposent au peuple. Qui croirait que le pape, avec l'autorité absolue et un corps de troupes, n'ait jamais songé à faire au peuple quelque justice du cardinal? Voilà de terribles effets de la *prepotenza*. Ce n'est pas tout: ce cardinal Aquaviva eut, dans les derniers jours de sa vie, tant de remords de ses violences, qu'il voulut en faire publiquement amende honorable: on en a fait à moins; mais le sacré collége ne voulut jamais le permettre, pour l'honneur de la pourpre. Ainsi, dans la capitale du monde chrétien, l'expression du remords, cette vertu du pécheur et sa seule ressource, fut interdite à un prêtre trop peu châtié par ses remords; et ce triomphe de l'orgueil sur une religion d'humilité, fut l'ouvrage de ceux qui se portent pour successeurs de ses premiers apôtres. La religion durera sans doute, mais la *prepotenza* ne peut pas durer.

Après quatre mois de séjour dans ce beau pays,

Duclos passe à Naples ; et c'est, après Rome, le théâtre qui lui fournit le plus d'observations politiques, morales, économiques, qu'il faut lire dans l'ouvrage même. Son goût le portait particulièrement à tracer le caractère de ceux qu'il fréquentait, ou même qu'il rencontrait. Il s'égaie surtout aux dépens d'un prince de Saint-Nicandre, gouverneur du roi, lequel lui ôtait des mains les *Mémoires de Sully*, faisait apprendre le français au jeune prince par un jésuite allemand, et réprimait avec soin tous les mouvemens honnêtes de son élève. « Le roi de Naples, dit Duclos, a montré qu'il était susceptible d'une autre éducation que celle qu'il a reçue. Dans la dernière disette qu'il y eut, ayant ouï parler de la misère du peuple, il proposa à son gouverneur de vendre ses tableaux et ses bijoux, pour en donner le prix aux pauvres. Le prudent gouverneur remontra, avec beaucoup de dignité, à son élève, qu'il ne devait pas disposer ainsi de ce qui appartenait à la couronne ; et ce fut tout ce qu'il crut devoir lui dire dans cette occasion. Le jeune prince a déjà senti et fait connaître ce qu'il pense du peu de soin qu'on a eu de l'instruire. L'Empereur et le grand-duc, étant à Naples avec la reine leur sœur, et la conversation ayant tourné sur l'histoire et d'autres matières, le roi, étonné d'entendre sa femme et ses beaux-frères traiter des sujets qu'il ne comprenait pas plus que s'ils eussent parlé une langue étrangère, se tourna vers le prince de Saint-Nicandre. « Il faut, lui dit-il,

» que vous m'ayez bien mal élevé, pour que je ne
» sois pas en état de converser avec des princes et
» même une princesse de mon âge. » Qui ne serait
tenté, en lisant de pareils traits, de rapporter les
fautes et les malheurs d'un règne à des instituteurs
coupables, qui négligent et quelquefois même
corrompent des naturels heureux? Ce crime, si
impuni partout, est un des plus grands qui
puissent se commettre à l'égard d'une nation soumise au despotisme. Il deviendra plus rare par
l'effet de l'agitation des esprits en Europe. Les
rois et les princes sentiront le besoin de faire
instruire leurs enfans, pour l'intérêt d'une autorité qu'il faudra bien chercher à rendre utile et
bienfaisante : et cela même peut déjà s'appeler
une révolution. Ainsi, le sort de l'humanité sera un
peu plus supportable, même dans les pays qui ne
peuvent prétendre à la liberté civile et politique,
source de tout bonheur, comme de toute vertu.

Sur les *Mémoires de la Vie privée de Benjamin Franklin*, écrits par lui-même, et adressés à son fils; suivis d'un *Précis historique de sa vie privée*, et de plusieurs *Pièces* relatives à ce père de la liberté. — 1791.

Quoique la partie de ces Mémoires de Franklin, écrite par lui-même, n'aille guère au-delà de sa trentième année, et s'arrête à une époque bien antérieure à sa vie politique, et même à la brillante réputation que lui donnèrent ses découvertes en physique, ces Mémoires n'exciteront pas moins la curiosité des lecteurs avides de connaître les détails de la vie d'un grand homme. Cette carrière de gloire ouverte sous des auspices si humilians aux yeux de l'orgueil européen; le futur législateur de l'Amérique, entrant de nuit dans Philadelphie, sans savoir où coucher, mangeant un morceau de pain le long des rues, dans une ville où, cinquante ans après, son nom devait être l'objet de la vénération publique; un garçon d'imprimerie destiné à devenir un des auteurs de la liberté dans sa patrie et l'un de ses héros dans une partie de l'Europe ; voilà ce qui eût paru impossible au commencement du siècle, et ce qui n'est qu'admirable à la fin. C'est un plaisir de se représenter l'étonnement de nos grands d'Europe, vers l'année 1670, si un esprit prophétique, leur annonçant les destinées de Franklin et de J.-J. Rousseau, leur eût dit : « Deux hommes de la classe de ceux que vous nommez gens du peuple, pauvres, dénués jusqu'à coucher à la belle étoile; l'un, après avoir fondé la liberté dans son pays; l'autre, après avoir posé les premières bases de l'organisation sociale, auront l'honneur d'avoir, à côté l'un de l'autre, ou en regard, une statue dans le temple de la liberté... française, à Paris. » Ces deux derniers mots n'eussent point paru faciles à expliquer. La surprise n'eût point diminué, si on eût dit à nos importans que les coopérateurs d'un de ces grands hommes, membres d'une petite société fondée par lui, dans une ville de l'Amérique septentrionale, étaient de petits artisans, des gens de métier, un menuisier, un commis de marchand, un arpenteur, un clerc de notaire, un cordonnier, qui s'avisaient de mêler la culture de leur raison à leurs travaux journaliers, et dont quelques-uns avaient de profondes connaissances dans les mathématiques. Voilà des mœurs dont presque aucun Français n'avait l'idée : et de nos jours même, combien d'entre eux s'étonnaient en apprenant que Genève et la Suisse offraient ce mélange de la culture des sciences et de la pratique des métiers les plus vulgaires? C'est pourtant le spectacle que la France présentera presque partout dans un assez petit nombre d'années; et ce changement sera l'effet, non seulement de la révolution dans les idées, mais de la nature des choses, et de la nécessité qui forcera les hommes à faire usage de tous leurs moyens de subsistance, sans avoir à combattre d'absurdes préjugés qui n'existeront plus, ou qui rendront ridicule la classe de citoyens où ils pourront se conserver.

Les Mémoires de Franklin seraient encore recommandables, quand il n'eût été qu'un citoyen obscur, un bon père traçant à ses enfans le tableau de sa vie, et leur montrant, par son exemple, tous les fruits qu'on peut tirer de l'emploi du temps, de la sobriété, de l'industrie, de la vigilance, envisagés comme moyens de fortune et de considération publique, dans un pays libre. Ce fut, en effet, par ces qualités, que Franklin se mit à portée de cultiver ses talens littéraires et politiques, et de donner en tout genre l'essor à son génie. Il joint à ses leçons l'aveu de ses fautes; franchise qui, en le faisant aimer, ajoute à l'autorité de ses conseils; c'est la simplicité du bonhomme Richard, mêlée au ton de la paternité. Mais ce père est Franklin; et à l'histoire de sa vie, écrite pour ses enfans, il joint celle de son esprit et de son âme. Attentif à saisir les rapports des petites choses aux grandes, il montre l'influence des petits événemens de la jeunesse sur le caractère, sur les idées qui déterminent les habitudes de toute la vie, sur les principes qui dans la suite décident le parti qu'on prend dans les circonstances les plus importantes. Il raconte comment s'était formé en lui ce goût d'ironie socratique, de questions plaisantes ou captieuses, qu'il avait conservé jusque dans sa vieillesse. Ce fut le fruit de la lecture répétée de Xénophon, et particulièrement des choses mémorables de Socrate. Les vies de Plutarque, son autre livre favori, développèrent en lui ce grand sens qui depuis le dirigea dans sa vie politique comme dans sa vie privée.

On a joint à ces Mémoires la continuation de la Vie de Franklin, écrite par un Anglais qui paraît plus attaché aux intérêts de la mère patrie qu'à ceux du genre humain et aux principes de la liberté. On y rend justice à Franklin, comme homme de lettres et comme physicien. Mais on déplore le malheur qu'il eut de souiller sa gloire, en se jetant dans la carrière politique où il développa, dit-on, un grand machiavélisme. Les noms de boute-feu, d'incendiaire ne lui sont point épargnés, non plus que les épithètes de pervers et de perfide. Cette colère des petits fripons diplomatiques d'Europe contre un grand homme, contre un des auteurs de la liberté américaine, est tout-à-fait amusante. N'imaginant pas qu'en politique on puisse dire la vérité, et n'ayant pas voulu la croire, lorsque Franklin la leur dit, avec une franchise héroïque, à la barre du parlement d'Angleterre, ils ne regardent leur propre incrédulité que comme un piége qu'il leur avait tendu. Ce n'est, à leurs yeux qu'une ruse nouvelle dont ils se reprochent d'avoir été dupes ; et ne pouvant nier qu'on leur avait parlé vrai, ils s'imaginent qu'on leur avait parlé vrai pour les tromper et pour n'être pas cru; semblables à ce général qui, averti par son adversaire de tout ce que celui-ci projetait d'exécuter dans la campagne prochaine, ne prit que de médiocres précautions contre des projets annoncés, portant ailleurs une partie de son attention et de ses forces, ce qui fit dire à son adversaire vainqueur: « Je n'y conçois rien, je lui avais tout dit. »

La plus grande partie des reproches faits à Franklin dans l'ouvrage de l'écrivain anglais, prend sa source dans cette absurde idée que la révolution américaine est l'ouvrage d'un seul homme, ou de quelques hommes que l'on qualifie de factieux : méprise commune en tout pays aux agens du gouvernement qui vient de succomber. Accoutumés à voir souvent l'influence d'un seul homme dans le gouvernement, lorsqu'il était dans sa force, ils se persuadent que les changemens qui surviennent sont aussi l'ouvrage d'un petit nombre d'hommes ; et ne démêlant point la multitude de causes qui préparent et opèrent une révolution, ils arrêtent leurs regards et leur haine sur un petit nombre de personnes que leurs talens, leurs places, leur réputation, ou même le hasard des circonstances exposent le plus au grand jour. On ne considère pas que ces hommes n'ont d'existence et de force, que parce qu'ils sont les organes d'un intérêt commun et du besoin général. Lui seul consomme des révolutions qui ne peuvent s'opérer que quand elles sont inévitables ; chaque génération les regarde comme un fardeau qu'on voudrait rejeter sur la génération suivante, et dont on ne se charge que lorsque les maux publics sont devenus un fardeau non moins pesant. Dans ce dernier état de choses, quelques hommes de génie, calculant la pente de l'esprit national, et envisageant toutes les ressources qu'il multiplie, paraissent les chefs d'une opposition qui, étant générale ou presque générale ne peut, dans un pays libre ou qui cherche à le devenir, être l'ouvrage de quelques individus. Et en effet, quel autre motif que le sentiment d'un intérêt commun peut rassembler autour d'eux leurs égaux et la majorité du peuple? On cite en preuve de l'illusion qu'on peut faire à la multitude, plusieurs exemples pris dans l'histoire grecque ou romaine, ou même quelques exemples plus modernes; mais on oublie la prodigieuse différence des temps, des lieux, des mœurs, etc., etc. On oublie sur-tout ce moyen puissant qui manquait aux anciens, l'imprimerie qui, en peu de jours et à de grandes distances, rallie les esprits à la raison, à la cause publique, dissipe les illusions, détruit les erreurs, les mensonges, les calomnies qu'elle-même avait d'abord propagées'; enfin amène cet instant où, les choses se substituant aux hommes, les petits ambitieux se trouvent bientôt démasqués, et où l'ambitieux, doué de génie, se voit contraint de fonder sur l'intérêt général le succès de son ambition.

À l'égard des peuples modernes, à qui l'imprimerie n'a procuré qu'une liberté imparfaite, achetée par de longs troubles ou par de grandes calamités, il faut considérer que la conquête de la liberté y fut essayée dans un temps où la raison publique n'était pas assez avancée, et lorsque les principes constitutifs d'un ordre social utile à tous, ne brillaient point d'une lumière qui pût attirer tous les yeux. Cette lumière brillait pour l'Amérique à l'époque de sa révolution; la France, à l'époque de la sienne, paraissait bien loin de ce terme ; mais les causes qui l'y ont poussée rapidement, sont trop connues pour qu'il soit besoin de les rappeler. Quoi qu'il en soit, il est également vrai, pour l'Amérique et pour la France, que les chefs apparens de la révolution ont pu en être les fanaux, mais n'en ont point été les boute-feux. Franklin sur-tout est au-dessus d'un tel reproche. Il avait frémi des suites d'une rupture avec la mère patrie ; il voulait la paix ; mais il ne la voulait pas au prix de la servitude ; et forcé de choisir entre la servitude et la guerre, il se détermina pour la guerre, plutôt que de subir le joug d'un gouvernement oppresseur.

Voilà ce que ne lui pardonne pas son historien, bien affligé que Franklin se soit avisé d'être un politique, et ne se soit pas borné à mettre au jour *une infinité d'inventions utiles à l'humanité*. Il admire beaucoup quelques stances tracées sur un petit poêle en forme d'urne, imaginé par le docteur Franklin, et pratiqué de manière que la flamme descend au lieu de monter. C'est de cette dernière circonstances que le poète tire un éloge malin.

« Il s'éleva, comme Newton, à une hauteur qu'on croyait inaccessible ; il vit et observa de nouvelles régions, et remporta la palme de la philosophie.

» Avec une étincelle qu'il fit descendre du ciel, il déploya à nos yeux de hautes merveilles, et nous vîmes, avec autant de plaisir que de surprise, ses verges miraculeuses nous protéger contre le tonnerre.

» Oh! s'il eût été assez sage pour suivre, sans déviation, le sentier que lui avait tracé la nature, quel tribut d'éloges n'aurait pas été dû à l'instructeur, à l'ami de l'humanité! Mais hélas! le désir de se faire un nom en politique *dégrada* ses sublimes talens. Ce désir fut en lui une étincelle infernale qui alluma la sédition.

» Aussi la sincérité écrira sur son urne: « Ici re-
« pose l'inventeur renommé. Son génie devait,
« comme la flamme, s'élever vers les cieux; mais
« forcé et *perverti*, il descend vers la terre, et l'é-
« tincelle rentre au sombre séjour d'où elle était
« sortie. »

Eripuit cœlo fulmen, sceptrumque tyrannis.

On ne peut nier que ce rapprochement ne soit ingénieux. En voici un d'un plus beau genre:

Un ministre de France, M. Turgot, alors en place, écrivant ce vers au bas du buste de Franklin, tandis qu'un simple particulier anglais rimait ceux dont on vient de lire la traduction; c'était-là un contraste qui n'était point à l'avantage du versificateur anglais; peut-être même annonçait-il un changement marqué dans l'esprit des deux peuples.

Sur une brochure intitulée : *De l'autorité de Rabelais dans la Révolution présente et dans la Constitution civile du Clergé*, ou *Institutions royales, politiques et ecclésiastiques, tirées de Gargantua et de Pantagruel.* — 1791.

Rabelais paraissait fort étranger à la révolution de France.

> On ne s'attendait guère
> A voir Ulysse en cette affaire.

Maître François n'en était pourtant pas si loin qu'il pouvait le paraître à ceux qui ne le connaissent point, où ne le connaissent point assez. Peu d'écrivains se sont plus moqués des ridicules attachés aux abus, qui de son temps désolaient la France, et ont continué à la ravager plus de deux siècles après lui, en ne faisant que changer de formes. Rien ne prouve mieux l'inutilité des palliatifs. Rabelais, en sa qualité de médecin, serait sans doute convenu que, lorsque les maux sont extrêmes, il faut avoir recours aux remèdes appelés *héroïques* dans le jargon de la faculté. Ceux qu'il emploie sont plus doux et surtout plus plaisans : mais la dérision à laquelle il a livré les absurdités monacales, cléricales, pontificales, féodales, fiscales, judiciaires, parlementaires, etc., n'ont servi qu'à égayer les Français dans leurs calamités, à les faire rire au cabaret ou dans des orgies domestiques. C'est après avoir répété ou parodié ses plaisanteries sur les papegots, cardingots, évegots, qu'ils envoyaient acheter à Rome le droit d'épouser leurs cousines, qu'ils devenaient les instrumens d'un cardinal de Lorraine, d'un du Perron, d'un Pellevé, et qu'ils suivaient des moines en procession pour remercier Dieu du succès de la Saint-Barthélemi. Tel noble ou bourgeois bien joyeux, bien goguenard, qui savait Rabelais par cœur, finissait par déshériter sa femme et ses enfans, pour donner sa terre aux monegots ou *aux moines les plus moinans de toute la moinerie*. C'était le bon temps, le siècle de bonhomie, de la vraie gaîté française. On conçoit qu'il y eut des gens qui devaient trouver cela très-gai.

Rabelais a, comme on sait, deux réputations, celle d'un bon plaisant plein de philosophie, et celle d'un bouffon ivrogne et grossier, toutes les deux méritées presqu'également. L'auteur de cet écrit agréable et ingénieux, M. Ginguené, a soin de ne nous faire voir Rabelais que du beau côté; c'était le seul moyen de le faire accueillir en ce moment par des lecteurs d'un goût délicat.

Tout en accusant notre goût trop timide, notre fausse décence, il a eu soin de le ménager. Lui-même convient qu'il ne s'est laissé ennuyer qu'une fois par ce qui est extravagant, obscur à dessein, obscène sans gaîté, trivial et insignifiant; il n'a conservé que les traits d'une satire ingénieuse, où brillent un sens droit, une raison supérieure.

C'est ainsi que Rabelais peut plaire à tous les esprits cultivés; et c'est une idée heureuse que celle d'ajouter au piquant de sa lecture par des applications fréquentes aux divers événemens de notre révolution, aux abus qu'elle a proscrits, aux principes qu'elle a consacrés, etc.

On a dit que Rabelais avait jeté ses diamans sur un fumier, et cette comparaison n'était que trop juste. Le public les recevra avec plaisir dans l'écrin que l'esprit et le goût lui présentent; écrin qui lui-même a sa valeur, indépendante des diamans qu'il recèle.

Sur un ouvrage intitulé : *Nouveaux Voyages dans les Etats-Unis de l'Amérique septentrionale, faits en 1788, par* J. P. Brissot de Warville. — 1791.

On a observé, depuis la révolution, que, parmi les ouvrages nouveaux, étrangers aux affaires publiques, les seuls qui aient continué à s'attirer l'intérêt et l'attention, ce sont les voyages. Il semble que cette lecture soit le seul délassement que la nation se permette, depuis la conquête de la liberté. Le voyage que publie M. Brissot, joint, à l'intérêt des ouvrages de ce genre, l'avantage de ramener les esprits aux idées qui occupent aujourd'hui tous les Français. C'est la passion de l'auteur pour la liberté, qui le lui fit entreprendre en 1788 ; et c'est cette même passion qui le lui fait publier en 1791. Il a pensé qu'il fallait offrir à un peuple nouvellement libre, le tableau des mœurs qui maintiennent la liberté. « On peut, dit-il, la conquérir sans mœurs ; mais, sans mœurs, on ne peut la conserver ; » c'est l'épigraphe de son livre ; et sans cesse, dans le cours de son ouvrage, il revient à cette vérité. On ne peut se dissimuler ce qu'elle a d'effrayant pour la France ; mais au milieu des craintes qu'elle inspire, plusieurs considérations sont propres à rassurer. La précipitation même avec laquelle s'est opérée la révolution, a détruit ou encombré plusieurs des sources qui fournissaient un aliment aux mauvaises mœurs. Elle force tous ceux que d'anciennes habitudes n'ont pas entièrement pervertis, à revenir à des idées plus saines, à renoncer à des goûts frivoles et dispendieux, à s'occuper de travaux utiles pour eux-mêmes. Elle amène forcément une habitude de raison qui, après le retour de l'ordre et du calme, passera des mœurs privées aux mœurs publiques. Les Français, en se donnant une constitution plus forte que ne l'était la nation à l'époque où elle se l'est donnée, se sont mis dans la nécessité de hâter leur marche vers des mœurs simples et fortes, dignes de cette constitution. Le progrès que leurs idées ont fait depuis deux ans, donne la juste espérance de voir leurs mœurs se mettre en accord avec leurs idées, plus rapidement qu'on ne l'a vu chez aucun autre peuple. Ce sera le double effet et de la nécessité des circonstances, et de la souplesse agile du caractère français. Déjà des changemens marqués autorisent ces espérances trop repoussées par ceux qui veulent le mal, ou qui veulent trop faiblement le bien, ou enfin par ceux qui débitent d'anciens axiomes sur un état de choses sans exemple, dans l'histoire de tous les temps connus.

Ce sont des livres tels que le *Voyage de M. Brissot*, qui hâteront ce moment désiré. Les lecteurs patriotes, à qui nous en recommandons la lecture (c'est du poison pour les autres), y verront avec plaisir tous les effets de la liberté politique, la plus grande qui existe aujourd'hui parmi les hommes; ils y apprendront à évaluer un grand nombre de maximes politiques, réputées incontestables jusqu'à ce jour; ils se fortifieront dans le goût de la simplicité, de l'égalité, de la vie domestique, de la vie rurale, du travail; ils verront les vertus publiques naître du sein des vertus privées, et la félicité nationale sortir des mêmes sources que le bonheur particulier. A la vérité, le *Cultivateur américain* avait devancé M. Brissot dans la peinture de ces mœurs si intéressantes; et ses tableaux semblent ne laisser rien à désirer. Aussi M. Brissot ne rivalise-t-il point, à cet égard, avec M. Crevecœur, auquel il rend justice en plusieurs endroits de son ouvrage. Il ne fait qu'indiquer ou esquisser rapidement ce que son prédécesseur avait peint avec délices. L'un répand avec effusion le sentiment d'un bonheur qui fut celui de sa vie entière ; l'autre jette, en passant, un coup d'œil sur ce bonheur qu'il envie. D'ailleurs le but de son *Voyage en Amérique* appelait son attention sur un trop grand nombre d'objets importans. Les mœurs américaines ne devaient point y être sa seule étude : agriculture, manufacture, arts, métiers, industrie de toute espèce, finances, commerce intérieur et extérieur, détails d'exportations, d'importations, etc., voilà ce que le voyageur avait à étudier, et il n'avait que peu de mois à donner à ce voyage. Parti de France à l'époque des événemens qui ont le plus provoqué la révolution, il voulait être de retour dans son pays au moment où elle allait s'opérer.

Quoique les objets dont M. Brissot occupe ses lecteurs, soient devenus d'un intérêt plus général et plus senti depuis que les Français se mêlent de leurs affaires, on sent que les bornes d'un extrait nous obligent de nous borner à l'indication de plusieurs de ces objets. Mais nous dénonçons plus formellement, aux amis de l'humanité, le morceau sur les quakers, et surtout le chapitre sur l'état des nègres dans l'Amérique septentrionale. On connaît le zèle ardent et infatigable avec lequel il défend, depuis plusieurs années, la cause de ces malheureuses victimes de notre avarice. Il achève ici de détruire les sophismes par lesquels la politique européenne s'efforce de justifier, et surtout de perpétuer son crime. Il développe tous les avantages du travail libre sur le travail esclave, et le prouve par les faits et par le raisonnement. On s'obstinait à n'accorder aux noirs qu'une intelligence médiocre et bornée. M. Brissot cite les noms des nègres libres, qui, en Amérique, exercent avec succès des professions qui exigent toute l'activité de la pensée : un noir entre autres, qui faisait, de tête et sur-le-champ, des calculs prodigieux. Si l'on n'a vu de ces exemples que dans l'Amérique septentrionale, c'est que là seulement les nègres sont traités avec une indulgence inconnue dans les îles. Tout s'y prépare par degrés à leur affranchissement général, déjà effectué dans plusieurs des États-Unis, dans la majorité de neuf sur treize.

Déjà la culture du tabac, dans le Maryland et la Virginie, commence à baisser sensiblement. Celle du blé la remplace, et finira par amener l'abolition de la traite, déjà désirée par les citoyens les plus distingués. D'autres causes concourent encore à la hâter ; mais la plus puissante de toutes, c'est la découverte d'un sucre qui, avec le temps, peut remplacer celui de la canne. Cet arbre précieux qui, pour les noirs, sera l'arbre de la vie, et qui plus est de la liberté, c'est l'érable : il croît naturellement, se propage avec la plus grande facilité, et couvre l'Amérique, depuis le Canada jusqu'en Virginie. Sa séve, pour être extraite, n'exige aucuns travaux préparatoires. Chaque arbre donne, sans se ruiner, cinquante à soixante pintes de séve, qui rendent au moins cinq livres de sucre. Un même arbre, s'il est traité avec ménagement, peut fournir cette liqueur pendant plusieurs années.

On n'a pu voir tant d'avantages, sans être frappé de l'influence qu'ils pouvaient avoir sur l'abolition de l'esclavage des noirs. Il s'est formé une société, dont l'objet particulier est de perfectionner la fabrique de ce sucre ; et dès son origine, elle a eu les plus grands succès. D'habiles chimistes ont publié des procédés utiles. Ils pensent que le sucre de canne et le sucre d'érable sont les mêmes dans leur nature ; et on croit qu'en perfectionnant la fabrication, il égalera un jour le sucre ordinaire. La découverte qui doit le conduire à cette perfection, formera une époque heureuse pour l'humanité ; et combien ne le serait-elle pas davantage, si l'on naturalisait l'érable par toute l'Europe ! « Si l'Amérique, dit M. Brissot, en offre de vastes forêts, on peut, en France, le planter en vergers, sous lesquels on pourra recueillir encore toutes sortes de fruits. Dans l'âge de leur moyenne vigueur, à trois livres de sucre par arbre, un acre qui contiendrait cent quarante arbres, rapporterait quatre cents vingt livres de sucre. Ce serait une grande économie de coups de fouet pour les noirs, et une grande économie d'argent pour les blancs ; ce qui est, pour ceux-ci, une considération non moins forte.

Mais quelque adouci que soit, dans l'Amérique septentrionale, le sort des noirs ; quelles que soient les espérances plus heureuses que l'avenir présente à cet égard, les amis de l'humanité n'en formeront pas des vœux moins ardens pour le succès d'un plan déjà connu en Amérique, celui de les transporter des États-Unis dans leur terre natale, de les y établir, de les encourager à y cultiver le sucre, le café, le coton, etc.; à y élever des manufactures, à ouvrir un commerce avec l'Europe. C'était l'idée du philantrope par excellence, le célèbre Foterghill ; c'était celle d'un citoyen des États-Unis, le docteur Thornton, qui comptait exécuter lui-même ce projet. Il se proposait d'être lui-même le conducteur des nègres qui repasseraient en Afrique ; et déjà il avait envoyé, à ses frais, un homme éclairé, pour choisir le lieu le plus convenable à cette émigration, préparer l'établissement de sa colonie, et indiquer les moyens de la mettre à l'abri de toute insulte. La mort l'a prévenu dans l'exécution de ce plan, auquel on n'a pas renoncé en Amérique ; et de plus, il s'est formé en Angleterre une société qui se propose de le réaliser.

Il faut remarquer que c'est parmi la secte des quakers que se trouve le plus grand nombre de ces hommes à qui l'amour de l'humanité a fait traverser les mers, former et accomplir les entreprises les plus périlleuses, et renouveler, par le zèle pur d'une bienfaisance universelle, ce que l'esprit de prosélytisme a fait faire à plusieurs chrétiens de la communion romaine. Cette observation seule réfuterait suffisamment les reproches multipliés contre les quakers. La plupart des ridicules qu'on leur a prodigués en Angleterre et surtout en France, ont disparu devant cette philosophie qui apprécie les hommes et les choses dans leurs rapports au bien de la société générale. Les noms de Miflin, de Benezets, ont pris la place qui leur était due. On songe à leurs actions, et non plus à leur habillement, ni à la singularité de quelques usages consacrés dans leur secte. M. Brissot repousse victorieusement les reproches dont on a voulu les flétrir. De toutes les objections multipliées contre eux, la plus forte est leur refus de prendre part aux guerres, et de payer les impôts établis pour les faire.

L'auteur convient avec franchise de ce que cette conduite peut avoir de blâmable ; mais il oppose à cet effet nuisible de leur attachement pour le plus sacré de leurs principes religieux, tous les autres effets utiles de ce même attachement, tous les actes de bienfaisance dont ce principe fut la source intarissable. Les livres sacrés leur disaient qu'il viendra un temps où les nations ne leveront plus le glaive contre les nations. Ils ont vu que le moyen d'accélérer la réalisation de cette prophétie, était de donner l'exemple, et que les discours ne serviraient à rien, si la pratique n'y était conforme. La preuve qu'ils portaient, dans leur refus, non le calcul de l'avarice, mais l'enthousiasme d'un zèle religieux, c'est qu'ils se sont laissés tourmenter, voler, emprisonner, plutôt que de déroger à leur principe, qui d'ailleurs leur avait long-temps réussi. Les quakers de la Pensilvanie avaient trouvé le secret de garantir cet état du fléau de la guerre, jusqu'à celle qui éclata, en 1755, entre l'Angleterre et la France. Quoique mêlés avec les Indiens, jamais aucune querelle ne les divisa ou ne fit couler de sang. C'est un fait que ne savait pas M. Mirabeau, observe l'auteur, lorsque, répondant, au nom de l'assemblée nationale, à une députation de quakers établis en France, et qui venaient demander l'exemption de porter les armes, il leur disait : « Et que seraient devenus vos frères de Pensilvanie, si de grandes distances ne les avaient pas séparés des sauvages, si ces derniers avaient égorgé leurs femmes, leurs enfans, etc. ? » L'orateur de la députation aurait pu répondre : « Notre justice, notre douceur, notre bienfaisance universelle désarment les sauvages. C'est la rapacité et la fourberie des Européens qui les irritent ; et nous avons vécu comme des frères avec ceux qu'on a représentés comme des brigands pour avoir le droit de les exterminer. » Cette réponse n'aurait pas déplu à Mirabeau, qui n'aurait pas manqué de la faire, si, au lieu d'être président de l'assemblée nationale, il eût été l'orateur de la députation.

C'est ce refus de payer les impôts qui fut la source de toutes les calomnies répandues contre eux parmi leurs concitoyens. On attribuait à leurs principes politiques ce qui était l'effet de leurs idées religieuses. Le général Washington y fut quelque temps trompé lui-même ; mais ayant eu fréquemment occasion de les observer, il finit par leur rendre justice, conçut pour eux beaucoup d'estime, comme a pu le voir l'auteur de ce Voyage, dans ses conversations avec cet homme célèbre.

M. Brissot a trop d'avantage, lorsqu'il justifie le refus que les quakers font de prêter le serment. Leur probité ayant fait de leur parole un serment, ils ont *juré* lorsqu'ils ont promis ou affirmé ; et il devrait en être ainsi de tous les hommes.

Quant à leur *principe intérieur* et à la foi qu'ils lui accordent, les railleurs et les plaisans ne songent pas que ce principe des quakers se trouve, sous différentes dénominations, chez un grand nombre de philosophes anciens : la grande lumière de Pythagore, l'âme divine d'Anaxagore, le démon de Socrate, le dieu au dedans de l'homme d'Hiéron, etc.

Tout ce morceau sur les quakers laisse peu de chose à désirer pour la connaissance de cette intéressante société, trop peu connue et trop calomniée jusqu'aujourd'hui. Il est à remarquer que Voltaire, tout porté qu'il était à répandre le ridicule sur ce qui en était susceptible, est encore, de tous les écrivains français, celui qui a le plus rendu justice aux quakers : son grand sens lui faisait apprécier tout ce que leurs principes avaient de respectable, et combien l'exemple de leur morale pratique pouvait être utile aux hommes. Le bien qu'ils ont fait en Amérique depuis un siècle, n'a pas peu contribué à y répandre, parmi les autres sectes, cette généreuse émulation, cet amour de l'humanité qui se montre dans tous les établissemens publics, et qui, dans ces derniers temps, a commencé à se répandre en Europe. Ce qui s'est fait en cent ans dans un pays inculte, et avec de si faibles moyens, montre ce que la liberté peut faire en France dans un plus court espace, avec les ressources de tous les arts, et d'une civilisation perfectionnée. Nous sommes forcés de renvoyer à l'ouvrage de M. Brissot, pour le détail de tous les établissemens publics et particuliers ; usages, inventions, méthodes que l'exemple, le commerce, la communication des deux peuples, l'intérêt et le besoin, transplanteront nécessairement parmi nous. Son livre ouvre au genre humain la perspective la plus consolante. Il est doux de se livrer à l'espérance de voir un vaste continent conquis à la civilisation par le courage infatigable des Américains, par l'activité de leurs défrichemens, leur ardeur à pénétrer dans les forêts, à s'y former de nouvelles habitations, par leur hardiesse dans les entreprises de tout genre, par la découverte de toutes les communications entre les fleuves et des fleuves aux deux mers, par l'audace de leur navigation, par leur désir de s'ouvrir le commerce du Mississipi. Il est doux de voir la liberté voyager et s'étendre avec eux, fonder partout la société sur des principes trop long-temps méconnus de la vieille Europe qui les retrouve enfin, les adoptera progressivement, et avec le temps sera régénérée par le bienfait d'une terre autrefois engloutie sous les eaux et ignorée pendant des siècles.

On a proposé au concours, dans ces derniers temps, la question *si la découverte de l'Amérique avait été nuisible ou utile aux hommes*. La question s'applique-t-elle aux contemporains de la découverte, et aux cinq ou six générations suivantes? il ne paraît guère douteux que cette découverte n'ait été une calamité désastreuse. Se rapproche-t-on de la génération actuelle? le bien et le mal se mêlent, se confondent, et la question devient compliquée. Embrasse-t-elle les générations à venir? elle cesse d'être une question; et la découverte de l'Amérique devient, pour l'humanité entière, un véritable bienfait du ciel. Il suffit, pour s'en convaincre, de parcourir le livre de M. Brissot. Les progrès de la société chez les Américains, progrès sensibles même depuis la guerre et dans un si petit nombre d'années, repoussent les prédictions sinistres, les augures malveillans des ennemis de la liberté. Il paraît même que, depuis le départ d'Amérique de M. Brissot, ces progrès ont été d'une rapidité prodigieuse. Voici ce qu'un savant américain (M. Rush), souvent cité avec honneur dans ce nouveau Voyage, écrivait tout à l'heure, vers la fin de mai, à un de ses amis actuellement en France :

« Nous voyons enfin les espérances les plus étendues des amis de la liberté et de l'humanité, accomplies dans les États-Unis d'Amérique. Notre gouvernement national est parfaitement établi. Il répand partout la paix, l'ordre et la justice. Contraire à Brutus, je puis m'écrier, en terminant mes travaux politiques : « O liberté ! je t'ai » adorée comme un être réel, et ne t'ai point » trouvée un fantôme ! »

Sur un Ouvrage intitulé : *Discussions importantes débattues au parlement d'Angleterre, par les plus célèbres orateurs, depuis trente ans,* renfermant un choix de discours, motions, adresses, répliques, etc., accompagné de *Réflexions politiques analogues à la situation de la France, depuis les états-généraux;* ouvrage traduit de l'anglais. — 1791.

Ce recueil, intéressant par lui-même, le devient encore plus par les circonstances où nous sommes. Un extrait ou un choix des meilleurs morceaux répandus dans les annales parlementaires des Anglais, publié au moment où les

Français commencent des annales de la même espèce; c'est servir à la fois l'éloquence et la patrie; c'est multiplier les modèles de l'éloquence politique chez un peuple qui ne connaissait que celle des Grecs et des Romains. Il est vrai qu'en ne la considérant que dans ses formes, les modèles que nous ont laissés ces deux nations, pouvaient nous suffire, puisque les Anglais leur sont restés inférieurs : mais en passant de la forme au fond; en considérant, sous des rapports qui nous sont communs avec eux, et qui ne peuvent exister entre les anciens et nous, plusieurs des questions agitées dans le parlement d'Angleterre; questions qui, pour la plupart, seront agitées chez nous avant peu d'années, et dont plusieurs intéressent nos relations avec les Anglais, on sent combien cette collection peut être utile. Une foule de traits, qui peignent les mœurs et les idées générales d'une nation, des détails curieux dont l'histoire, ni même les détails particuliers ne se chargent pas toujours, ajouteront aux connaissances que peuvent avoir de l'Angleterre les Français qui prétendent en avoir beaucoup. Combien de faits de l'antiquité grecque ou romaine, combien d'usages, combien de lois même ne sont parvenus jusqu'à nous, que par les discours qui nous restent de leurs orateurs !

Le traducteur a renfermé son travail et le choix de ces discours dans l'espace des trente dernières années; si l'on en excepte quelques-uns de Walpole, Pulteney, Shippin, et quelques autres qui remontent à l'année 1734. Sans doute, il pouvait remonter plus haut; et les débats parlementaires ont produit, avant cette époque, des discussions de la plus haute importance; mais on a pensé avec raison qu'en se rapprochant du moment actuel, l'intérêt serait à la fois plus vif et plus général. Les noms de lord Chatham, Wilkes, Sheridan, Sawbridge, Littleton, plus connus des Français contemporains que ceux des précédens orateurs anglais, inspireraient une curiosité plus vive, quand même leurs discours ne rouleraient pas sur des événemens qui ont préparé la révolution française. C'est surtout à cette époque que l'éloquence anglaise s'est élevée à la hauteur des intérêts discutés dans le parlement. On se rappelle encore, même en France, l'effet que produisit le discours du lord Chatham, en faveur des Américains, ou plutôt des Anglais, qu'il voulait préserver des suites d'une guerre funeste. On n'a pas oublié non plus celui de M. Wilkes, dans la même occasion, et surtout ce passage remarquable qu'il nous sera permis de transcrire.

« On les nomme rebelles (les Américains).
» Leur état présent est-il effectivement un état
» de rebellion? ou n'est-ce qu'une résistance
» convenable et juste à des coups d'autorité qui
» blessent la constitution, qui envahissent leur
» propriété et leur liberté? Mais voici ce que je
» sais très-bien. Une résistance couronnée du

» succès, est une *révolution* et non une *rebellion*.
» La rebellion est écrite sur le dos du révolté qui
» fuit ; mais la révolution brille sur la poitrine
» du guerrier victorieux. Qui peut savoir si, en
» conséquence de la violente et folle adresse de
» ce jour, les Américains, après avoir tiré l'épée,
» n'en jetteront pas le fourreau aussi bien que
» nous, et si, dans peu d'années, ils ne fêteront
» pas l'ère glorieuse de la révolution de 1775,
» comme nous célébrons celle de 1688? Si le
» ciel n'avait pas couronné du succès les généreux
» efforts de nos pères pour la liberté, leur noble
» sang aurait teint nos échafauds, au lieu de ce-
» lui des traîtres et rebelles écossais; et ce pé-
» riode de notre histoire, qui nous fait tant
» d'honneur, aurait passé pour une rebellion
» contre l'autorité légitime du prince, et non
» pour une résistance autorisée par toutes les lois
» de Dieu et de l'homme, et non pour l'expul-
» sion d'un tyran. »

Il est inutile de remarquer que les plus beaux discours insérés dans ce recueil, sont ceux qui ont été prononcés en faveur de la cause américaine, soit pour prévenir, soit pour faire cesser la guerre : les harangues prononcées contre eux et dans le sens opposé, font pitié en comparaison. Il est vrai que, de leur côté, se trouvaient les Pitt, les Fox, les Wilkes, les Sheridan, et que l'opinion contraire n'avait point de pareils défenseurs; mais il est à croire que, si ces hommes célèbres se fussent trouvés dans le parti ministériel, ils se seraient abstenus de parler en cette occasion. Ce sentiment profond d'où part l'éloquence des hommes de génie, est pour l'ordinaire accompagné de ce sens droit qui marche vers la vérité, source de cette conviction qui donne à l'éloquence tout son éclat et toute son énergie. Les vrais orateurs se sentent parfaitement bien ; et fussent-ils sans vertu, le seul intérêt de leur amour-propre les écarterait d'une mauvaise cause, comme un général habile s'éloigne du terrein où il ne peut déployer ses forces. Les hommes de talent, à qui les jésuites avaient la sottise de s'adresser pour la réfutation des *Lettres provinciales*, auraient pu leur répondre : « la puissance de votre adversaire est moins celle de son génie que celle de la vérité ; et maintenant qu'elle s'est montrée, on pourrait défier Pascal de se réfuter lui-même. »

Plusieurs de ces discours ont reçu, de la révolution française, un mérite qu'ils n'avaient pas dans le temps où ils furent prononcés, celui d'offrir des allusions fréquentes à divers événemens de la révolution. Des circonstances analogues ont dû, à diverses époques, faire dire les mêmes choses à ceux qui se croyaient intéressés à les dire ; et ce n'est pas les Français qui s'étonneront aujourd'hui de voir les nobles lords au ruban bleu, dire, dans le parlement d'Angleterre, que le visage d'un seul soldat anglais ferait fuir des centaines d'Américains.

Si l'on ne jugeait des orateurs anglais que par ceux dont les discours ont trouvé place dans cette collection (ce qui serait très-injuste, et ce qui ne conviendrait pas à un étranger, surtout d'après une traduction), on serait porté à croire que M. Wilkes et M. Fox laissent bien loin derrière eux tous leurs rivaux. Tous les deux pleins de véhémence, ils savent tous les deux varier habilement leurs tons, et manier plaisamment l'ironie, figure favorite de l'éloquence républicaine. Nous pourrions en citer plusieurs exemples dans M. Wilkes et M. Fox; mais nous n'en indiquerons qu'un seul de ce dernier, d'après lequel on ne prendra pas une haute idée de la crainte qu'inspire aux ministres anglais cette responsabilité qu'on croit si redoutable aux nôtres. Il s'agit d'environ 1,500,000 liv. dont il doit rendre compte. Le ministre indique, pour l'emploi de cette somme, un envoi de rasoirs et de guimbardes aux sauvages de l'Amérique; et quand on lui demande combien de temps il lui faut pour produire la preuve de l'emploi et la vérification du compte, il répond : « quatorze ou quinze ans tout au plus. » Si l'occasion de plaisanter était heureuse pour M. Fox, la manière dont il raconte cette petite hardiesse ministérielle, prouve qu'il ne manque pas à l'occasion.

L'éditeur a enrichi sa collection des meilleurs discours prononcés dans le parlement d'Irlande et dans le congrès américain. Il y a joint diverses adresses, proclamations, etc., publiées dans les occasions les plus importantes. Il semble qu'il ait cherché à former un cours d'éloquence à l'usage de la liberté.

Qui croirait après cela que ce recueil fût l'ouvrage d'un ennemi de la révolution? C'est ce qu'on aperçoit avec surprise à la lecture de sa préface. Il y règne un ton d'aigreur qui perce de phrase en phrase, et qui finit par ne pouvoir plus se contenir. Comment, occupé plus ou moins des idées anglaises et américaines; au moins pendant qu'il les traduisait en langue Française, a-t-il pu descendre jusqu'à ce sophisme trivial, qui consiste à imputer à la liberté les désordres inévitables à sa naissance, à invectiver contre des abus passagers, comme contre des calamités durables.

Est-ce le traducteur des lettres de Washington et de Hancook, qui devait faire cette description de l'état de la France avant 1789? « La France
» riche de son sol, de sa position, de sa popula-
» tion, résistait aux abus; la noblesse partageait
» la souveraineté; le clergé s'était souvent mis
» au dessus; le peuple avait ignoré longtemps qu'il
» était malheureux, ou croyait qu'il était né pour
» l'être. Quelques livres remplis de vérités amè-
» res contre les traitans, consolaient leurs victi-

» mes; les finances n'étaient pas réparées : mais
» on écrivait qu'elles le seraient, et le calme
» momentané revenait. La cour se permettait
» toute sorte de prodigalités, mais les individus
» recueillaient; les grands imitaient les princes,
» mais c'était autant de canaux par où coulait
» l'abondance. Des hommes trop savans peut-
» être pour notre bonheur, vinrent nous dire
» que nous étions malheureux, pauvres, ruinés,
« etc. » C'est dommage; sans eux, nous n'en aurions
jamais rien su. Ne nous fâchons pas contre l'auteur, qui sans doute n'a qu'une humeur passagère, et qui convient, dès la page suivante, qu'on a déjà fait beaucoup de chemin, et que, dans les prochaines législatures, on s'apercevra bien vite des pas immenses faits dans une science presque inconnue aux Français. On voit que le mal n'est pas incurable, et nous exhortons le traducteur, quel qu'il soit, à nous avancer dans cette science, en ajoutant à son utile collection, un choix de ce qu'il trouvera de meilleur dans les annales parlementaires, avant ou après l'époque dans laquelle il avait d'abord jugé à propos de se renfermer. Le succès paraît sûr, le plus grand nombre des Français ayant aujourd'hui la permission de s'intéresser à ces questions politiques, qui autrefois n'occupaient que quelques philosophes, et dont se souciaient même assez peu la plupart de ceux qu'on appelait fastueusement *hommes d'état*.

Sur les *Voyages et Mémoires de Maurice-Auguste, comte de Benyowski, magnat des royaumes de Hongrie et de Pologne*, etc., contenant ses opérations militaires en Pologne, son exil au Kamschatka, son évasion et son voyage à travers l'Océan pacifique, au Japon, à Formose, à Canton en Chine, et les détails de l'établissement qu'il fut chargé, par le ministère français, de former à Madagascar. — 1791.

Il est des hommes dont la vie n'est qu'un tissu d'aventures extraordinaires, lesquelles semblent l'effet d'une fatalité aussi invincible qu'inexplicable ; mais en observant avec soin ces personnages singuliers, on s'aperçoit que leur caractère joue, dans leur destinée, un rôle pour le moins égal à celui de cette fatalité dont ils paraissent poursuivis. Le hasard, qui engage leurs premiers pas dans cette carrière d'aventures, les abandonne ensuite à leur caractère, qui s'y développe et s'y complaît. Ils y prennent des habitudes qui les font agir d'après des déterminations secrètes, inconnues à la plupart des hommes. De-là, un éloignement naturel, quelquefois même une aversion marquée pour les scènes ordinaires d'une destinée commune, dans laquelle ils ne pourraient déployer les qualités qui les distinguent, et dont l'exercice les a consolés de tout dans des positions souvent cruelles, mais non pas dénuées de charme et d'intérêt. Ils se plaisent dans les orages, comme certains oiseaux de mer dans les tempêtes ; c'est que, dans ces situations désastreuses, ces hommes ont pris, sur les compagnons de leurs infortunes, l'empire qui appartient à la supériorité du courage, du génie, des ressources de tout genre : ils règnent sur eux-mêmes et sur les autres, quand ceux-ci, incapables de se gouverner, sont trop heureux d'obéir. C'est ce qu'on a souvent occasion de remarquer dans ces Mémoires, dont nous allons donner une idée à ceux qui n'ont pas le temps de lire de gros volumes.

Maurice-Auguste de Benyowsky, magnat de Hongrie et de Pologne, naquit à Verbowa en 1741. Il se distingua pendant la guerre de sept ans, et se trouva à quatre batailles, sous les généraux Brown, Landon et le prince Charles de Lorraine. Héritier d'un oncle qui avait possédé de grandes terres en Lithuanie, il n'en crut pas moins avoir des droits à la succession de son père, qui venait de mourir en Hongrie; mais ses beaux-frères s'en étaient déjà emparés, et le repoussèrent, par la force, du château de son père, où ils s'étaient déjà établis. Le comte se met à la tête de ses vassaux pour conquérir son bien; et il y réussit. Cette manière de plaider, qui devait attirer aux deux parties l'indignation de la cour de Vienne, ne fut pourtant funeste qu'à Benyowsky. Ses adversaires parvinrent à le dépouiller, et à le faire regarder comme un perturbateur du repos public. Il retourna dans ses terres de Lithuanie; et bientôt après, dès le commencement des troubles de Pologne, il s'engagea dans la confédération contre les Russes. Il lui rendit de grands services, fut fait prisonnier et racheté par ses amis ; mais par malheur, il fut repris et relégué à Casan avec les autres prisonniers polonais. Là, il eut quelque connaissance d'une conspiration contre le gouverneur, tramée par de jeunes seigneurs russes, mécontens de l'impératrice ; et quoique Benyowsky se fût conduit avec prudence, n'ayant voulu engager avec eux ni ses amis ni lui-même, il fut transporté à Pétersbourg, d'où il fut relégué au Kamschatka, après la détention la plus injuste et les traitemens les plus odieux. On peut juger de son courage et de la force de son caractère, par toutes les instructions et les connaissances que, malgré ses infirmités, suite de sa prison et de ses blessures, il se procura, dans une route de plus de seize cents lieues, entre des montagnes couvertes de neige, des précipices ; voyageant sur des traîneaux conduits par des chevaux, puis des élans, et enfin des chiens ; traversant des torrens, des rivières, des fleuves dans des canots d'écorce de bouleau. C'est ainsi qu'il arrive à Ochozk, au 59e degré de latitude nord, ville peuplée de neuf cents exilés. C'est l'entrepôt du commerce du Kamschatka, commerce beaucoup plus considérable qu'on ne l'avait cru jusqu'alors en Europe, et sur lequel le comte donne des instructions assez étendues. Il évalue à des sommes immenses le profit que font les Russes sur les fourrures qu'ils tirent de ces pays, des îles Kuriles, des îles Alécutiennes, etc. C'est, selon lui, une des sources de la richesse de l'empire. Il se plaint de la négligence des nations européennes, qui abandonnent ce commerce aux Russes. Les derniers voyages des Anglais à Nootkasund prouvent qu'ils ne méritent plus ce reproche; et l'état des choses exposé par le comte de Benyowsky, les monopoles des gouverneurs, les vexations qu'ils se permettent, les émigrations des commerçans qui passent du continent aux îles Aléoutiennes, tout concourt à persuader que cette branche de commerce russe diminuera tous les jours au profit des autres nations. Il paraît même convaincu que ces vastes contrées du Kamschatka et de la Sibérie ne peuvent tarder très-long-temps à se détacher de l'empire : « La prétendue forteresse, dit-il, qui défend le port d'Ochozk, est peu importante ; ce sont les exilés qui sont employés dans la marine, et il n'y a point d'année qui ne soit marquée par une révolte. Cette disposition entretenue par le désespoir, ouvrira la Sibérie au premier venu ; et je puis assurer avec confiance que l'arrivée du premier vaisseau étranger produira une révolution en Sibérie ; car d'Ochozk à Tobolsk, il y a au moins cent soixante mille exilés ou descendans d'exilés, tous portant les armes. Les différentes hordes de Tartares se joindront à la cause commune pour renverser la domination russe. Cet événement ne peut être éloigné ; et par un coup de cette nature, la Russie se trouvera privée de tout l'appui qui seul la met en état de jouer un principal rôle en Europe, par une considérable augmentation de richesses. » Revenons aux aventures particulières du comte.

Le désir de recouvrer sa liberté avait été, comme de raison, le premier objet de ses pensées; il avait pris, sur ses compagnons d'infortunes, l'ascendant que donne le courage et le génie. Tous avaient en lui une confiance qu'il avait nourrie avec soin, et qui s'était accrue de jour en jour, jusqu'à leur arrivée à Boltza-Reskoi-Ostrog : c'est le nom du lieu destiné à la résidence de ces malheureux. Ils furent présentés au gouverneur, M. de Nilow, qui distingua particulièrement Benyowsky; il lui demanda qui il était. » Je suis un soldat, ré-» pond-il, autrefois général, maintenant un es-» clave. » Cette réponse le prévint en faveur d'un homme qui déjà était recommandé par le mérite d'avoir sauvé, dans un gros temps, le navire qui portait les prisonniers, et que l'ivresse du capitaine russe avait pensé faire périr.

M. de Nilow, après avoir fait quelques honnêtetés aux principaux exilés, leur fit lecture des lois auxquelles ils étaient soumis, et des obligations qui leur étaient imposées ; ces lois font frémir. On donne aux exilés des provisions pour trois jours, un mousquet, une livre de poudre, quatre livres de plomb, quelques armes, quelques outils; après quoi ils sont tenus de pourvoir à leur subsistance. Il ne leur reste plus qu'à payer à la chancellerie un tribut d'environ quatre-vingts fourrures précieuses, à travailler un jour par semaine à la corvée pour le gouvernement, et à payer en fourrures, la première année seulement, la valeur de cent roubles, pour dédommager le gouverneur de ses avances. Ces lois sont du czar Pierre-le-Grand : c'est-là le code civil de la Sibérie; le code pénal s'y rapporte merveilleusement, et lui est très-bien approprié.

Le comte, qui se flattait de ne pas vivre long-temps sous de pareilles lois, en écouta à peine la lecture. Bientôt il fit part de ses espérances à ses associés; ils étaient au nombre de cinquante-sept. Il les fait consentir à la formation d'un comité de huit personnes, dont il devient le chef : il en dresse les statuts qui sont acceptés. Un des articles décernait la peine de mort contre tout membre traître à la société, ou seulement indiscret. Ici le comte déploie tous les talens d'un chef de conspiration : il en avait besoin. Qu'on se figure ses peines, ses craintes, ses angoisses entre un si grand nombre d'hommes, de caractères différens ou opposés, inquiets, défians, sachant tous que les plus grandes faveurs du gouvernement attendent le premier traître ; les faux soupçons, les vaines terreurs nées d'un incident imprévu, un de leurs complices mandé par le gouverneur, une lettre équivoque surprise, le découragement de plusieurs, etc.

Une circonstance particulière, mais importante, avait applani, vers le commencement, une partie des difficultés que le comte aurait éprouvées pour l'exécution de son dessein. Le gouverneur avait une femme et trois filles : Benyowsky savait plusieurs langues ; la mère l'invite à les apprendre à ses filles ; il y consent. Une de ses filles conçoit une passion violente pour son maître ; il devient nécessaire au gouverneur et à sa société. Il l'aidait de plus à gagner des sommes considérables en jouant aux échecs avec l'hettmann des cosaques ; celui-ci qui, après avoir perdu son argent chez le gouverneur, crut le regagner en jouant avec de riches commerçans, se lie avec Benyowsky, dont le talent pouvait le servir dans ce dessein ; l'argent se partageait entre les deux vainqueurs ; et le gain de Benyowsky était employé utilement pour la conspiration. Madame de Nilow servait les amours de sa fille ; elle voulait lui faire épouser le comte, dont elle connaissait la naissance. Celui-ci se gardait bien de dire qu'il était marié en Lithuanie : l'intérêt de sa délivrance et celui de ses associés demandaient qu'il laissât la jeune personne dans l'erreur. L'histoire de Jason et de Thésée se renouvelait auprès de la mer Glaciale ; le goût de M. de Nilow pour le comte devenait tous les jours plus vif ; il voyait, dans les talens de son gendre futur, un moyen d'arriver plus vite à la fortune ; car, sous le pôle comme sous l'équateur, il faut faire fortune. L'ambition de M. Nilow était d'être gouverneur d'Ochozk ; place infiniment plus avantageuse que le gouvernement de Boltza-

Reskoi-Ostrog. La plume du comte pouvait le servir dans ce dessein ; et il le pressait de faire une description du Kamschatka, digne d'être imprimée : ce que le comte exécuta ; et sans doute c'est celle qui se trouve dans ses Mémoires. Cependant les amis de Benyowsky prirent de grands soupçons de ses assiduités au château, qui pensèrent lui être funestes. Il fut mandé au comité, où il vit sur une table, en entrant, un vase de poison entre deux sabres nus. On lui fit part de la défiance qu'il avait inspirée ; sa justification fut facile, mais il fut forcé de dévoiler le secret de mademoiselle de Nilow, les nuits passées au château, le projet de mariage, etc. : tout cela fut fort approuvé des associés, hors d'un seul ; c'était un rival malheureux, qui conçut une haine atroce pour Benyowsky, lui causa de grands embarras, inquiéta beaucoup la société, devint fou par intervalles, et enfin apprit à madame et à mademoiselle de Nilow que Benyowsky était marié en Lithuanie. Ce fut un terrible incident ; mais l'excès de l'amour de cette jeune personne devint le le remède du mal qu'on avait voulu faire au comte. Il obtint sa grâce en représentant sa situation, sans confier son secret et celui de ses amis. Aphanasie (c'était le nom de mademoiselle de Nilow) ne s'en attacha que plus à son amant ; et telle fut cette passion, qu'après la mort de son père, tué dans un des combats occasionnés par les suites du complot, elle monta sur le vaisseau qui livrait les conjurés à la merci des mers ; et vêtue en homme, sous le nom d'Achille qui lui fut donné, elle partagea toutes les calamités d'une navigation désastreuse. Elle mourut à Macao.

Tout le plan de Benyowsky roulait sur l'espérance de se saisir d'un des vaisseaux du gouvernement, qui se trouvait dans le port : la ruse était ici plus nécessaire que la force, l'hettmann des cosaques étant dans la ville à la tête de sept cents hommes qui seraient venus au secours. Heureusement, on découvrit qu'un capitaine de la corvette Saint-Pierre et Saint-Paul se faisait une peine de retourner à Ochozk, où il avait des dettes. On négocia avec lui, en dissimulant le but qu'on se proposait. Mais la nécessité d'un grand approvisionnement, le nombre de ceux qui devaient y concourir, les différens intérêts de chaque associé, l'un voulant emmener sa maîtresse, l'autre un ami, des rumeurs sourdes et des démarches équivoques donnèrent des soupçons au chancelier (on appelle ainsi le premier officier civil). Il les communiqua au gouverneur, qui, d'abord, n'en voulut rien croire, mais qui enfin, ébranlé par des vraisemblances, manda Benyowsky : c'était le moment de la crise.

Le chancelier s'était concerté avec l'hettmann pour s'assurer du comte ; celui-ci, après avoir distribué les rôles entre ses associés, refuse de se rendre au fort ; l'hettmann lui rend visite, et l'engage poliment à venir au château, pour dissiper quelques soupçons du chancelier. Sur un second refus, l'hettmann ordonne à ses deux cosaques de le saisir : mais un coup de sifflet fait paraître cinq hommes armés, qui se saisissent des cosaques et de l'hettmann, les lient et les déposent dans une cave. Une troisième tentative du gouverneur ne fut pas plus heureuse. Benyowsky s'étant emparé du colonel, se servit de lui pour s'emparer de tout le détachement ; il obligea le chef, le pistolet sous la gorge, d'appeler ses soldats un à un ; et à mesure qu'ils entraient, ils étaient arrêtés et enchaînés. Alors les combats se multipliaient entre les divers pelotons des conjurés et les soldats du gouvernement répandus dans la ville. Le fort est attaqué et pris. M. de Nilow est tué. Mais il restait encore de grandes difficultés à vaincre. Pendant ce trouble, quelques soldats avaient délivré l'hettmann prisonnier dans la maison du comte. L'hettmann avait rallié ses soldats au nombre de plus de sept cents hommes, et s'était retiré sur une hauteur voisine. Le comte voyant qu'il faudrait succomber un peu plus tôt, un peu plus tard, prend une résolution désespérée; il envoie dans la ville quelques petits détachemens, avec ordre de faire entrer dans l'église toutes les femmes et tous les enfans, ensuite de faire entasser, tout autour, tout le bois et toutes les matières combustibles qu'on pourrait trouver, et quand tout serait prêt (ce qu'il était possible d'effectuer avant le point du jour) d'avertir les femmes de se préparer à la mort, en leur apprenant que leur existence et celle de leurs familles dépendaient de la détermination de leurs maris. Ces femmes demandèrent à choisir parmi elles celles qui seraient députées aux cosaques, leurs maris ou leurs parens; on y consentit; un tambour les précéda; et sur l'exposé qu'elles firent de l'état des choses, du danger imminent des personnes enfermées dans l'église, les cosaques signèrent la capitulation qu'on voulut, livrèrent leurs armes, leur chef, et donnerent des ôtages; le comte en choisit encore cinquante-deux parmi les plus considérables de la ville, et dont la vie répondait de la conduite du peuple. Tranquille à cet égard, il eut alors tout le loisir de pourvoir aux soins de son embarquement. Le nombre des associés s'accrut par celui de quatorze exilés qui demandèrent à être admis sur le vaisseau. Il leur distribua, avant son départ, l'argent du trésor impérial. Devenu ainsi maître du sort de la place et des forces de la province dans laquelle il était arrivé esclave quelques mois auparavant, il en partit le 7 mai 1771, arborant sur son vaisseau l'étendart de la confédération polonaise.

Le journal maritime du comte compose le reste de ce premier volume et une partie du second; il parcourt plusieurs des îles Kuriles, Aléoutiennes, de Jedzo, du Japon, sur lesquelles il donne des détails intéressans pour le commerce; il est poussé vers l'île Formose, où il projette 'établissement d'un comptoir ; il arrive à Macao, d'où il revient en Europe, après s'être arrêté à Madagascar, et s'être procuré sur cette île des connaissances qui, à l'arrivée de Benyówsky en France, le rendirent intéressant pour les ministres alors en place. C'étaient MM. d'Aiguillon et de Boynes. Ils le renvoyèrent à Madagascar pour y fonder l'établissement royal dont Benyowski leur avait fait agréer l'idée. Il paraît qu'il jouissait auprès d'eux d'une certaine faveur ; mais elle fut inutile à l'établissement, qui n'était point approuvé par les subalternes, intendans, commis, etc. Ils traversèrent les vues de Benyowsky en tout ce qui dépendait d'eux, et parvinrent à faire échouer tous ses projets. Il est vrai que son esprit romanesque leur donna de grandes facilités, et ils furent secondés par des événemens bizarres. Une vieille négresse qu'il avait amenée de l'île de France, parvint à le faire passer pour descendant d'un chef d'une certaine peuplade, et le comte devenait ainsi l'héritier d'une portion de l'île. Il accueillit et propagea cette fable absurde, sous prétexte qu'elle lui donnait le moyen de civiliser la contrée, et de servir utilement la France dans le projet d'un établissement de commerce. Ce qu'il y a d'inconcevable, c'est qu'après avoir quitté l'habit français et le service de France, après avoir été déclaré roi d'une province dans l'île de Madagascar, il osa revenir en France, où on l'a vu libre et bien traité par le ministère. On sait qu'il partit pour le Maryland, où il fut mis à la tête d'une expédition projetée par une maison de commerce, et qu'il retourna à Madagascar. Il y avait laissé des souvenirs qui lui firent trouver des secours parmi les naturels. Le gouverneur de l'île de France, auquel il était resté suspect, envoya contre lui un vaisseau armé, avec un détachement de troupes de ligne. Le comte, attaqué dans un petit fort qu'il venait de faire construire, y fut tué d'un coup de balle dans la poitrine. On regrette que tant de courage et d'énergie n'ait pas été conduit par un esprit plus sage et moins bizarre: il aurait pu être un homme utile, et il ne fut qu'un aventurier remarquable.

Sur *les Ruines*, ou *Méditations sur les Révolutions des Empires*; par M. Volney.

Un jeune voyageur, après avoir parcouru la Turquie, l'Égypte, la Syrie, frappé des maux qui affligent l'espèce humaine, et qui dans ces climats ont anéanti les grands empires; étonné du contraste de leur ancienne population et de la dévastation actuelle, s'arrête dans une ville presque abandonnée sur les bords de l'Oronte, à quelque distance de Palmyre, dont il contemple de loin les débris. Là, sur d'autres ruines, celles d'un temple qui fut jadis dédié au soleil, et dont le parvis est maintenant occupé par les cabanes de quelques paysans arabes, il se livre à une mélancolie profonde, qui devient par degrés un recueillement religieux. Bientôt sa rêverie fait place à des pensées grandes et austères. Vingt peuples fameux ont existé dans ces contrées. Il se peint l'Assyrien sur les rives du Tigre, le Chaldéen sur celles de l'Euphrate, le Perse régnant de l'Indus à la Méditerranée. Où sont-ils ces remparts de Ninive, ces murs de Babylone, ces palais de Persépolis, ces temples de Balbec et de Jérusalem ? Où sont ces flottes de Tyr, ces chantiers d'Arad, les ateliers de Sidon, et cette multitude de matelots, de pilotes, de marchands ? Et cependant ces peuples étaient livrés à des superstitions cruelles ou avilissantes, tandis qu'aujourd'hui, possédées par un peuple de croyans, un peuple qui se dit saint, elles ne présentent plus que de vastes solitudes. Plein de ces pensées, dont la succession produit en son âme un retour vers l'Europe et vers sa patrie, ses yeux se remplissent de larmes ; il lui semble qu'une nécessité funeste, une aveugle fatalité régissent le sort des mortels ; et il s'abandonne à une affliction voisine du désespoir. Tout à coup un bruit frappe son oreille ; et du sein des tombeaux, le voyageur croit voir sortir un spectre. C'est un génie dont la voix se fait entendre et lui apporte des instructions consolantes. Il lui montre la justice des cieux toujours invariable, et les lois de la nature toujours les mêmes, Dieu prodigant les bienfaits de la terre à ceux qui la fertilisent. Pourquoi serait-elle féconde sous les pas de ceux qui la ravagent, dont l'avidité pille le laboureur, ou qui font des lois destructives de l'agriculture ? Quelle était cette *infidélité* qui fonda des empires par la prudence, les défendit par le courage, les affermit par la justice ? Quelle est cette *vraie croyance*, cette sainteté qui consiste à détruire les cultures, à réduire la terre en solitude ? Dieu devait-il réparer par des miracles les fautes des mortels, ressusciter les laboureurs qu'on égorge, relever les murs qu'on a détruits, etc., etc. ? Et de là, ces dogmes odieux de l'ignorance ou de l'hypocrisie : le hasard a tout fait, le ciel avait tout décrété.

Touché des sentimens du jeune voyageur, uniquement occupé du bonheur des hommes, le génie alors le transporte dans une région supérieure, d'où il lui montre une moitié de notre globe, une partie de l'Europe, de l'Afrique, et surtout cette portion de l'Asie où s'élevèrent autrefois de si puissans empires. Il lui développe les causes de la prospérité et du malheur des nations, les principes des sociétés, l'origine des gouvernemens et des lois, et enfin les vices qui entraînèrent la ruine des anciens états. De l'amour de soi, éclairé, bien ordonné, naquit le bonheur individuel, et ensuite le bonheur social ; de l'amour de soi, aveugle et mal ordonné, naquirent d'abord tous les maux individuels, et depuis tous les maux politiques. Partout où les lois conventionnelles se trouvèrent conformes aux lois de la nature, une grande prospérité fut le signe et la récompense de cet accord. Là, les hommes, jouissant de la liberté et de la sûreté de leurs personnes et de leurs propriétés, purent déployer toute l'étendue de leurs facultés, toute l'énergie de l'amour de soi-même; et lorsque, dans certains lieux, à certaines époques, les peuples réunirent l'avantage d'être bien gouvernés à celui d'être placés sur la route de la circulation la plus active, il se forma chez eux des entrepôts florissans de commerce et des siéges puissans de domination. Telles furent les causes qui amenèrent sur les rives du Nil et de la Méditerranée, du Tigre et de l'Euphrate, les richesses de l'Inde et de l'Europe, qui les y entassèrent, et accrurent successivement la splendeur de cent métropoles.

Les peuples, devenus riches, appliquèrent le superflu de leurs moyens à des travaux d'utilité commune et publique; et ce fut là, dans chaque état, l'époque de ces ouvrages dont la magnificence étonne l'esprit, de ces puits de Tyr, de ces digues de l'Euphrate, de ces forteresses du Désert, de ces aqueducs de Palmyre, etc.

L'auteur passe ensuite au développement des maux politiques qui minent par degrés les états, et les conduisent au despotisme, et à cet état de choses où le peuple ne voit plus dans ses chefs qu'une faction d'ennemis publics. Il applique ses principes à tous les grands empires de l'Asie ; et il voit ces empires décroître, s'affaiblir, s'anéantir, lorsque les lois physiques du cœur humain s'y trouvèrent enfreintes et audacieusement violées. Pendant que le jeune homme remplissait son esprit des leçons du génie bienfaisant qui daigne l'instruire et l'éclairer, des tourbillons de fumée et de flammes s'élèvent des bords de la mer Noire et des champs de la Crimée ; affligé, il regarde le génie bienfaiteur qui lui apprend le sujet de ces combats : le gouvernement, la religion, les mœurs, le fanatisme réciproque des Russes et des Turcs, qui, dans leurs prières, associent le ciel à leurs fureurs, en lui demandant sa faveur et la victoire. « Prières sacrilèges, retombez sur la terre ! » s'écrie le génie avec véhémence ; et vous, cieux, » repoussez des vœux homicides ! » Cette superstition lui rappèle toutes celles des deux peuples ennemis ; et renforçant ici les traits dont il a peint plus haut la tyrannie, il recueille tous ceux qui caractérisent le despotisme ottoman. Le jeune homme qui retrouve en Europe et dans notre siècle, les mêmes crimes, les mêmes erreurs qui ont détruit les anciens empires de l'Orient, croit que l'homme est destiné à renouveler sans cesse le même cercle d'égaremens et d'infortunes. Cette idée le jette dans une profonde consternation. Son guide s'en aperçoit, et combat cette méprise funeste. Il fait repasser sous ses yeux les différentes époques de l'histoire. Il lui montre qu'au moins.

les malheurs du genre humain n'ont point été perdus pour son instruction. Il combat surtout l'idée d'une perfection rétrograde, par laquelle les tyrans s'attachent à détruire l'espérance d'une perfection progressive. Il lui rend sensibles tous les progrès de la société, par la comparaison des siècles passés et des temps modernes, par la destruction d'un grand nombre de préjugés politiques et religieux, par les hasards heureux qui ont fait tourner à l'avantage des peuples certains abus, certains inconvéniens; surtout par le bienfait divin de l'art de l'imprimerie. A ces motifs de consolation, le voyageur oppose le tableau affligeant que présente encore la société sur la plus grande partie du globe : l'Asie entière ensevelie dans les ténèbres ; le Chinois gouverné par des coups de bambou ; l'Indien accablé de préjugés, enchaîné par les liens sacrés de ses castes ; l'Arabe affaibli dans l'anarchie de ses tribus ; l'Africain dégradé de la condition d'homme ; les peuples du Nord réduits à celle des troupeaux, jouets de grands propriétaires, etc.

La douleur et l'affliction qui pénètrent le voyageur, excitent un nouveau degré d'intérêt dans l'âme du génie ; et anticipant de quelques années sur le siècle prêt à naître, il le fait jouir du plus grand tableau qu'ait présenté la révolution française.

Au sein d'une vaste cité, dans le mouvement prodigieux qu'excite une sédition violente, on voit un peuple innombrable s'agiter et se répandre à flots dans les places publiques. « Quel est donc disent-ils, ce prodige nouveau ? Quel est ce fléau cruel et mystérieux ? Nous sommes une nation nombreuse, et nous manquons de bras ! Nous avons un sol excellent, et nous manquons de denrées ! Nous sommes actifs, laborieux, et nous vivons dans l'indigence ! Nous payons des tributs énormes, et l'on nous dit qu'ils ne suffisent pas ! Nous sommes en paix au dehors, et nos personnes et nos biens ne sont pas en sûreté au dedans ! Quel est donc l'ennemi caché qui nous dévore ? »

Et des voix parties du sein de la multitude répondirent : « Elevez un étendart distinctif, autour duquel se rassemblent tous ceux qui, par d'utiles travaux, entretiennent et nourrissent la société, vous connaîtrez l'ennemi qui vous ronge. »

L'étendart ayant été levé se trouva tout à coup partagé en deux corps inégaux et d'un aspect contrastant : l'un, innombrable, offrait dans la pauvreté générale des vêtemens, et l'air maigre et hâlé des visages, les indices de la misère et du travail ; l'autre, petit groupe, fraction insensible, présentait, dans la richesse des vêtemens, et dans l'embonpoint des visages, les symptômes du loisir et l'abondance.

Ces deux corps en présence, front à front, s'étant considérés avec étonnement, je vis, d'un côté, naître la colère et l'indignation, de l'autre, une espèce d'effroi ; et le grand corps dit au plus petit: « Pourquoi êtes-vous séparé de nous ? n'êtes-vous donc pas de notre nombre ? — Non, répondit le groupe, vous êtes le peuple ; nous autres, nous sommes une classe distinguée, qui avons nos lois, nos usages, nos droits particuliers.

LE PEUPLE.

« Et quel travail exerciez-vous dans notre société ?

LA CLASSE DISTINGUÉE.

» Aucun : nous ne sommes pas faits pour travailler.

LE PEUPLE.

» Comment avez-vous acquis ces richesses ?

LA CLASSE DISTINGUÉE.

» En prenant la peine de vous gouverner.

LE PEUPLE.

« Quoi ! voilà ce que vous appelez gouverner ! Nous fatiguons, et vous jouissez ! Nous produisons, et vous dissipez ! Les richesses viennent de nous, et vous les absorbez ! Hommes distingués, classe qui n'êtes pas le Peuple, formez une Nation à part, et gouvernez-vous vous-mêmes. »

Alors le petit groupe délibérant sur ce cas

nouveau, quelques-uns dirent : « Il faut nous rejoindre au peuple, et partager ses fardeaux et ses occupations ; car ce sont des hommes comme nous ; » et d'autres dirent : « Ce serait une honte, une infamie de nous confondre avec la foule ; elle est faite pour nous servir. »

Et les gouverneurs civils dirent : « ce Peuple est doux et naturellement servile ; il faut lui parler du roi et de la loi, et il va rentrer dans le devoir. « *Peuple, le Roi veut, le Souverain ordonne.* »

LE PEUPLE.

» Le roi ne peut vouloir que le salut du peuple ; le souverain ne peut ordonner que selon la loi.

LES GOUVERNEURS CIVILS.

» La loi veut que vous soyez soumis.

LE PEUPLE.

» La loi est la volonté générale, et nous voulons un ordre nouveau.

LES GOUVERNEURS CIVILS.

» Vous serez un peuple rebelle.

LE PEUPLE.

» Les nations ne se révoltent point : il n'y a de rebelles que les tyrans.

LES GOUVERNEURS CIVILS.

« Le roi est avec nous, et il vous prescrit de vous soumettre. »

LE PEUPLE.

« Les rois sont indivisibles de leurs nations. Le roi de la nôtre ne peut être chez vous; vous ne possédez que son fantôme. »

Et les gouverneurs militaires s'étant avancés, dirent : « Le peuple est timide; il faut le menacer; il n'obéit qu'à la force : « *Soldats, châtiez cette* » *foule insolente.* »

LE PEUPLE.

« Soldats, vous êtes notre sang, frapperez-vous vos frères ? Si le peuple périt, qui nourrira l'armée ? »

Et les soldats, baissant leurs armes, dirent à leurs chefs : « Nous sommes aussi le peuple; montrez-nous l'ennemi. »

Alors les gouverneurs ecclésiastiques dirent : « Il n'y a plus qu'une ressource; le peuple est superstitieux, il faut l'effrayer par les noms de dieu et de la religion. « *Nos chers frères, nos en-* » *fans, Dieu nous a établis pour vous gouverner.* »

LE PEUPLE.

« Montrez-nous vos pouvoirs célestes.

LES PRÊTRES.

« Il faut de la foi ; la raison égare.

LE PEUPLE.

« Gouvernez-vous sans raisonner ?

LES PRÊTRES.

« Dieu veut la paix ; la religion prescrit l'obéissance.

LE PEUPLE.

« La paix suppose la justice : l'obéissance veut connaître la loi.

LES PRÊTRES.

» On n'est ici-bas que pour souffrir.

LE PEUPLE.

» Donnez-nous l'exemple.

LES PRÊTRES.

» Vivrez-vous sans dieu et sans rois ?

LE PEUPLE.

» Nous voulons vivre sans tyrans.

LES PRÊTRES.

» Il vous faut des médiateurs, des intermédiaires.

LE PEUPLE.

» Médiateurs auprès de dieu et des rois, courtisans et prêtres, vos services sont trop dispendieux : nous traiterons désormais directement nos affaires.

Et alors le petit groupe dit : « Nous sommes perdus, la multitude est éclairée. »

Et le peuple répondit : » Vous êtes sauvés ; car puisque nous sommes éclairés, nous n'abuserons pas de notre force ; nous ne voulons que nos droits ; nous avons des ressentimens, nous les oublions ; nous étions esclaves, nous pourrions commander ; nous ne voulons qu'être libres, nous le sommes.

Continuant alors de dévoiler au jeune voyageur cet avenir si heureux et si prochain, le génie lui montre le même peuple, l'assemblée de législateurs choisis pour poser les bases de la société sur la justice, l'égalité, la liberté. Ce spectacle fait couler de ses yeux des larmes d'attendrissement et de joie ; et s'adressant au génie, il s'écrie : « Que je vive maintenant, car désormais j'ai tout espéré. »

Cependant le cri solennel de la liberté et de l'égalité réveille par-tout toutes les classes des tyrans civils et sacrés, qui trompent les rois et oppriment les peuples. Ils forment une ligue contre l'ennemi commun ; mais la nation libre garde le silence ; et se montrant toute entière en armes, elle tient une attitude imposante.

Ici M. Volney, assuré de l'intérêt de ses lecteurs, et continuant à faire du merveilleux un usage aussi heureux que hardi, ouvre à leurs yeux une scène non moins attachante, et non moins dramatique. Il suppose que, pour dissiper entièrement ses alarmes sur les destinées futures du genre humain, le génie le rend présent à une assemblée générale de toutes les nations. Il voit réunis dans une vaste enceinte tous les peuples de l'univers, qu'il caractérise tous par la différence de leurs traits et de leurs costumes. L'objet de cette assemblée n'est point le même que celui de la précédente. Dans la première partie de son ouvrage, l'auteur fait l'histoire du despotisme politique. La seconde est dirigée contre le fanatisme religieux. Il passe en revue tous les systèmes de religion, toutes les sectes ; Musulmans, Chrétiens, Juifs, Perses, Bramines, le Houre, le Sintoiste, le Chinois sectateur de Fô, le Siamois sectateur de Sammonokodom, le Tibétain adorateur de la, etc., etc., etc., enfin les nations sauvages qui, n'ayant aucune des idées des peuples policés sur dieu, ni sur l'âme, ni sur une autre vie, ne forment aucun système de culte.

La recherche de la vérité est l'objet de cette

assemblée. Tous prétendent la posséder : elle leur a été révélée par dieu même. Tous allèguent leurs miracles, leurs martyrs; tous veulent l'être, et mourir pour leur religion. Cette ardeur étant commune à tous, n'est donc pas une preuve de la vérité, puisque chacun d'eux prétend la posséder exclusivement. Alors on procède avec ordre. Un Musulman obtient la parole. A peine a-t-il ouvert la bouche, que des Musulmans d'une autre secte le récusent et le réfutent. Enfin, l'un d'eux parvient à faire entendre les dogmes de Mahomet; il s'élève contre la plupart de ces dogmes une réclamation générale. Un théologien catholique prouve que la religion de Mahomet n'est pas révélée, puisque la plupart des idées qui en font la base existaient longtemps avant elle. Le Catholique n'est pas mieux traité par le rabbin; tous deux se réunissent aux Musulmans, pour traiter les Parsis d'idolâtres. Les brames, à qui leur religion même ordonne le silence sur leurs dogmes, refusent de les révéler; mais quelques Européens, qui, dans ces derniers temps, ont eu connaissance de leurs livres, ayant révélé leurs rites et leurs mystères, il s'éleva de toutes parts des murmures mêlés d'éclats de rire qui interrompaient l'orateur. Un lama du Tibet prétend que cette religion n'est qu'un mélange du paganisme des occidentaux, mêlé grossièrement à la doctrine spirituelle; et sur l'exposé qu'il fait de cette doctrine, il s'attire un reproche à peu près pareil d'un théologien catholique. Alors le lama prouve aux chrétiens, par leurs auteurs même, que cette doctrine était répandue dans l'Orient plus de mille ans avant le christianisme.

Ces disputes ayant excité dans l'assemblée un grand tumulte, les législateurs, après avoir obtenu silence, non sans peine, réduisent la question à savoir comment se sont transmises de peuple à peuple toutes les idées métaphysiques devenues opinions religieuses. Ils invitent les hommes de l'assemblée qui se sont occupés de ces études, à lui faire part de leurs lumières.

Alors s'avance un groupe formé d'hommes qui abandonnent leurs divers étendards (chaque religion, chaque secte avait le sien), et qui, sans arborer d'étendard particulier, s'avancent dans l'arène; et l'un d'eux prend la parole.

L'orateur, prenant la société à son origine, établit que, dans les premiers temps, l'homme a modelé ses idées de l'être suprême, sur celle des puissances physiques qu'il a personnifiées par le mécanisme du langage et de l'entendement. Il en résulta, dans les siècles de cette grossière ignorance, que la divinité fut d'abord variée et multipliée, comme les formes sous lesquelles elle parut agir : chaque être fut une puissance, un génie; et l'univers, pour les premiers hommes, fut rempli de dieux innombrables.

A la seconde époque, les besoins de l'agriculture ayant amené l'observation et la connaissance des cieux, les idées prises dans un système astronomique firent envisager sous un nouveau point de vue les puissances dominatrices et gouvernantes; et alors s'établit le *sabéisme* ou culte des astres.

Les progrès de l'astronomie ayant fait saisir les rapports entre telles étoiles ou tel groupe d'étoiles, et la raison de telle ou telle production de la terre, ou l'apparition de tel animal, cette production et cet animal devinrent des symboles dont le nom fut avec le temps une source d'erreurs et d'équivoques ; de-là le culte des animaux, c'est-à-dire l'idolâtrie.

Cependant il se faisait chaque jour de nouveaux progrès dans les sciences, et le système du monde se développant graduellement aux yeux des hommes, il s'éleva dans les pays où les prêtres étaient astronomes, diverses hypothèses sur ses effets et ses agens; et ces hypothèses devinrent autant de systèmes théologiques. On observa que toutes les opérations de la nature, dans sa période annuelle, se résumaient en deux principales, celle de produire et celle de détruire ; on vit, dans la nature, deux puissances contraires, une puissance de fécondité, de création, une autre de destruction et de mort. C'est la doctrine du dualisme, d'où découle celle des génies, des anges de bienfaisance, de science et de vertu, et celle des génies, des anges d'ignorance, de méchanceté, de vice.

Les idées, en s'éloignant de leur source, produisirent celle d'un nouveau ciel, d'un autre monde, etc.

Enfin, les analyses savantes d'une physique perfectionnée ayant fait découvrir, dans la composition de tous les corps, un feu élémentaire ou qui paraît l'être, de nouveaux systèmes de théologie firent de Dieu un être à la fois effet et cause, agent et patient, principe moteur et chose mue; d'autres, le séparant de la matière, l'appelèrent âme intelligente, esprit ; et les religions anciennes découlèrent d'une de ces sources.

Ici l'auteur appuie ses idées de toutes les ressources d'une vaste érudition. Plusieurs de ces idées ne seront point nouvelles pour la plupart des hommes instruits ; mais ce qui lui appartient et ce qui plaira à tous, ce sont les développemens qu'il leur donne, et l'intérêt qu'il sait y répandre. Cependant l'étendue qu'il leur donne paraîtra sans doute excessive et trop hasardée. Il sera attaqué à la fois par les partis érudits et les théologiens.

Clamore incendunt cœlum Troësque Latinique.

Ceux qui ont lu ou qui liront l'ouvrage de M. Volney, sentiront que ce vers s'applique particulièrement à un des chapitres de son livre, où l'auteur paraît avoir été emporté trop loin par l'esprit systématique. Cette fois, les théologiens pourront avoir de leur côté quelques philosophes, avantage auquel, depuis assez long-temps, ils ne sont plus accoutumés. M. Volney doit s'attendre à être fortement réfuté; mais sans doute il s'est muni d'armes suffisantes contre ses adversaires : il doit avoir le sentiment de sa force et se flatter comme un des personnages de l'Enéide.

Se satis ambobus Teucrisque venire, Latinisque.

Revenons à l'orateur de M. Volney, dont le discours a mis en fureur tous les théologiens de toutes les sectes. Les législateurs ramènent la paix : un groupe d'hommes sauvages et simples font sentir aux docteurs l'inutilité de leurs connaissances, et les embarrassent par des argumens que leur simplicité même rend péremptoires. Les législateurs ayant fait sentir que les causes de ces dissentimens n'existaient pas dans les objets eux-mêmes, mais dans l'esprit de ceux qui contestaient, en concluent que, si les hommes veulent vivre en paix, il faut tracer une ligne de démarcation entre les objets vérifiables, c'est-à-dire, qu'il faut ôter tout effet civil aux opinions théologiques et religieuses.

Ce résultat, désagréable aux prêtres, excite leurs réclamations, auxquelles on réplique par le récit de la conduite qu'ils ont tenue dans tous les siècles et dans tous les pays. Convaincus de la justice de ces reproches, ils avouent leurs crimes, qu'ils excusent sur la superstition des peuples et sur les besoins d'être trompés, comme les rois justifient leur despotisme par la disposition des peuples à la servitude : deux profondes vérités que les législateurs recommandent au souvenir des nations.

Cet ouvrage, fruit des méditations de plusieurs années, avait été commencé au moment où M. Volney, de retour en France, eut publié son *Voyage de Syrie*. La révolution française, en nourrissant les idées dont le germe était soutenu dans son Voyage, a mis le talent de l'auteur au niveau de son sujet. Son talent s'est élevé avec les circonstances qui ont fait passer sous ses yeux le tableau des grands événemens qu'avait pressentis sa sagacité. Si quelques esprits sévères s'étonnaient de l'emploi qu'il a fait du merveilleux dans un écrit de ce genre, rempli de vérités austères, et quelquefois même abstraites, on pourrait répondre que peut-être n'existait-il pas d'autre moyen d'en adoucir la sécheresse, de les rendre sensibles, et de faire briller d'évidence celles que, sans cet artifice, il eût fallu développer longuement, avec fatigue pour ses lecteurs et pour lui-même. Egalement riche d'imagination et d'érudition, l'usage sobre et mesuré qu'il fait de l'un et de l'autre n'est pas le moindre éloge qu'on puisse faire de son ouvrage, quoiqu'elles n'y soient toutes les deux qu'un mérite bien subordonné à celui de la philosophie forte et profonde qui a dicté cet excellent écrit.

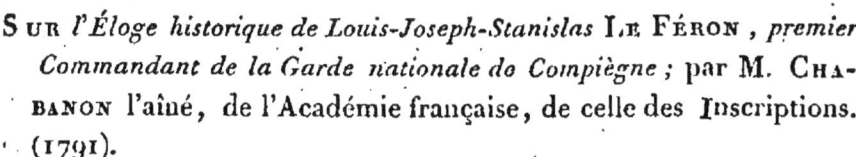

Sur *l'Éloge historique de Louis-Joseph-Stanislas Le Féron*, *premier Commandant de la Garde nationale de Compiègne ;* par M. Chabanon l'aîné, de l'Académie française, de celle des Inscriptions. (1791).

On peut compter, parmi les bienfaits de la liberté, la juste distribution de la louange publique. Réservée autrefois presque exclusivement au rang, à la naissance, aux grandes places, elle était accueillie froidement par des hommes qui ne pouvaient y prétendre, qui entendaient célébrer des vertus et des talens auxquels ils ne croyaient guère, ou tout au plus, vanter des services rendus au gouvernement pour obtenir ses récompenses, et non pas à la nation pour mériter son estime. Ces idées, quoique peu développées dans des hommes peu réfléchis, n'en exerçaient pas une influence moins réelle, défavorable au panégyriste comme à son héros : nul intérêt commun n'attirait à eux ni l'auditeur ni le lecteur. La liberté seule pouvait créer cet intérêt qui anime tout, qui paie d'un sentiment intime tous les services rendus à l'état, qui regarde comme une propriété nationale toute vertu, tout talent, en quelque lieu de l'empire que l'un ou l'autre se soit développé. La mort du jeune Le Féron, qui fut une calamité pour ses concitoyens à Compiègne, fut ressentie douloureusement, même dans la capitale, quoiqu'occupée alors des plus grands intérêts. En le voyant pleuré ou regretté par ceux qu'il avait servis sur un théâtre si resserré, on fut touché de la mort prématurée d'un jeune homme qui donnait de grandes espérances à la patrie. Honoré à Compiègne de deux éloges publics, un ami a senti le besoin de rendre un troisième hommage à sa mémoire. M. Chabanon, lié avec lui par les mêmes principes, par la passion de la liberté et de l'égalité qui les animait l'un et l'autre, a répandu quelques fleurs sur la tombe de son ami.

Après avoir fait valoir les actions publiques du jeune Le Féron, il le fait aimer en révélant tous les sentimens honnêtes qui ne se manifestent guère qu'aux yeux de l'amitié. Tel fut, entr'autres, l'empressement avec lequel le jeune Le Féron satisfit au décret qui abolit la noblesse. « Il avait, dit M. Chabanon, l'instinct naturel de l'égalité ; et le décret qui l'établit entre les citoyens, ne fit que promulguer une loi déjà reconnue et sanctionnée dans le fond de son cœur. » Cependant Le Féron était dominé d'une grande ambition, et cette passion fut le mobile de sa vie entière.

« Quel est donc, dit M. Chabanon, ce sentiment si puissant, qui obtient de l'ambition l'abnégation volontaire d'une distinction telle que la noblesse ? Quel est ce sentiment ? Une humanité éclairée „

qui fait trouver plus de plaisir à se rapprocher de ses semblables, qu'à les dominer par sa naissance. Quel est ce sentiment? La conscience d'une grande âme, qui, remise au niveau de tous, se rend compte des moyens qu'elle trouve en soi pour s'élever. Arrachons à l'orgueil du noble l'aveu que dissimule sa réticence polie. Sa prétention mise à nu, énoncée dans toute son insultante franchise, est d'avoir, sur un grand nombre d'hommes, un droit de mépris, bien avéré, bien reconnu; cependant, tandis qu'il exerce au-dessous de lui ce droit d'humiliante supériorité, le noble d'une classe supérieure le foule et l'humilie lui-même. O l'admirable système d'organisation morale et politique! dont le vice de l'orgueil est le principe et le mobile, où le mépris, de degrés en degrés, se transmet et s'échange, où la classe infirme supporte seule le fardeau de tous les mépris, où, vers le faîte enfin, comme vers la fin d'un cône alongé, un petit nombre d'hommes jouit seul de l'abaissement de tous ses semblables. O sainte égalité! détruis cet édifice élevé par la folie, et remets tous les hommes à ce niveau qui les avertit de s'aimer.

Une autre singularité non moins grande, c'est que Le Féron avait été poussé, par les circonstances, à devenir courtisan. C'était l'effet de cette même ambition. Il avait obtenu une lieutenance dans les gardes d'un des princes français. Jamais homme n'avait mis plus de disconvenance entre son état et son caractère. On en jugera par ce trait. C'est son ami qui parle.

« Nous nous promenions ensemble dans la galerie de Versailles ; il vit passer l'un des favoris du prince qu'il servait ; il le couvrit d'un regard de mépris, accompagné de paroles injurieuses que je pouvais seul entendre. Étonné de cette brusque sortie, je lui en demandai la raison : « ce misé-
» rable, me répondit-il, n'est occupé qu'à per-
» vertir les mœurs de mon prince. » Eh ! quoi, dira-t-on, les mœurs de Le Féron étaient-elles à tel point sévères ?.... Eh ! faut-il tant de sévérité pour s'indigner qu'un vieux courtisan donne à l'un des enfans du trône les premières leçons du vice, et qu'il soit doté de riches pensions pour salaire de sa coupable instruction?

L'orateur arrive au moment où la révolution ouvre à son jeune ami une carrière plus brillante. Il déploie, dans l'espace de deux ans, toutes les vertus de la liberté. Il sauve plusieurs citoyens, prévient divers désastres, répare plusieurs calamités, protège ses ennemis personnels en s'exposant lui-même au danger, nourrit lui-même les familles pauvres de ceux que la sûreté publique le forçait d'emprisonner dans les premiers troubles.

« En voyant ces effets de la liberté sur une grande âme, on est porté à croire ; dit M. Chabanon, que cette passion occupe le centre de nos affections les plus belles, qu'elles y répondent, et que de ce centre d'activité partent les mouvemens qui leur sont transmis et l'ardeur dont elles se sentent enflammées. » Nous ne transcrirons de ce morceau que la réflexion suivante, qui peut en fournir plusieurs autres.

«L'excellence de la liberté n'est guère plus contestée que celle de la vertu même ; et ce qui les rapproche encore davantage, c'est que le vice est l'ennemi naturel de l'une et de l'autre. Que l'on cite un seul homme, un seul homme de bien qui, placé entre la liberté et le gouvernement absolu, ait senti pencher vers celui-ci la préférence de ses désirs ; s'il exista jamais, l'auteur d'un choix si bizarre, l'estime et l'admiration du moins n'ont pas consacré sa mémoire ; et tandis que la liberté conduit en triomphe après elle des millions de héros qu'elle immortalise, le despotisme dévoue ses partisans, ses lâches satellites à une honteuse obscurité, ou à une liberté pire que l'oubli.»

«J'ai vu des militaires français, poursuit M. Chabanon, colorer à leurs propres yeux du beau nom d'amour pour leur roi, leur répugnance pour la liberté. Aveugles que vous êtes, qui pensez qu'un roi, pour être heureux, doit être tout-puissant, lisez donc l'histoire de Marc-Aurèle, de ce prince à qui l'on n'en compare aucun autre : il venait au sénat déposer l'excès de son autorité, courber majestueusement, sous le joug de la loi, cette tête, la première du monde : il demandait à la loi de restreindre ses pouvoirs ; et c'est en se faisant un monarque moins puissant, qu'il s'est créé le plus grand de tous les hommes : et vous plaignez la condition de Louis XVI, lorsqu'on l'égale à celle du sage Antonin ! »

Quelque agréable que soit la lecture de cet écrit, nous aurions peut-être négligé d'occuper le public d'une production peu volumineuse, si elle n'eût été rehaussée à nos yeux par un singulier contraste entre la manière dont l'auteur parle de la liberté et les effets affligeans pour lui-même, dont elle est, sinon la cause, au moins l'occasion. Ceux qui ne croyent pas à la vertu, auront quelque peine à concevoir que M. Chabanon, au moment où sa ruine déjà commencée, est achevée par le désastre de Saint-Domingue, écrive à l'un de ses amis, ces propres paroles : « Ceux qui accusent de ce malheur la révolution, sont des fous ou des hommes stupides : elle a pu y contribuer, mais la cause véritable est le féroce entêtement des colons à vouloir changer les hommes en bêtes pour le service de leurs sucreries ; ces gens-là admettraient le procédé chimique qui changerait en or le sang humain. » Ce qui enrichit l'état et moi, diraient-ils, est » de toute justice et d'une politique supérieure. » Si la terre leur reste, ils tenteront encore d'y » mettre des esclaves. » Je doute que cela leur réus- » sisse. »

Ce peu de lignes fait voir qu'il n'est pas vrai que tous les colons se ressemblent.

Sur l'ouvrage intitulé : *Lettres sur les Confessions de J.-J.* Rousseau ; par M. Ginguené.

Cinq hommes célèbres ont formé et en partie effectué le projet hardi de se peindre eux-mêmes, et se montrer tels qu'ils étaient. Saint Augustin, Montaigne, Cardan, le cardinal de Retz, J.-J. Rousseau : mais le sacrifice complet de l'amour-propre, si difficile à consommer, n'a pu l'être que par les deux derniers, Cardan et Jean-Jacques. Saint Augustin, en dégradant l'homme de la nature pour le montrer agrandi par le christianisme, trouvait, dans les dispositions de ses lecteurs, le remède aux blessures que son amour-propre s'était faites à lui-même, et peut-être ses blessures étaient une jouissance de son amour-propre.

Montaigne, restant toujours aimable au milieu des vices et des défauts qu'il reconnaît en lui, laisse voir trop de vanité dans ses aveux, pour qu'on ne croie pas qu'il s'est permis des réticences ; et Jean-Jacques l'accuse nettement de la caresser plus qu'il ne l'égratigne.

Le cardinal de Retz, au commencement de ce siècle, étonna ses lecteurs par sa franchise ; un prêtre, un archevêque, se déclarant factieux, conspirateur, libertin, scandalisa la France : c'était une confession de ses crimes, de ses péchés ; mais cette confession était faite par l'orgueil, et par plus d'une espèce d'orgueil, celui de la naissance, celui du génie, etc.

Restent Cardan et Rousseau; dans ceux-ci, le sacrifice paraît complet, en ce qu'ils avouent des fautes avilissantes, et des actions qui semblent dégrader entièrement le caractère, sans laisser à l'amour-propre le plus petit dédommagement. A cet égard, ils peuvent passer pour des phénomènes; Cardan surtout, qui va même plus loin que Rousseau, et qui se montre abject comme pour le plaisir de l'être. Son livre excita la plus grande surprise dans l'Europe; mais tout se passait entre des savans et des littérateurs : cette bizarrerie fut bientôt oubliée.

Il n'en sera point ainsi de J.-J. Rousseau; son génie, ses succès, son nom, le nom de ceux dont il fait la confession en même temps que la sienne, le rapport de cet écrit à ses ouvrages les plus célèbres, l'influence des événemens de sa vie sur son caractère, de son caractère sur son talent, les résultats de morale et d'instruction que présentent ces rapprochemens, toutes ces causes assurent aux Confessions de Jean-Jacques, sinon le même degré d'estime, au moins la même durée qu'à ses meilleures écrits. C'est le sentiment confus de cette vérité qui sembla redoubler, après sa mort, la haine de ses ennemis, lorsqu'ils apprirent que J.-J. Rousseau avait en effet composé les Mémoires de sa vie. La mort prématurée des dépositaires successifs de son manuscrit le rendit public avant l'époque désignée par Rousseau; et ses ennemis subirent, de leur vivant, la punition qu'il ne réservait qu'à leur mémoire. Mais il faut avouer que celle de Rousseau en parut avilie. L'aveu d'une bizarre disposition au larcin, de l'abandon d'un ami délaissé au coin d'une rue, d'une calomnie qui entraîna le déshonneur et la ruine d'une pauvre domestique innocente, la révélation de toutes les fautes d'une jeunesse aventurière exposée à tous les hasards que poursuivent l'indigence, enfin le coupable et systématique égarement d'un père qui envoie ses cinq enfans à l'hôpital des enfans trouvés : voilà ce qu'apprit avec surprise une génération nouvelle, remplie d'admiration pour Rousseau, nourrie de ses ouvrages, non moins éprise de ses vertus que de ses talens, qui, dans l'enthousiasme de la jeunesse, avait marqué les hommages qu'elle lui rendait, de tous les caractères d'un sentiment religieux. C'est de cette hauteur que J.-J. Rousseau descendit volontairement. Nous ajoutons ce dernier mot, parce qu'en effet, comme l'observe très-bien M. Ginguené, plusieurs de ces fautes étaient ignorées, et pouvaient rester ensevelies dans l'obscurité de sa malheureuse jeunesse, parce qu'il pouvait se permettre une demi-confession, rédigée avec cette apparente franchise qui en impose beaucoup mieux qu'une dissimulation entière, et que la postérité, prenant désormais pour règle ce qu'il aurait avoué dans ses Mémoires, eût mis le reste sur le compte de la calomnie.

L'auteur de ces lettres entre ensuite dans le

détail des causes cachées qui ont fait pousser tant de clameurs contre les Confessions de Jean-Jacques au moment où elles parurent, et il révèle le secret de plusieurs amours-propres. Développant ensuite le caractère de Rousseau d'après lui-même, il rapproche les contrastes dont il était composé ; il explique avec finesse, ou excuse avec l'indulgence qu'on doit aux passions, mères du génie, plusieurs fautes de son jeune âge, que lui reprochent avec amertume des hommes qui, élevés dans le sein d'une aisance heureuse, n'ont été mis à aucune des épreuves réservées à Rousseau.

Au reste, M. Ginguené insiste sur la différence de deux époques en effet très-distinctes, dans la vie de Jean-Jacques, dont la seconde est celle qu'il appelle lui-même celle de sa grande réforme ; et c'est celle qui est la plus intéressante, par l'essor de ses talens et par le développement de son génie. C'est ici que la tâche de l'apologiste devient plus facile. Les torts qu'on reproche à Rousseau sont liés à l'histoire littéraire de cette époque, encore présente au souvenir d'un grand nombre de contemporains. Dans cette partie embarrassante et difficile de son ouvrage, M. Ginguené sait allier au vif intérêt qu'il prend à la mémoire de Jean-Jacques, l'admiration ou l'estime due aux talens de ses adversaires ; et dans une cause qu'il affectionne vivement, il montre la plus exacte impartialité. Appuyé de faits, de dates, de preuves qui paraissent sans réplique, il discute, il raisonne, il conclut en faveur de Rousseau, et semble garder en réserve, pour ses ennemis, une partie de l'indulgence qu'il demande et qu'il obtient pour les fautes de ce grand homme.

Il sait, en convenant de ses torts, le faire aimer : c'est ce qu'il y avait de mieux à faire. Les maux qu'il a soufferts et le bien qu'il a fait : voilà ses titres et son excuse. Qu'on se représente, d'une part, le tort de sa société, les opinions établies dans le temps où Rousseau a vécu dans le monde, c'est-à-dire à l'époque de ses succès ; qu'on se figure, de l'autre, Jean-Jacques au milieu de ces conventions absurdes, dont la plupart sont si bien jugées maintenant ; qu'on se rappelle ses goûts, ses habitudes, son attachement aux convenances naturelles et premières, et qu'on juge de quel œil il devait voir les convenances factices que la société leur opposait, l'importance mise aux petites choses, la nécessité de déférer aux sottises respectées, aux sots en crédit ; la tyrannie des riches, leur insolence polie, l'orgueil qui, pour se ménager des droits, se déguise en bienfaisance ; la fausseté du commerce entre les gens de lettres et les gens du monde : on sentira ce que de pareilles sociétés devaient être pour Rousseau, et ce qu'il était lui-même pour elles. C'est là que se formèrent les inimitiés qui empoisonnèrent le reste de la vie de Jean-Jacques, et qui l'engagèrent dans une lutte où il ne pouvait avoir que du désavantage. Lui-même en avait le sentiment; il savait le parti que ses ennemis tireraient de ses vivacités brusques, de ses étourderies passionnées; et disposé sans doute à la défiance, quoiqu'il ait prétendu le contraire, il parvint à tourner cette disposition contre lui-même, à en faire le tourment de sa vie, à n'oser plus risquer ni un pas ni un mot; enfin à justifier l'heureuse application que M. Ginguené fait à Rousseau de deux vers de l'Arioste, *de soupçonneux qu'il était d'abord, il était devenu le soupçon même.*

Cet ouvrage, qui fera beaucoup d'honneur à l'esprit et à la sagacité de M. Ginguené, sera lu avec plaisir de tous les amis de Rousseau, expression à laquelle nous ne nous réduirions pas, si maintenant elle ne signifiait à peu près le public tout entier. C'est le servir utilement que de lui présenter l'analyse de l'âme et du caractère des grands hommes; ils sont en quelque sorte des variétés de l'espèce humaine qu'il faut étudier à part, étude qui perfectionne la connaissance de l'espèce même.

Sur l'ouvrage intitulé : *La Police dévoilée* ; par Pierre MANUEL. — 1792.

ON se rappèle l'effet qu'a produit le livre intitulé *la Bastille dévoilée*. Celui-ci est d'un autre genre, mais son succès ne sera pas moins grand. L'un présente le despotisme dans toute son horreur, l'autre dans toute sa bassesse ; et en rapprochant ces deux livres, on peut dire :

Le ciel voulut ici rassembler tous les crimes.

Il est un grand nombre de lecteurs à qui ce livre n'apprendra que peu de chose ; et ce sont ceux qui, ayant vécu *dans le monde*, comme on s'exprimait il y a deux ans, connaissant une partie de ses iniquités et de ses scandales, pourraient aisément deviner le reste. Mais le recueil offrira à la génération naissante, aux Français placés loin de la capitale, surtout aux étrangers, la peinture d'un état de choses dont il est presque impossible de se faire l'idée ; et sans doute ils le considéreront comme une des causes qui a le plus concouru à la rapidité de la révolution qui les étonne. Ils verront que le premier moment où tant de chaînes sont tombées des mains d'un peuple ainsi garrotté, a dû être un moment terrible. Ils cesseront d'être surpris que le sentiment d'un malheur commun ait d'abord réuni toutes les classes contre les agens d'une autorité maintenue par de pareils moyens. Enfin, ils verront comment la révélation progressive de tant de honteux mystères a nourri l'enthousiasme des Français pour une constitution nouvelle, et a fait de la liberté une passion constante, qui, en s'éclairant de toutes les lumières, cherche à se fortifier de tous les appuis.

Il restera pourtant, après la lecture de ce recueil, un grand sujet de surprise pour ceux qui pensent qu'une entière perversité des mœurs est un osbtacle éternel à la liberté. C'est une maxime répandue et accréditée par les oppresseurs de toute espèce, que les nations vieilles et corrompues ne peuvent revenir à la liberté, qu'elle n'est faite que pour les nations neuves et *vierges*; et comme la nôtre n'est ni neuve ni *vierge*, ils en concluaient que nous étions des insensés de vouloir être libres. Ainsi, le prix des soins qu'avait pris le despotisme, de corrompre les mœurs, devait être la perpétuité du despotisme. Cet argument ne laissait pas que d'ébranler d'assez bons esprits: heureusement, il s'en est trouvé de meilleurs. Ceux-ci ont dit aux nations que les lumières pouvaient leur tenir lieu de virginité ; que si, au courage de conquérir la liberté, elles joignaient les lumières requises pour créer un ordre social qui fît naître et encourageât les vertus et non pas les vices, elles arriveraient, vierges ou non, au but de toute société politique, le bonheur de tous, ou du moins de l'immense majorité. C'était là une hérésie il y a quelques années ; mais il paraît qu'elle s'accrédite de jour en jour.

Nous n'arrêterons point les yeux de nos lecteurs sur toutes les turpitudes dévoilées dans ce livre. Ce n'est pas à la malignité humaine que nous le recommandons, mais à la curiosité philosophique. Au reste, l'équité demande qu'on n'accorde pas le même degré de croyance à toutes ces anecdotes. Un très-grand nombre ne sont que des notes données par les inspecteurs ou espions de police à leur général. On sait la confiance due à de pareils témoins, qui mesuraient la vraisemblance d'une aventure sur la grandeur du scandale; qui faisaient leur cour à monseigneur, en l'amusant et en le mettant à portée de faire sa cour et d'amuser le roi. Le porte-feuille de ces messieurs devenait le rendez-vous de tous les bruits de ville, de toutes les délations de haine. La seule envie de se divertir, ou de montrer de l'esprit, suffisait pour engager les rédacteurs du bulletin à charger leurs récits de circonstances controuvées, mais plaisantes; les mauvaises mœurs publiques suppléaient abondamment aux preuves qui manquaient; et un témoin oculaire, qui eût rétabli le fait en supprimant une circonstance fausse, mais plaisante, aurait été traité de pédant, et aurait eu pour réponse : *est-ce que cela n'était pas mieux de l'autre manière ?* C'est ce que l'auteur du recueil n'ignorait pas; et cette réflexion aurait dû lui faire supprimer les noms d'un grand nombre de personnes compromises dans ce répertoire de police; il faut espérer que l'indulgente justice du public réparera cette faute, en ne faisant pas d'attention aux personnes, en ne s'occupant que des choses, en ne regardant les individus cités que comme des noms en l'air, de pures abstractions.

Il serait inutile d'exiger du public la même indulgence pour ceux qui ont pris la peine de se dégrader eux-mêmes d'une manière authentique, en écrivant les lettres signées de leur nom, et imprimées figurativement dans ce recueil. Que répondre? Ce sont eux-mêmes qui sont leurs propres délateurs. Tout ce qu'on peut faire, c'est d'entrer dans leur peine. On dit qu'elle est très-grande. On prétend que plusieurs même ont déjà quitté Paris. Il y en a de pires, et ceux-là resteront. Il est vrai que quelques-uns y sont retenus par leurs places et par le patriotisme subit qu'ils ont montré en remplacement du zèle qu'ils avaient voué au despotisme précédent. Ce recueil qui les désoriente, les rendra plus circonspects et moins prompts à susciter contre eux de justes ressentimens par des provocations gratuites. Quand l'antre de Cacus fut ouvert par le sommet, Cacus trembla.... mais ceci devient sérieux. Revenons à la police de Paris, devenue elle-même la délatrice des délateurs, par les suites de cette malheureuse journée du 14 juillet.

Si l'on veut se faire une idée juste de ce qu'était l'état des gens de lettres en France avant la révolution, il faut parcourir, dans ce livre, le chapitre intitulé : *de la Police sur la librairie, sur les gens de lettres, sur les censeurs royaux, sur les nouvelles à la main, sur les comédiens.* On a quelque peine à comprendre comment la raison a pu se faire jour à travers tant d'obstacles. Il faut voir nos meilleurs écrivains réduits à flatter un lieutenant de police, à caresser un censeur, à tromper un ministre et tous ses agens. Voltaire mit peut-être plus de temps à intriguer pour faire représenter *Mahomet*, et à prévenir les dangers que pouvaient attirer sur lui l'impression et la publication de son ouvrage, qu'il n'en mit à le composer. Un de *messieurs* fut très-scandalisé à la première représentation de cette comédie; c'est ainsi qu'on désignait Mahomet dans la grande chambre. Aussitôt cette comédie est dénoncée par M. Joly de Fleury. Voilà Voltaire entre le parlement, le cardinal de Fleury, M. de Maurepas, le lieutenant de police Marville, et se moquant d'eux tous comme de raison. On convient que la pièce sera retirée du théâtre, et qu'elle ne sera point livrée à l'impression. Par malheur, Voltaire se laisse dérober son manuscrit; il se plaint de ce vol au lieutenant de police, écrit au cardinal pour obtenir qu'on prévienne l'impression ; il avait pris soin que cela fût impossible. Il écrit aux ministres pour se plaindre de ce contre-temps, qu'ils avaient prévu; et l'auteur de Mahomet en est quitte pour quelques complimens épistolaires, en dépit du parlement, toujours furieux contre cette *comédie* de Mahomet; toute propre, disaient messieurs, à produire des Ravaillac, quoique l'objet de la pièce soit de dessiller les yeux et d'arracher les poignards aux Ravaillac.

Il est heureux que Voltaire ait joint à ses talens celui de parvenir à faire jouer ses tragédies, et de se tirer ensuite des embarras qu'elles lui causaient. Si quelques moralistes sévères lui reprochaient trop durement cette souplesse flexible et cette habileté en intrigues, nous répondrions pour lui, que, dans son dessein de *déniaiser* les Français, il sacrifiait à ce grand but plusieurs considérations d'un ordre inférieur; qu'en faveur de cette intention philosophique, il se donnait l'absolution de ces petites peccadilles en morale; qu'enfin, il était naturellement espiègle, et qu'après tout, les plus honnêtes gens d'alors succombaient à la tentation de se moquer du gouvernement : car cela s'appelait gouvernement. Ce gouvernement était si étonné de l'être, si inquiet, si peu sûr de sa force, qu'il avait peur de tout. C'est un plaisir de voir ses transes à l'occasion du grand livre de madame Doublet. C'était un répertoire de nouvelles dont les faiseurs de bulletins trouvaient le secret d'attraper quelques bribes, accident qui alarma plus d'une fois Louis xv; c'était une grande affaire que ce livre de madame Doublet, à laquelle on essaya vainement d'imposer silence.

Mais, dira-t-on, pourquoi ne pas enfermer madame Doublet? L'objection est forte. Oui : mais il faut savoir que madame Doublet était femme de *bonne compagnie*, qu'elle *tenait à tout*, qu'elle était parente de M. d'Argenson, de M. de Choiseul. Il faut donc traiter avec madame Doublet, et capituler avec la toute-puissance du grand livre. C'était un tribunal d'opinions privées qui préparait l'opinion publique, toujours favorable à ceux qui contrariaient le despotisme. Plus d'une fois il fut forcé de reculer devant ce tribunal, comme pour annoncer avec quelle célérité il devait fuir un jour devant l'opinion nationale.

Ce peu de pages suffit pour inspirer le désir de parcourir un recueil, qui, en présentant aux Français le tableau de leurs mœurs, à l'époque de leur régénération, leur offre des motifs nouveaux de bénir la révolution qui les soulève hors de cette fange, et en même temps, montrant aux étrangers l'amas des chaînes et des liens de toute espèce sous lesquels gémissait la nation française, les met à la portée d'évaluer les reproches que le despotisme expirant a multipliés contre la liberté naissante.

Nous ne terminerons pas cet article sans recommander à la curiosité de nos lecteurs un morceau sur la police de Londres. L'auteur y relève plusieurs abus monstrueux qu'on s'étonne de trouver chez un peuple cité si long-temps pour modèle des peuples éclairés. Mais ce qui surprend davantage, et même au point d'exiger confirmation pour être cru, c'est l'excès de misère d'une immense portion du peuple. Il porte à deux cents mille hommes le nombre de ceux que cette misère accable dans des quartiers de Londres presque inconnus des étrangers. Le détail où il entre à cet égard fait frémir. Si ce tableau est fidèle, les conséquences peuvent être funestes à la veille des secousses qui menacent le gouvernement. Rapprochons de ce tableau les mots de la pétition faite par une société nombreuse et respectée, celle des amis de la constitution, « Nous croyons qu'il est impossible aux gens sages » de ne pas s'apercevoir que le temps approche » où la justice sera exigée d'un ton assez ferme » pour ne pouvoir être refusée, quelque pénible » qu'il puisse être pour certaines personnes de » souscrire à cette demande. »

Dans un pays où l'on parle ainsi, et au sein d'une capitale, où une immense population présente l'aspect d'une misère hideuse, telle qu'on ne peut s'en former l'idée, en comparant les quartiers qu'ils habitent avec ceux qu'habite à Paris la classe la plus indigente (ce sont les termes de l'auteur); dans un tel état de choses, combien de temps peuvent subsister les abus politiques dont se plaignent en Angleterre les amis de la constitution, amis de la révolution française? Question intéressante et digne d'occuper le cabinet de Saint-James.

Sur les *Mémoires du comte de Maurepas, ministre de la marine.* — 1792.

Ceux qui, sur le titre de ce livre, et sur le nom de son auteur, qui a été long-temps ministre, et qui l'était quand il écrivit, s'attendraient à lire les mémoires d'un homme d'état, seraient bien trompés. Si l'on excepte deux morceaux qui font une partie du 3e volume, et qui sont une espèce de compte rendu au roi, en 1730, sur le commerce extérieur du royaume et sur les encouragemens dont il est susceptible, on ne trouve rien d'ailleurs qui concerne la politique et le gouvernement; on peut même douter que ces deux morceaux soient du comte de Maurepas, attendu l'usage, assez généralement établi dans le ministère, d'emprunter la plume d'un premier commis pour ces sortes de pièces ostensibles, dont un ministre se faisait honneur dans le conseil, mais que rarement il était en état de faire lui-même. Plus cet usage était commun, plus les exceptions étaient remarquées ; elles sont si connues des gens instruits que je ne crains pas qu'on m'accuse d'avoir voulu les dissimuler pour généraliser le reproche. On n'ignore point, par exemple, que M. Turgot et M. Necker ne se servaient que de leur plume, et auraient eu tort d'emprunter celle d'aucun autre. Ce n'est pas que, dans cette tourbe si superficielle, qu'on appelait le grand monde, on n'ait répété mille fois que Thomas était le *faiseur* de M. Necker, et que les économistes qui entouraient Turgot, étaient les rédacteurs de ses édits. Ces propos de l'ignorance ou de l'envie étaient fondés principalement sur l'opinion reçue, qu'un homme en place ne faisait rien par lui-même. On oubliait que MM. Necker et Turgot étaient hommes de lettres dans toute l'étendue de ce terme; et les hommes à portée de voir et de juger ne pouvaient s'empêcher de rire, quand ils entendaient affirmer, avec un grand sérieux, que Thomas *faisait les ouvages* de M. Necker, quoiqu'il n'y eût pas le moindre rapport entre le style et la manière de ces deux écrivains. Ces mêmes hommes qui savaient que l'abbé de Boismont avait fait le préambule fameux du fameux lit de justice de 1765, savaient aussi que si le chancelier Maupeou était hors d'état de rien écrire qui approchât de ce préambule, aucun des économistes, amis de Turgot, n'écrivait aussi bien que lui, mais cela n'empêche pas que tous ces ridicules ouï-dire ne se répètent dans des recueils d'anecdotes reproduits sous toutes les formes, commandés à tant la feuille par des libraires avides, composés par de *pauvres diables* qui n'ont jamais rien vu, et reçus comme parole d'évangile par des sots qui croient y entendre finesse.

Il n'est pas à craindre du moins que l'on conteste au comte de Maurepas ses Mémoires : ils sont écrits avec une telle négligence et en si mauvais langage, qu'il n'y a personne qui n'ait pu les faire : ils ressemblent assez, pour le style, au *grand livre de madame Doublet*, et aux *Mémoires de Bachaumont* (dont on a fait depuis les *Mémoires secrets*); mais il y a cette différence essentielle que ceux-ci, rédigés par quiconque apportait sa nouvelle, ou, faute de mieux, par un valet de chambre du vieux président de Bachaumont, sont remplis de sottises et de faussetés, et que les Mémoires de Maurepas, quoique roulant, le plus souvent, sur d'assez petits objets, sont du moins l'ouvrage d'un homme qui voit les choses de près, et qui sait d'origine ce que le public ne sait qu'après et avec le temps. Ils sont donc, sous ce point de vue, très-curieux : on peut d'ailleurs s'assurer de la véracité de l'auteur, en rapprochant son récit de beaucoup d'autres Mémoires que nous avions déjà sur la fin du règne de Louis xiv, sur la régence, sur le règne de Louis xv ; époques qui nous sont aujourd'hui, grâce à tant de secours, assez bien connues jusques dans les détails les plus secrets, pour qu'il soit facile à présent d'en faire une histoire aussi fidèle qu'instructive.

Ces Mémoires ont un autre avantage, c'est de faire bien connaître leur auteur, et de confirmer l'opinion qu'il laissa de lui, lorsque, rappelé au gouvernement par un hasard imprévu et sans exemple, dans un âge qui est celui de l'expérience et de la sagesse, après trente ans de retraite qui supposent de longues réflexions, près d'un jeune roi dont il avait toute la confiance, il n'apporta pas dans l'administration une seule idée qui pût faire voir qu'il avait tiré quelque profit de ses années, de son expérience et de sa retraite. Il revenait cependant avec des présages avantageux. Il avait été renvoyé en 1749, pour avoir choqué une favorite, et cela seul était un titre de popularité ; il passait pour aimer les lettres, et c'était à lui que les philosophes avient dédié l'*Encyclopédie*. Ennemi des persécutions religieuses qu'exerçait le cardinal de Fleury avec un grand air de bénignité ; assez favorable à la liberté d'écrire et de penser, autant du moins qu'un ministre pouvait l'être sous Louis xv, on pouvait présumer que, sous un nouveau règne qui annonçait toute sorte d'encouragemens et de réformes, il serait jaloux d'y contribuer autant que lui permettait la place éminente qu'il occupait. Mais dès qu'il y fut, il parut également au-dessous et de ce qu'il pouvait par cette place, et de ce qu'on avait espéré de son retour. Il n'affecta que la supériorité d'un vieux courtisan dans l'art de se maintenir, et la facilité de mettre sa vieillesse au ton d'une jeune cour, de lui tracer même des leçons d'insouciance et de frivolité, et de dire le premier bon mot du quart-d'heure sur chaque événement du jour. Ce qui se fit de bien dans quelques parties, il le laissa faire sans y prendre part, et fit congédier les ministres qui l'avaient fait, dès qu'ils ne parurent pas assez dépendans de lui. Il ne témoigna pas le moindre intérêt pour les lettres ; il n'eut pas même l'esprit d'oublier ses petites animosités contre Voltaire, pour se faire honneur d'appeler à Versailles cet illustre vieillard qui avait la faiblesse de le désirer ; et il eut la maladresse de laisser voir à la France et à l'Europe que l'opinion publique était devenue une puissance bien prépondérante, puisque Paris décernait à Voltaire des honneurs sans exemple, dont la cour demeurait spectatrice immobile et muette, entre les réclamations furieuses de l'archevêque et du clergé, et les sourdes menaces du parlement. Il n'a pas échappé aux observateurs que ce triomphe inouï qui consterna Versailles, où l'on osait à peine en parler, et plusieurs circonstances singulières du séjour de Voltaire à Paris, étaient un des événemens publics qui annonçaient déjà un grand changement dans les esprits.

Tout ce caractère du comte de Maurepas se trouve dans ses Mémoires: pour peu qu'on y porte un œil attentif, on y voit ce fond de frivolité, cette vanité jalouse, ce goût et cette habitude des petites choses qui étaient ses qualités distinctives. Ils offrent l'extrait de *cinquante-deux* volumes, rédigés entre lui et son secrétaire Salé, en partie pendant le cours de son ministère, et avec le plus grand soin. Qui croirait que ces 52 volumes, composés par un homme qui devait être occupé d'objets si importans, ne continssent guères, à en juger par l'extrait, que les petites anecdotes, les petites intrigues, les petites histoires de la cour et de la ville, ne fussent, en un mot, qu'une espèce d'*Ana*, ramassé (pour me servir ici des jolis vers de Gresset, qui viennent fort à propos)

> Par un de ces oisifs errans,
> Qui chaque jour, sur leur pupitre,
> Rapportent tous les vers courans,
> Et qui, dans le changeant empire
> Des amours et de la satire,
> Acteurs, spectateurs tour à tour,
> Possèdent toujours à merveille
> L'historiette de la veille
> Avec l'étiquette du jour?

Qui croirait qu'on y emploie la moitié d'un volume à nous faire l'histoire détaillée et raisonnée du *Régiment de la calotte?* sottise aujourd'hui si profondément oubliée, que bien des lecteurs demanderont ce que c'est (et je leur en saurai bon gré); que cette histoire, enrichie d'une foule de pièces justificatives, ne nous est donnée que comme une très-faible partie de la *grande histoire de ce régiment*, digne ouvrage d'un ministre d'état; qu'on nous assure qu'elle contient plus de quatre cents pièces contre Voltaire seul (jugez du reste!); qu'enfin ce rare morceau commence ainsi : « *Un des plus
» beaux monumens* de l'histoire du dix-huitième
» siècle, est, *sans contredit*, celui du *régiment*

» *de la calote* » Et qu'on n'imagine pas que c'est une ironie ; rien n'est plus sérieux ; la suite ne permet pas d'en douter : j'y reviendrai tout à l'heure.

Le comte de Maurepas fait de justes reproches au cardinal de Fleury sur l'abandon où il laissa la marine, sur son ridicule entêtement pour la bulle, sur son dévoûment servile à la cour de Rome, et sur les oppressions arbitraires dont les jansénistes furent les victimes : il a raison ; mais ce qui fait voir que ce n'est pas par un esprit de justice, c'est qu'il n'en rend aucune à ce que ce ministre a fait de bon, au soin qu'il eut d'écarter de nous la guerre, surtout avec les Anglais; repos nécessaire, qui donna le temps à la France de revenir de l'épuisement des dernières années de Louis XIV et des secousses du système, et qui la rendit, vers l'an 1740, aussi riche et aussi florissante qu'elle avait jamais pu l'être sous un gouvernement absolu. Il dénigre beaucoup toute la politique extérieure du cardinal, à l'époque de la guerre de 1734 ; et il est de fait que cette guerre est la seule du règne de Louis XV qui ait été bien entendue, la seule qui ait été heureuse sous tous les rapports, d'abord parce qu'elle fut très-courte (ce qui prouve que les mesures étaient bien prises); ensuite parce qu'on n'y eut que des avantages, et qu'ils coûtèrent peu ; enfin parce qu'elle diminua capitalement la puissance de la maison d'Autriche en Italie, où la maison de

Bourbon acquit le trône de Naples et de Sicile ; enfin, parce qu'elle augmenta de la Lorraine et du Barrois la puissance territoriale des Français.

Il montre beaucoup d'humeur contre les premières maîtresses de Louis xv ; mais en examinant l'état des choses au moment où il écrivait, on sent trop que sa censure n'a pour fondement, ni la morale, ni la politique. Pour la morale, il ne se montre nulle part austère en principes, et il en était fort éloigné : on pourrait même, en se rappelant la réputation du comte de Maurepas en fait de galanteries, lui citer la fable du *Renard sans queue*, qui voulait l'ôter à tous ses confrères les renards. Pour la politique, il faut se souvenir que, de son aveu, madame de Mailly ne se mêla de rien que d'aimer le roi, et ne coûta rien à la France ; quant à elle, il lui en coûta le long repentir d'une faiblesse excusable et passagère, repentir qui dura toute sa vie, et dont la justice du peuple se souvint plus que de sa faute ; qu'à l'égard de madame de Châteauroux, à l'instant même où il se déchaîne contre elle (tous ces écrits ont une date marquée), elle montrait un caractère noble et élevé, attesté par tous ses contemporains ; elle voulait faire de son amant un homme et un roi ; elle le déterminait à se mettre à la tête de ses armées, démarche qui le rendit si cher alors à tout un peuple facilement enthousiaste, et qui réellement lui faisait honneur ; elle voulait qu'il sortît de son indolence et gouvernât par lui-même : il en existe des preuves. Sa mort, aussi affreuse que subite, fut attribuée au poison ; et pour cette fois, ce crime, toujours si aisément soupçonné et si difficilement prouvé, n'était pas sans vraisemblance. Il est permis de présumer que l'animosité que le comte de Maurepas montre contre elle, et qu'il signala de même contre celle qui lui succéda, n'était au fond qu'une jalousie d'autorité.

A considérer la chose en elle-même, ce n'est pas un plus grand tort dans un roi que dans un autre homme, d'avoir des maîtresses, quand il n'est pas assez heureux pour trouver auprès de lui un bonheur légitime, assurément le plus désirable de tous, mais qui ne dépend pas toujours de nous : ce qui est important et difficile, c'est de ne pas donner son autorité avec son cœur ; et pourtant nous en avons vu un exemple dans un prince naturellement passionné pour les femmes, Henri IV ; ses amours n'influèrent point, du moins dans les choses graves, sur son gouvernement. Il soutint constamment son ami Sully contre toutes ses maîtresses ; on sait même qu'il alla jusqu'à donner un soufflet à la plus emportée de toutes, la marquise de Verneuil. Ce soufflet n'est peut-être pas ce qu'il y a de plus louable ; ce pouvait bien n'être qu'une vivacité d'amant ; mais ce qui est d'un homme et d'un roi, ce sont ces paroles que tout le monde a retenues : « Apprenez, madame, que je trouverai » plutôt dix maîtresses comme vous, qu'un mi- » nistre comme lui. » Quand la conduite répond à un tel langage, et que, le lendemain, la maîtresse, après avoir bien pleuré, est obligée de faire les premières démarches près du ministre qu'elle voulait renvoyer ; quand, depuis ce temps, elle n'ose plus ouvrir la bouche contre lui, cela est peut-être plus beau que de n'avoir point de maîtresses. Ainsi, loin de dire comme Bayle (qui a laissé, je ne sais comment, échapper de sa plume cette phrase grossière et ridicule): « Il n'a manqué » à Henri IV, pour sa gloire, que de n'être pas » eunuque »; je dirai : rien n'a manqué à sa gloire, puisqu'il a eu celle de régner même sur ses passions.

L'auteur des Mémoires, en remontant jusqu'aux derniers temps de Louis XIV, fait un précis de la naissance et des commencemens de la célèbre Maintenon et des principaux événemens de sa vie. Il n'y a là que ce qui a été écrit partout ; mais à propos de la prédiction qui lui fut faite par un maçon, qu'elle serait un jour épouse du roi, il ajoute : « On assure que, dès ce moment, elle ne » fit pas un pas qui ne tendît à parvenir à la place » qui lui avait été promise, quoiqu'elle en parût » extrêmement éloignée. » Très-éloignée en effet, puisqu'alors elle était madame Scarron. Comment un homme de quelque esprit peut-il énoncer sérieusement une pareille ineptie ? Si la femme de Scarron avait pu songer réellement à devenir celle de Louis XIV, elle eût été réellement folle. Celle qui eut assez de sens pour voir jour à tant d'élévation, lorsque l'amour du roi pour elle rendit au moins la chose possible, avait aussi trop de sens pour rêver un semblable projet, quand il était hors de toutes les vraisemblances morales ; et ceux qui, dans les destinées extraordinaires, veulent toujours voir un même dessein depuis le premier pas jusqu'au dernier, montrent une bien grande ignorance des hommes et des choses. Plus un homme est habile, plus il règle sa marche sur les moyens que le hasard lui présente, et qui, le plus souvent, ne sont pas ceux qu'il a prévus ou préparés. Madame Scarron ne pouvait pas deviner que le hasard la ferait choisir pour élever en secret les enfans de madame de Montespan : ce fut là le premier échelon de sa fortune. Quand les circonstances l'eurent fait connaître du roi, elle put encore moins s'attendre qu'à l'âge de quarante-cinq ans, elle lui inspirerait une grande passion, et d'autant moins qu'il commença par avoir pour elle un éloignement marqué. Elle ne put donc jusque-là, sans être insensée, avoir le moindre pressentiment de son avenir. Mais quand elle vit le roi très-amoureux, et qu'elle le connut très-dévot, c'est alors qu'avec beaucoup d'esprit, elle put concevoir le projet de l'amener jusqu'au mariage. Cet esprit, après tout (car il en fallait), n'est pas très-rare dans une femme. Quelle est la femme (parmi celles qui ne sont ni sottes ni amoureuses) qui ne sache pas à peu près ce qu'elle peut faire de son amant ? Madame de Maintenon n'était ni l'un ni l'autre. Elle était aimable, ambitieuse et adroite ; le roi était sur le retour, tendre, faible, crédule, bigot. Elle dut voir alors, qu'avec des refus et des coquetteries d'un côté, de l'autre, avec des désirs et des scrupules, il y avait de quoi parvenir à tout ; elle y parvint. Personne n'y fut trompé dans le temps : et toute son histoire est très-bien expliquée dans le fameux sonnet qui finit par ce vers :

Il eut peur de l'enfer, le lâche ! et je fus reine.

Voilà le mot, et l'amour une fois donné, toute cette aventure n'est au fond qu'un mariage de conscience, que les noms de Louis XIV et de Scarron rendent plus singulier qu'un autre.

A peine a-t-on parlé de celui du dauphin, *Monseigneur*, avec mademoiselle Choin, qui n'est pas moins réel et guères moins hors des convenances, et qui eut les mêmes motifs : d'autres Mémoires l'avaient attesté : il l'est encore, et avec détail, dans ceux de M. de Maurepas. On sait ce qui fut dit alors : « On s'allie singulièrement dans » cette maison-là ! » Si Louis XV eût vécu, qu'il eût conservé une certaine santé, et acquis une certaine dévotion, qui peut répondre qu'il n'eût pas épousé madame du Barry ? Avec un prêtre et du secret, n'est-il pas fort commode d'arranger son plaisir et sa conscience pour ce monde-ci et pour l'autre ?

M. de Maurepas paraît croire que madame de

Maintenon avait cédé à son amant long-temps avant de l'épouser. Cette opinion, contraire à celle de tous les historiens du temps, est bien peu réfléchie. Quand nous n'aurions pas les lettres de la favorite, quand nous n'y aurions pas lu ce mot si connu et si décisif : « Je le renvoie toujours » affligé et jamais désespéré; » il suffirait de savoir quel plan de conduite elle a suivi dès le commencement, pour comprendre qu'elle ne pouvait pas céder sans aller directement contre son but, ce dont elle était incapable avec son esprit et son caractère. C'est surtout en mêlant la religion à l'amour qu'elle avait assujéti l'âme à la fois timorée et sensible de Louis XIV; c'est en jouant auprès de lui le double rôle d'une femme qui aime et d'une dévote qui prêche, en l'effrayant d'une liaison illégitime et lui faisant entrevoir les charmes d'une union irréprochable, qu'elle l'avait arraché des bras de madame de Montespan. Comment aurait-elle pu se démentir elle-même au point de faire ce qu'elle regardait comme si coupable ? Elle perdait dès-lors tout son ascendant, et n'était plus qu'une femme comme une autre, aux yeux d'un homme qui avait le besoin d'aimer consciencieusement. L'excellente scène que Racine eût pu faire d'une conversation entre deux amans de ce genre, de celle, par exemple, qui décida le mariage ! Sans doute, le charme de ses vers n'eût été qu'à lui ; mais les deux personnages avaient assez d'esprit pour qu'il ne leur eût pas prêté d'autres idées et d'autres sentimens que ceux qu'ils ont pu exprimer entre eux.

Puisque nous en sommes aux mariages extraordinaires, il ne faut pas oublier celui de Bossuet avec mademoiselle de Mauléon. On a beaucoup crié contre Voltaire pour en avoir parlé le premier : M. de Maurepas le rapporte comme un fait certain.

Un autre mariage qui ne laisse pas d'avoir aussi des singularités, c'est celui d'un roi de France avec la fille d'un staroste polonais, que les armes de Charles XII avaient fait un moment roi de Pologne, et qui depuis, dépouillé et fugitif, s'était retiré à Weissembourg, où il était dans une telle misère, qu'il fallut d'abord envoyer des chemises à sa fille en lui offrant la couronne de France. Ce n'était pas qu'elle fût dans le cas de la belle Mazarin, à qui madame de Sévigné écrivait si plaisamment : « Vous voyagez comme une hé- » roïne de roman; force diamans et point de chemi- ses. » La fille de Stanislas n'avait pas plus de l'un que de l'autre ; et pour premier présent de noces, elle reçut un trousseau complet. Le comte de Maurepas trouve cette alliance monstrueuse: il est bien vrai que c'était l'ouvrage d'une madame de Prie, maîtresse du premier ministre (M. le duc), et qui lui persuada que, pour rendre son pouvoir inébranlable, il fallait donner au roi une femme qui ne fût rien par elle-même, et qui devant tout au ministre, fût aussi tout entière à lui. Mais on peut quelquefois, par des motifs très-personnels, faire une chose bonne et sage en elle-même. Les mariages de nos rois avec des princesses étrangères ont eu le plus souvent des suites funestes, parce qu'ils font naître des prétentions qui sont des sources de guerre, et qu'on fait entrer les peuples comme une propriété dans les clauses du contrat : or, tout ce qui est une cause prochaine d'ambition et de guerre, est certainement un grand mal dans la saine politique, qui ne doit songer qu'au bonheur des peuples. Quant à la politique personnelle de M. le duc et de madame Prie, elle ne valait rien du tout : il ne faut point compter sur la reconnaissance, et à la cour moins qu'ailleurs ; et puis, ce qu'une reine de France peut être dans le gouvernement ne dépend point de ce qu'elle était avant son mariage, mais de son caractère, du plus ou du moins d'envie de dominer, des moyens qu'elle peut avoir pour y parvenir, et des circonstances où elle se trouve. Catherine de Médicis n'était rien moins qu'une grande dame par sa naissance, et l'on sait quel terrible pouvoir elle exerça sous trois règnes.

Le comte de Maurepas a rassemblé le plus qu'il a pu de pièces satiriques contre le gouvernement de son temps ; outre le goût naturel qu'il avait pour la satire, il ne pouvait souffrir la domination du cardinal de Fleury, qui asservissait les autres ministres ; et la plupart de ces pièces étaient contre le cardinal. C'en était assez pour les rendre précieuses à Maurepas, qui, d'ailleurs, ne montre pas, dans la manière dont il parle de tous ces pamphlets, beaucoup de tact ni de jugement. Il rapporte une lettre écrite à Henri IV par des jeunes gens *ivres*, et il n'y a rien du tout dans cette lettre qui sente l'ivresse; elle est amère et quelquefois injuste, mais raisonnée. Il en cite une autre écrite au nom de Louis XIV à son successeur, et qui est une critique sanglante de toute l'administration de Fleury; il a l'air de la regarder comme une pièce victorieuse, qu'*il n'était pas possible de mépriser*; et il ne s'aperçoit pas qu'elle est d'un bout à l'autre d'une mal-adresse ridicule, en ce qu'elle suppose Louis XIV reprochant à son successeur tout ce que lui-même avait fait, et lui donnant des leçons qui retombent de tout leur poids sur celui qui les donne : passe encore si le mort qu'on fait parler, était censé faire une confession, et s'il avait soin de dire : Ne faites pas ce que j'ai fait. Point du tout : il ne s'excuse que sur la bulle; sur ce seul point, il avoue qu'il a été trompé; et sur tout le reste, il s'exprime comme un mentor avec son élève. Il lui fait surtout un grand crime de ne point déférer aux remontrances de ses parlemens. Cela n'a-t-il pas bonne grâce dans la bouche d'un prince qui avait supprimé même le droit de remontrances? Rien au monde n'était plus facile que de faire à cette satire, si mal imaginée, une réponse péremptoire; et, qui plus est, très-plaisante. Le cardinal aima mieux la faire brûler par le parlement. *Brûler n'est pas répondre*, dit fort bien Maurepas. Il a d'autant plus raison, que *répondre* n'était pas difficile, comme on vient de le voir ; ce qui n'empêche pas que ce mot ne soit fort pour un ministre de ce temps-là : mais c'était un ministre mécontent.

On trouve ici les *j'ai vu*, qui firent mettre Voltaire à la Bastille pendant treize mois. Ils n'étaient pas de lui ; il est facile de s'en convaincre en les lisant, quand on ne saurait pas que sur ce point l'innocence de Voltaire fut reconnue. Cependant l'auteur des Mémoires paraît persuadé qu'ils sont de Voltaire. En voici des passages :

> J'ai vu *même l'erreur* en tous lieux triomphante,
> La vérité trahie *et la foi* chancelante ;
> J'ai vu *le lieu saint* avili. . . .
> J'ai vu de saints prélats devenir *la victime*
> *Du feu qui les anime*, etc.

Indépendamment de la platitude de ces vers, qui ne voit qu'il s'agit ici des querelles du jansénisme ? et qui peut ignorer quel mépris Voltaire, dès ce temps-là, avait affiché pour ces folies ? N'est-il pas plaisant d'entendre Voltaire s'apitoyer *sur la foi chancelante etc.?* Vous verrez que Voltaire avait beaucoup *de foi!* lui, que ses professeurs de rhétorique désignaient d'avance comme *le drapeau des incrédules*; c'étaient les expressions du jésuite Lejay. Qui peut douter que ces vers ne soient de quelque suppôt du jansénisme? Mais, comme disait très-bien Lagrange-Chancel (qui eut raison cette fois), en parlant, dans ses *Philippiques*, de cette inique détention du jeune Arouet:

<blockquote>
On punit les vers qu'il peut faire,
Plutôt que les vers qu'il a faits.
</blockquote>

Nous trouvons aussi deux couplets sur Villeroi, cet homme si nul et si vain, le seul que Louis XIV daigna nommer *son favori*, et qu'il fit entrer au conseil avant le vainqueur de Dénain, quoique Villéroi fût de la même force au conseil qu'à l'armée. Il s'agit ici de l'affaire de Crémone; et des deux couplets, il y en a un de joli, sur l'air du *branle de Metz*.

<blockquote>
Villeroi, grand prince Eugène,
Vous fait lever de matin;
Pâris fit moins de chemin
Pour prendre la belle Hélène.
On vous l'aurait envoyé,
Sans vous donner tant de peine;
On vous l'aurait envoyé,
Si vous l'aviez demandé.
</blockquote>

Il est étonnant que Maurepas, grand collecteur de couplets et d'épigrammes, n'ait pas cité ce quatrain, qui pouvait être de quelque soldat, le *loustic* du régiment, mais qui n'en est pas moins le meilleur, sans comparaison, qu'on ait fait sur cette affaire de Crémone.

> Palsembleu ! l'aventure est bonne,
> Et notre bonheur sans égal ;
> Nous avons recouvré Crémone,
> Et perdu notre général.

Au reste, on fut toujours assez heureux en couplets sur ce courtisan dont la fortune nous a été si fatale. En voici un dont les Mémoires ne font pas mention, et qui méritait bien de n'être pas oublié : il est sur l'air *Vendôme, Vendôme*, qui ajoute beaucoup au sel des paroles.

> Villeroi, Villeroi,
> A fort bien servi le Roi
> Guillaume, Guillaume.

Cette naïveté si piquante et si rare est la perfection de ce genre.

Il y a loin des couplets de cette tournure à ces *calotes*, qui tiennent une si grande place dans les travaux et dans l'opinion du comte de Maurepas. S'il n'y a pas de quoi s'en étonner, puisqu'il avoue franchement que la plupart sont de lui, il n'y a pas non plus de quoi se vanter, car elles sont toutes de la dernière platitude. Je m'en rapporte à qui pourra les lire jusqu'au bout : en voici des échantillons.

Que dites-vous de la momie? (Voltaire.)
La soif de l'or le sèche ainsi,
Et le corrosif de l'envie.
Est-il assis, debout, couché?
Non, sur deux flageolets il flotte,
Entouré d'une redingotte,
Qu'à Londre il eut à bon marché.
Son corps tout disloqué canotte;
Sa mâchoire avide grignotte;
Son regard est effarouché.
Vous connaissez ce don Quichotte
Qui dans la cage est attaché;
Son sec cadavre est embroché
A sa rapière encore pucelle, etc.

. . . .
. . . .

Venez, savante Académie;
Encensez-le sur votre seuil;
Ces messieurs lui feront accueil,
Ou l'excuse la plus polie,
De n'avoir pas incorporé
Chez eux un mortel si taré.
Voltaire avec mépris les traite;
C'est leurs jetons seuls qu'il regrette, etc.

. . . .

Mais ciel! qui bouche les passages?
Qu'entendons nous? quelles clameurs!
Haro sur le roi des rimeurs!
On veut l'arrêter pour les gages;
C'est un monde de souscripteurs,
De libraires et d'imprimeurs,
Parlant de vols, de brigandages, etc.

. . . .

En voici un autre :

> Nous, les régens de la *calote*,
> Aux fidèles de la marote,
> A qui ces présentes verront ;
> Salut : Arouet, dit Voltaire ;
> Par un esprit loin du vulgaire,
> Par ces mémorables écrits,
> Comme aussi par ses faits et dits,
> S'étant rendu recommandable,
> Et ne croyant ni dieu ni diable,
> Ayant de plus riches talens
> Qu'aucun autre à quatre-vingts ans ;
> Savoir, boutique d'insolence,
> Grand magasin d'impertinence,
> Grenier plein de rats les plus gros, etc.

En voilà bien assez : tout est de cette force. Ce n'est pas là tout-à-fait le ton de plaisanterie de Chapelle et d'Hamilton ; mais chacun a le sien, et c'était apparemment celui du comte de Maurepas. Au reste, un ministre n'est pas obligé de bien faire des vers, ni même de s'y connaître ; mais peut-être l'est-il de s'occuper d'autre chose que de recueillir avec tant de soin de si pitoyables rapsodies, et de les grossir de ses productions.

Il insiste beaucoup sur l'importance dont étaient, selon lui, ces *calotes* dans l'opinion publique ; il assure que les ministres les commandaient dans l'occasion, et savaient en tirer parti pour écarter des hommes dangereux ou de fausses opérations. Tout cela est infiniment exagéré, et peut mériter quelques observations qui réduiront le tout à l'exacte vérité.

On n'ignore pas que le ridicule a toujours été une arme puissante, sur-tout chez les Français : nation regardée de tout temps comme prodigieusement vaine, et chez qui cette vanité s'est exaltée en raison de l'esprit de société, devenu, depuis Louis XIV, le plus dominant de tous les esprits. De là l'empire de *la mode*, du *bon ton*, et de toutes les petites choses qui influaient tant sur les grandes, avant même que cet esprit fût formé ; et du temps de la ligue, la *Satire Ménippée* combattit avec succès les sermons du fanatisme et l'or de l'Espagne. Elle est restée dans toutes les bibliothèques comme un monument historique très-précieux, parce que, malgré l'imperfection du langage encore un peu grossier, elle joint un sel très-piquant au développement très-instructif des intérêts et des menées de tous les partis. Le Français, naturellement vif et malin, et aussi susceptible de recevoir la vérité que l'erreur, accueillit beaucoup les différentes pièces qui composent cette satire, écrites d'ailleurs par les meilleurs esprits et les meilleurs citoyens du temps; et l'on ne peut douter qu'elles n'aient contribué beaucoup à l'abaissement des factieux et au rétablissement de Henri IV.

Du temps de la fronde, on ne négligea pas non plus cette arme du ridicule; tous les partis s'en servirent d'autant mieux que tous y prétaient également. Les Mémoires du siècle dernier nous ont conservé quelques-unes de ces nombreuses *mazarinades*, qu'on voyait éclore chaque jour : quoique meilleures que les *calotes*, elles ne sont pas bonnes, et l'on ne se souvient aujourd'hui que de quelques couplets de Blot et de Marigny, qui sont véritablement fort heureux. Quant aux *mazarinades*, toutes celles qui ne sont pas dans les Mémoires du temps (et c'est, sans nulle comparaison, le plus grand nombre), sont tellement anéanties, que rien ne serait plus difficile aujourd'hui que d'en trouver un recueil ; et quand par hazard on en voit un annoncé dans les catalogues de ventes, c'est vraiment une rareté. Dès que les intérêts du moment sont passés, tout ce qui n'a pas quelque mérite réel fait pour tous les temps, tombe nécessairement dans le plus profond oubli. M. de Maurepas nous assure gravement que les bibliothèques ont conservé les *calotes* : je suis convaincu qu'excepté chez quelque curieux bibliomanes, qui mettent leur amour-propre à posséder ce que peu de personnes peuvent avoir et ce dont personne ne se soucie, on aurait d'ailleurs bien de la peine à trouver ces copies ; et quiconque a des livres a la Satire Ménippée.

Il y a bien des raisons pour que ces *calotes*, que les Mémoires de Maurepas ne feront pas revivre, aient depuis long-temps disparu de la mémoire des hommes : 1° elles sont d'un goût détestable ; et passé l'instant de la curiosité et de la malignité, deux passions pour qui tout est bon, la lecture en est dégoûtante ; 2° l'uniformité d'un cadre toujours le même, devait à la longue rebuter le public qui veut une sorte de variété, même dans la méchanceté qui l'amuse; 3° pour vaincre cette monotonie, le talent même n'aurait pas suffi ; et si le talent se permet quelquefois une saillie, une facétie, soit pour s'égayer, soit pour se venger, il ne fait pas métier de brocarder indifféremment tout le monde : il n'y en a point d'exemple : c'étaient donc les derniers des écrivains, ou quelques méchans obscurs et timides, ou des hommes médiocres et vains qui se faisaient une occupation et une jouissance de ces sortes de libelles; et les productions de ces gens-là ne sont jamais de durée ; 4° dès que ce cadre fut connu, l'esprit de parti s'en empara ; et si quelques gens avaient été attaqués avec justice, quoique grossièrement, bientôt on s'adressa sur-tout au mérite et à la réputation en tout genre, parce que les méchans et les jaloux ont un instinct (et c'est le seul qu'ils aient), qui les avertit qu'en rabaissant tout ce qui vaut quelque chose, ils auront tous les sots pour eux. C'est ce calcul sûr et facile qui a fait subsister tellement quellement les Fréron, les Sabatier de Castres, les Clément, les Linguet, les Royou, et autres de la même trempe, qui n'avaient précisément que ce qu'il faut d'esprit pour être parmi les sots, ce que les béliers sont parmi les moutons ; c'est-à-dire pour se mettre à la tête du troupeau et le mener : on sait ce qu'ils sont devenus, et chacun est à portée d'apprécier leur caractère.

Si l'on veut avoir une idée de toute la bêtise de l'esprit de parti, il faut lire, dans ces Mémoires, la *calote* faite au sujet des miracles du cimetière de Saint-Médard. On croirait d'abord que c'est pour s'en moquer (et le champ était vaste), point du tout ; c'est pour en parler du ton de l'admiration la plus niaisement sérieuse : double ineptie ; car ce sérieux forme une disparate également ridicule avec le sujet et avec le genre. Que dire des convulsionnaires de Saint-Médard, distribuant des brevets de folie (car c'est ce que signifiaient les *calotes*)? Ne sont-ce pas les Petites-Maisons assemblées pour rendre un arrêt en forme contre le bon sens ? et c'est ainsi que M. de Maurepas s'imagine qu'on formait l'esprit public !

Ces Mémoires offrent, à toutes les pages, des preuves, non-seulement de son peu de discernement et de goût, mais même du peu de connaissance qu'il avait de la langue, défaut (on doit l'avouer) assez rare à la cour, où l'on se piquait à un certain point de parler du moins passablement. «M. de Tessé (dit-il), sans être un sot, était » bien *l'un des bonnes gens* de son temps en fait » de *spiritualité*.» Peu de courtisans auraient ignoré que, quoiqu'on dise fort bien un homme spirituel, le mot de *spiritualité* ne s'applique jamais, dans notre langue, qu'aux choses de la religion et du salut, et par opposition aux choses temporelles.

Il dit, en propres termes, que les fables de la Motte *sont fort sottes*; c'est ce jugement qui est une sottise. Les fables de la Motte ne sont rien moins que *sottes*; et ce n'est pas l'esprit qui lui manquait; il s'en faut de beaucoup; ces fables sont presque toutes fort ingénieuses; ce qui leur manque, c'est le naturel et la grâce, genre d'esprit rare et précieux, nécessaire sur-tout dans la fable; et pourtant la Motte est parvenu, seulement à force d'esprit, à faire quelques fables qui sont encore les plus jolies que nous ayons, je ne dirai pas après La Fontaine, mais depuis La Fontaine; car après lui, il n'y a rien.

« La première idée de la formation du *régiment de la calote* (dit encore l'auteur des Mémoires, toujours avec la même gravité) fut de former une société qui aurait pour but de corriger les mœurs, de réformer le style à la mode en le tournant en ridicule, et d'ériger un tribunal opposé à celui de l'académie française.

On a vu dans ce que j'ai cité, et l'on peut voir dans tout le reste, avec quel style ces messieurs voulaient *réformer le style* des autres; on a vu, par les calomnies atroces et impudentes contre Voltaire, comment ils prétendaient *corriger les mœurs*; et pour ce qui est de l'académie, si le style des complimens de réception et des pièces couronnées a long-temps prêté au ridicule, ce sont les bons écrivains de l'académie même qui l'ont fait sentir, et qui l'ont corrigé un peu mieux que l'ignorante grossièreté de *messieurs de la calote*.

« La dernière des *calotines* un peu connues est de 1744. Madame de Pompadour, qui a un ton grivois et bourgeois à la cour, où elle eût dû porter, pour plaire, le grand ton des premières favorites du roi, entrait en convulsion au nom du *régiment de la calote*; et comme elle succéda, *pour l'empire de la cour*, au cardinal de Fleury, ce *régiment*, battu par l'autorité, disparut du royaume de France, où l'on rira peu désormais, tant que madame de Pompadour régnera. »

On reconnaît aisément à ce passage le ministre que la favorite fit renvoyer, non pas précisément pour une *calotine*, mais pour une chanson assez jolie que tout le monde connaît et qui est par tout :

> Une petite bourgeoise,
> Elevée à la grivoise, etc.

Cette chanson fut attribuée à Maurepas, ennemi déclaré de la favorite, et qui avait réellement fait le couplet contre elle, *sur les Fleurs* : celui-là était de sa force ; ce n'était qu'un calembourg ; mais la chanson était d'un homme de sa société, de Pont-de-Veyle ; elle courut toute la France ; la marquise ne la pardonna pas, non plus que le couplet, et parvint à s'en venger. Il est plaisant que l'auteur des Mémoires, qui dit lui-même que, rien n'a jamais empêché les Français de rire et de chansonner, prétende que « son cher *régimen* » *de la calote* a disparu, battu par l'autorité. » Ce n'est pas *l'autorité* qui détruit ces *régimens-là*; c'est le dégoût et l'ennui. Il est encore plus plaisant qu'il ne veuille plus qu'*on rie en France*, parce qu'il n'est plus à la cour. On y a pourtant *ri* depuis, et souvent de fort bonne grâce. Jamais le Français n'a perdu le talent du couplet et de l'épigramme ; et il n'y a pas d'année qui n'ait vu des pièces de ce genre, heureusement un peu meilleures que les *calotines*. M. de Maurepas a beau nous répéter en termes exprès, que « toutes ces » *calotines* sont d'un plaisant et d'un sel infini- » ment piquant » ; on lui répondra avec Molière :

> Pour les trouver ainsi, vous avez vos raisons ;
> Mais vous trouverez bon qu'on en puisse avoir d'autres,
> Qui se dispenseront de se soumettre aux vôtres.

Les éditeurs ont joint à ces Mémoires des *notes de M. Soulavie*, qui sont fort loin d'ajouter quelque prix à l'ouvrage. Ce ne serait pas la peine d'en dire davantage, si l'auteur de ces notes n'y montrait pas autant de prétention que d'insuffisance, et si, en parlant avec un ton magistral de tout ce qu'il n'entend pas, il n'appelait sur lui la sévérité de la critique, qui doit remettre chaque chose à sa place. On lui a déjà reproché universellement d'avoir prêté au maréchal de Richelieu, dans la rédaction de ses Mémoires, un langage révolutionnaire qui forme le contraste le plus étrange avec le caractère et le tour d'esprit si connu de ce doyen des courtisans despotes. Le mauvais succès de cette bigarrure grotesque aurait dû corriger M. Soulavie, et l'avertir de se borner à remplir de son mieux les fonctions d'éditeur et de compilateur: ce qui même était déjà plus qu'il ne pouvait faire; car si ce travail n'exige pas de talent, il demande au moins des connaissances, de la méthode et quelque habitude d'écrire; il demande qu'on sache au moins un peu de français, et M. Soulavie ne sait pas du tout sa langue et la parle très-mal. Mais qu'importe? on veut faire le philosophe, le législateur, le savant, à quelque prix que ce soit; et l'on fait des phrases, et puis des phrases, qui n'ont pas de sens; et l'on accumule les erreurs, et les bévues, et les solécismes; et l'on nous annonce encore fastueusement un ouvrage *sur le progrès des lettres sous le règne de Louis* xv. Il faut voir comment M. Soulavie est en état de faire un pareil ouvrage.

M. Soulavie, qui était auparavant M. l'abbé Soulavie, s'étend particulièrement sur le clergé, et en vient encore à nous prouver que c'est l'*ignorance* qui l'a perdu. On a déjà réfuté (1) cette fausseté notoire pour tout homme un peu instruit; et puisqu'il la répète, j'ajouterai que MM. l'an-

---

(*) Dans l'*Extrait des Mémoires de Massillon.*

cien évêque d'Autun, l'archevêque d'Aix, l'archevêque de Toulouse, l'évêque de Rhodès, l'abbé de Montesquiou et bien d'autres, ont peut-être un peu plus d'esprit, de savoir, que M. l'abbé Soulavie lui-même, quoiqu'il lui soit très-permis de ne pas s'en douter.

« Le père le Tellier, *profond jésuite*, voulait, pour faire régner sa compagnie, plonger le reste du clergé dans l'ignorance. » Pas un mot de vrai. Le Tellier n'était pas du tout *profond*, si ce n'est en friponnerie; c'était le brouilllon le plus emporté, le plus hardi faussaire, et le plus effronté coquin qui se soit trouvé de Caen à Vire. Ce n'était point par *l'ignorance du clergé* qu'il voulait *faire régner sa compagnie*; c'était par l'intrigue, par l'ascendant de la cour de Rome sur un roi dévot, par l'importance donnée à une prétendue *hérésie* de la façon des jésuites, par l'imputation banale de jansénisme, qui servait à écarter quiconque ne voulait pas du joug ultramontain et par conséquent jésuitique, et défendait les libertés gallicanes. Ces mêmes querelles, qui d'ailleurs firent tant de mal, loin de *plonger dans l'ignorance*, aiguisèrent les esprits et entretinrent un germe d'indépendance qui peu à peu s'étendit plus loin que les controverses. Les écrits des bons jansénistes prouvent qu'ils n'étaient pas moins ennemis du gouvernement absolu, que de l'infaillibilité romaine; et on le savait si bien, que c'était sous ce point de vue qu'on les rendait odieux à Louis XIV et à Louis xv. M. Soulavie a-t-il lu, par hasard, l'*Institution d'un prince*, par Duguet? il y trouvera trente décrets de l'assemblée constituante. Mais quand on a passé sa vie à compulser d'innombrables manuscrits ministériels, remplis de petits faits et de grandes inutilités, pour en faire des extraits informes et volumineux, a-t-on le temps de lire les bons livres ? Quand on s'occupe à rédiger et à imprimer ce qu'ont pensé les autres, a-t-on le temps de s'instruire et de s'accoutumer à penser ?

Il fait grand bruit de l'influence des sulpiciens et des lazaristes, gens de l'autre monde, depuis quarante ans. Il ne sait pas que le règne des *cheveux plats* et des *grands chapeaux*, commencé sous Fleury, a fini avec Boyer l'imbécille; qu'à dater de l'évêque d'Orléans, on éloignait le bigotisme comme dangereux, et qu'on préférait les esprits doux et conciliants, tous ceux qui n'avaient point d'affiche; qu'on craignait tellement le bruit dont on était las, qu'il valait mieux être un peu libertin que trop rigoriste; qu'à cette même époque, la philosophie s'était déjà glissée jusques sous le rochet et la barette, et que l'archevêque de Vienne (Pompignan) s'en plaignit amèrement dans une assemblée du clergé, criant que *la moderne philosophie avait infecté même le sanctuaire*, déclamation qui fut très-mal accueillie; qu'en un mot, c'était l'esprit du monde, des affaires et de la cour, qui, de nos jours, dominait dans le clergé, et nullement celui des sulpiciens et des lazaristes. M. Soulavie a beau avoir été abbé ; il a besoin d'apprendre son histoire de l'église, et il est honteux qu'un profane soit obligé de la lui enseigner.

Il prétend que ce même Pompignan, dont je viens de parler, *se repentit d'avoir influé sur le nouvel ordre de choses*. Il n'y *influa* pas ; il le suivit un moment avec circonspection ; il n'apercevait pas jusqu'où ce *nouvel ordre* irait, et le grand âge avait affaibli son fanatisme.

« Le clergé dut sa grandeur primitive à ses vertus et à ses lumières. »

C'est confondre *le clergé* avec ce qu'on appelle *la primitive église*, celle des quatre premiers siècles, qui n'était point proprement un *clergé*. Elle n'avait alors ni puissance, ni richesses, ni crédit ; et c'est alors qu'elle fut respectable. Quand Constantin l'eut mise sur le trône, l'ambition, la fureur de dominer la corrompit ; et les circonstances la servirent. Ce que M. Soulavie appelle *la grandeur primitive du clergé*, et ce que j'appelle sa domination, fut l'ouvrage non pas de *ses lumières et de ses vertus*, mais de l'ignorance universelle, suite de l'invasion des Barbares. Les prêtres seuls savaient lire ; il leur fut aisé de tout rappeler au règne spirituel, chez des peuples abrutis et superstitieux. Voilà ce que tout le monde sait, ce que tout le monde a dit, et ce que M. Soulavie seul paraît ignorer.

« Le clergé, dans sa *décrépitude*, laisse à peine

à nous historiens et à la postérité, quelques personnages *dignes de ses regards*; M. de Pompignan, M. de Bernis, à Rome, sont ceux que *nous osons citer.* »

Je ne sais pas trop comment M. Soulavie est *un historien*; je ne lui conseille pas même d'essayer de l'être. M. de Pompignan n'est nullement *un personnage digne des regards de la postérité*: c'était un assez bon homme, théologien et prédicateur de son métier, et rien de plus.

« M. de Bernis, avec de la probité, des qualités, *des talens et des ouvrages de tous les temps*, n'a peut-être pas la force de quitter *des restes d'opinions et un séjour de délices*, pour venir terminer sa carrière en patriote. »

M. de Bernis a montré en effet *de la probité, des qualités, des talens* agréables. Il n'y a pas dans tout cela de quoi occuper beaucoup *la postérité*. Ce qui pourrait marquer le plus auprès d'elle, c'est le traité d'alliance avec l'Autriche; mais *la postérité* saura comme nous que ce ne fut point son ouvrage, et ce n'est pas tant pis pour lui; il ne fit guères que le signer; c'étaient madame de Pompadour et M. de Staremberg, et surtout Kaunitz qui avaient tout fait. M. de Bernis n'a eu d'extraordinaire que sa grande fortune, et nous savons quelle en fut l'origine. Il a fait quelques jolis vers et beaucoup de médiocres; ce ne sont-là ni *des ouvrages*, ni *des talens de tous les temps*. Je ne sais ce que c'est que *des restes d'opinions*, car je ne connais pas les siennes, qu'apparemment M. Soulavie connaît mieux que moi ; mais je sais qu'il est tout naturel qu'à l'âge de M. de Bernis, on ne change point d'opinion, quelle qu'elle soit, et qu'on reste où l'on se trouve bien ; et certainement M. de Bernis ne pourrait pas être à Paris aussi bien qu'à Rome, quoique Rome ne soit pas plus *un séjour de délices* que Paris."

« Le presbytérianisme, bafoué en France ; méprisé du haut clergé, éloigné des anciennes assemblées de l'église gallicane, privé de tout son avancement, exilé, emprisonné par ses supérieurs, *dans ses fautes réelles ou prétextées*, a fait, dans l'état ecclésiastique, une révolution *égale et parallèle avec celle* que la bourgeoisie française a faite relativement à la noblesse. »

Il y a là beaucoup d'idées confuses et erronées. D'abord le presbytérianisme, qui ne peut signifier parmi nous que le jansénisme, n'a été *bafoué*, en France, que dans le temps de la folie des *convulsions*, qui lui a porté un coup mortel. Jusques-là, l'opinion publique était pour lui ; il résista même à la prépondérance de Louis xiv, qui s'étendait d'ailleurs jusques sur les esprits. Cette secte eut long-temps de grands avantages ; elle les devait au mérite éminent de ses chefs, à la persécution toujours odieuse, à des principes de liberté toujours chers aux hommes, et qui ne cèdent qu'à l'intérêt personnel ; elle avait raison pour le fond ; son seul tort était de mettre trop d'importance à des controverses d'école ; mais c'était alors le tort de tout le monde. Elle vint à bout, même dans sa décadence, d'abattre ses ennemis les jésuites, qui l'avaient long-temps foulée aux pieds ; elle fut redevable de cette victoire aux parlemens, qui faisaient cause commune avec elle, et à qui la faiblesse du ministère avait rendu de l'influence ; aux fautes des jésuites, qui s'étaient fait craindre et détester partout ; et plus particulièrement encore, au caractère décidé du duc de Choiseul, qui, choqué de la réponse arrogante du pape, *Sint ut sunt, aut non sint*, détermina enfin Louis XV, dont la pusillanimité irrésolue cherchait encore des accommodemens, à livrer aux magistrats cette milice ultramontaine, dont le chef avait osé dicter au pape cette réponse imprudente, qui n'était ni de notre siècle ni de la politique romaine. Sans le duc de Choiseul, qui avait une manière de penser philosophique, quoiqu'il n'aimât pas les philosophes, le roi n'eût jamais retiré la main puissante qui soutenait encore les jésuites, et qui arrêtait les parlemens.

Les jansénistes tombèrent aussi et devaient tomber avec les jésuites ; les premiers n'avaient plus d'existence que celle que leur conservait la haine qu'on portait aux jésuites ; et depuis la destruction de ceux-ci, on ne parla plus de leurs adversaires.

Ce n'est donc pas l'esprit presbytérien ni janséniste qui a détruit le clergé ; c'est avant tout ;

l'indifférence philosophique qui apprit à ne plus le considérer que sous les rapports du gouvernement : et ces rapports le montraient évidemment comme une corporation anti-politique, comme un des arcs-boutans du despotisme, comme tellement redoutable qu'il pouvait toujours renaître de ses débris, s'il n'était entièrement anéanti ; ce fut ensuite l'opportunité de faire de ses dépouilles une ressource immense pour la nation ; et la ruine entière de ce corps était liée intimement au plan de Mirabeau pour les assignats : c'est lui qui porta ces deux grands coups à la fois.

M. Soulavie a confondu la révolution dont les suites devaient entraîner la chute du clergé, avec la constitution civile de ce même clergé ; c'est ici seulement qu'il s'est mêlé un reste de jansénisme. Des hommes nourris dans l'attachement aux opinions religieuses inséparables de leur secte, crurent qu'il fallait un clergé *constitutionnel*, et vinrent à bout de l'établir ; parce qu'on avait besoin de la partie inférieure du clergé, qui, toujours opprimée, s'était rangée du côté de la révolution ; ils l'établirent du moins sur les bases d'égalité et de liberté, conformément aux principes que les jansénistes avaient toujours professés. Voilà toute la part qu'ils ont eue dans ce qui concerne le clergé. Ont-ils bien fait ? c'est ce qu'il serait superflu d'examiner ici, et ce que le temps décidera.

Dans une note sur Voltaire et Rousseau, M. Soulavie a saisi du moins une idée juste, mais qui avait déjà été indiquée plus d'une fois, que le premier avait servi à détruire, et le second à édifier. Cela est vrai ; mais en s'appropriant une vérité, il n'en sait pas assez pour l'embrasser et la développer tout entière; et dès qu'il l'essaie, il tombe dans des contradictions et des méprises continuelles. Il avoue, par exemple, que Voltaire a *renversé, dans ses ouvrages, le respect pour les rois, les ministres, les grands, le clergé et les parlemens*; et il ajoute tout de suite : « Rousseau a détruit de même le passé, mais il est plus heureux dans ses principes de réédification. » Non, Rousseau n'a pas *détruit de même le passé*; ce que Voltaire a le plus complètement *détruit*, c'est la croyance sur la parole des prêtres; et il l'a *détruite* à force de les montrer sous toutes les formes, odieux ou ridicules, et en tournant en dérision de toutes les manières les objets de la croyance. Or, la crédulité religieuse était le plus formidable appui du despotisme, puisqu'elle consacrait également les rois et les prêtres, et que ceux-ci, parlant au nom de Dieu, assuraient au peuple que les rois étaient *institués par Dieu, et n'avaient à rendre compte qu'à Dieu*. Le sacerdoce était donc le premier rempart du pouvoir absolu; et Voltaire l'a renversé. Sans ce premier pas décisif et indispensable, on ne faisait rien. Rousseau, au contraire, en attaquant l'intolérance ecclésiastique, a défendu de toute sa force le fond de la croyance;

il l'a défendu par son éloquence et par son exemple ; et c'est ce qui lui avait ramené tous les ennemis de la philosophie, ravis d'avoir à lui opposer un croyant, un dévot tel que Rousseau. Je n'examine pas si, dans tout cela, Rousseau était bien conséquent ; on sait que ce n'était pas là son fort.

Il n'est pas juste non plus de dire qu'*il fut plus heureux que Voltaire dans ses principes de réédification* ; car Voltaire n'a rien *réédifié*, si ce n'est la religion naturelle qu'il opposait sans cesse à toute religion révélée. Quant au gouvernement, quoiqu'il n'ait jamais expressément traité cette matière, on voit qu'il avait un assez bon esprit pour connaître toutes les bases d'un gouvernement légal, et tous les vices d'un gouvernement arbitraire ; et que, sur ce point, ses principes étaient, comme tous ceux des hommes éclairés et justes, conformes à notre *déclaration des droits*.

On est un peu étonné de lire, dans cette même note de M. Soulavie, que Voltaire, *dans la lutte contre les préjugés, était étranger à son siècle, totalement hors de son siècle*. S'il avait été *hors de son siècle*, il ne lui aurait pas donné le ton. L'esprit supérieur consiste à juger la marche du commun des esprits, à voir jusqu'où ils peuvent aller et jusqu'où on peut les mener. C'est ce que Voltaire entendait à merveille. Le scepticisme de Bayle, la liberté de penser sous la régence, et les hardiesses des *Lettres persannes*, lui firent comprendre que l'on pouvait tout dire successivement, en se mettant à la portée de tous. C'est ce qu'il fit pendant soixante ans, en gagnant toujours du terrein, et ce qu'il serait trop long de détailler ici : cet examen trouvera sa place ailleurs. J'observerai seulement une contradiction bien frappante dans M. Soulavie. Dix lignes plus bas, il dit que Voltaire *était goûté de la multitude*. Concevez, s'il est possible, comment un écrivain *étranger à son siècle* est *goûté de la multitude*.

« La cour de France semblait voir de loin la puissance des écrits de ces *deux personnages*. (Voltaire et Rousseau) ».

Cela n'est vrai, tout au plus, que de Voltaire, que la cour, en général, a toujours craint et haï, même dans le temps où il y fut appelé et honoré, par la faveur passagère que lui accorda madame de Pompadour. Je dis *tout au plus*, car on calculait moins *la puissance de ses écrits* qu'on n'était blessé de son indépendance, des saillies qu'il se permettait, de sa supériorité qui éclipsait tout, même dans la société, de sa fortune même qui le mettait au-dessus de l'espèce d'asservissement où le besoin des grâces réduisait la plupart des gens de lettres. A l'égard de l'influence qu'il exerçait sur l'opinion, et des conséquences qu'elle pouvait avoir un jour, la cour n'en savait pas assez pour voir si loin ; on n'était guère frappé que de la hardiesse du moment, du danger de l'exemple, de la nécessité de réprimer la liberté de penser : mais en général, et sauf quelques exceptions, la cour et le grand monde ont toujours cru que l'état des choses où ils vivaient, était indestructible ; et cette sécurité a duré jusqu'à la convocation des états-généraux, qui a commencé à faire un peu ouvrir les yeux.

Pour ce qui est de Rousseau, ses ouvrages politiques, et particulièrement le *Contrat social*, qui est son chef-d'œuvre en ce genre, étaient faits pour peu de lecteurs, et n'inspiraient à la cour aucune alarme. C'était, sans nulle comparaison, ce qu'on avait écrit de plus fort et de plus hardi sur les principes de l'ordre social et politique, et c'est cela même qui fit que le gouvernement n'y prît pas garde. On ne regardait cette théorie que comme une spéculation creuse, qui ne pouvait pas avoir plus de conséquence que l'enthousiasme de liberté et le mépris de la royauté, poussés si loin dans les pièces de Corneille, et applaudis à la cour du plus absolu des rois, Louis XIV. Tout cela paraissait être d'un autre monde, et sans nul rapport avec le nôtre. Les gens bien instruits peuvent se souvenir que, quand le *Contrat social* parut, il fit très-peu de sensation, et n'attira nullement les regards de ce même gouvernement qui fit tant de bruit pour l'*Emile*. C'est que l'*Emile*, qui avait l'intérêt et le charme d'un roman, fut dévoré à la première lecture.

Les prêtres, attaqués dans *la Confession du Vicaire savoyard*, jetèrent les hauts cris ; le parlement, qui poursuivait alors les jésuites, crut de sa politique de ne pas paraître moins vif que le clergé sur les intérêts de la religion ; et le ministère laissa le parlement sévir contre l'auteur qui avait eu l'imprudence de mettre son nom à la tête de l'ouvrage : et c'était ce qu'on lui reprochait le plus. La cour d'ailleurs, et le duc de Choiseul tout le premier, se souciait fort peu de la personne et des écrits de Rousseau, pauvre, retiré, sans entours, sans crédit, et affectait de ne voir en lui qu'une tête à paradoxes, une espèce de fou qui avait du talent. Les femmes qui donnaient le ton, et les jeunes gens qui le recevaient d'elles, n'adoraient dans Rousseau que l'auteur des lettres passionnées de Julie et de St.-Preux. Le philosophe, le législateur n'était connu que d'un petit nombre de penseurs ; et il est très-vrai qu'il fallait la révolution pour que, sous ce point de vue, il fût bien apprécié. Il n'a pas le plus contribué à la faire ; mais nul n'en a autant profité, quand elle a été faite ; alors il s'est trouvé le premier architecte de l'édifice à bâtir ; alors ses ouvrages ont été le bréviaire à l'usage de tout le monde, parce qu'il était plus connu et infiniment plus éloquent que les écrivains étrangers qui lui avaient servi de modèles et de guides. En deux mots, Voltaire sur tout a fait la révolution, parce qu'il a écrit pour tous ; Rousseau surtout a fait la constitution, parce qu'il a écrit pour les penseurs.

M. Soulavie a cru devoir revenir encore aux lieux communs rebattus contre les académies. J'ai dit ailleurs avec assez de détail ce que je pensais à ce sujet ; et j'ai assez témoigné que, pour mon compte, il m'était très-indifférent que les académies fussent conservées ou supprimées. Mais en même-temps, j'ai distingué les époques où l'académie française, en particulier, avait mérité le reproche d'adulation ; et j'ai prouvé que ces époques étaient celles où le même reproche pouvait s'adresser à toute la France. J'ai prouvé de plus, par des faits publics et incontestables, qu'à partir de la publication de l'*Encyclopédie*, non seulement l'académie française n'avait point montré en général un esprit adulateur, mais qu'elle avait au contraire contribué d'une manière très-marquée au progrès de l'esprit public qui commençait à se former, de cet esprit philosophique et libre qui consistait à rappeler sans cesse les droits naturels des peuples, les principes du gouvernement légal, et à inspirer la haine du pouvoir arbitraire et l'amour de la liberté ; que, pendant vingt ans, elle fut, sous ce rapport, constamment en butte aux invectives de tous les barbouilleurs, rimailleurs, prêchailleurs aux gages de la cour et du clergé ; qu'elle fut, pendant tout ce temps, publiquement notée à Versailles comme un *foyer de révolte, d'irréligion, d'indépendance* (car c'est ainsi qu'on appelait alors tout ce qui tendait à combattre le fanatisme et la tyrannie); qu'on employa souvent contre elle l'arme empoisonnée de la délation secrète; et s'il faut aujourd'hui citer des faits que je croyais trop connus pour les rappeler, je dirai que le maréchal de Richelieu et l'avocat-général Séguier la diffamaient habituellement, l'un à la cour, l'autre au parlement; qu'ils empêchèrent l'impression du discours de Thomas, en réponse à celui de l'archevêque de Toulouse; qu'ils firent annuler par Louis xv l'élection du traducteur des *Géorgiques*; qu'ils firent supprimer par arrêt du conseil l'*éloge de Fénélon*; qu'enfin l'animosité alla si loin, que le chancelier Maupeou annonça le projet de dissoudre l'académie. Voilà une petite partie des faits que je pourrais citer sur ce période très-remarquable dans l'histoire littéraire : je défie quiconque lit ou écrit d'en nier un seul. On peut penser aujourd'hui de l'académie ce qu'on voudra, et en faire ce qu'on jugera à propos; mais il ne faut pas la calomnier : il faut rendre justice et à ce qu'elle a fait et à ce quelle a souffert; et quand M. Soulavie, qui s'annonce comme très-savant en littérature, puisqu'il en veut faire l'histoire, ne dit pas un seul mot de tous ces faits si constatés, quand il se tait absolument sur un état de choses qui a duré jusqu'à la mort de Louis xv, j'ai le droit de lui dire que, s'il n'est pas instruit de ces faits, c'est une ignorance honteuse, et que, s'il les dissimule, c'est une lâcheté plus honteuse encore. Quand il exprime que « Constantinople n'a pas d'expressions turques plus viles, plus rampantes, plus heureuses en tournures orientales, que celles qu'il a recueillies de cet amas étrange de complimens et de harangues académiques, » je lui répondrai d'abord qu'il aurait pu, du moins en lisant ces harangues, apprendre à parler français un peu mieux qu'il ne fait; que *Constantinople* qui a *des expressions* et des *expressions heureuses en tournures*, forme un jargon ridicule; que les *tournures orientales*, attribuées aux *éloges* académiques, sont une autre espèce d'ineptie qui prouve seulement qu'il ne connaît pas plus le style oriental que le style français; que le mauvais goût d'un grand nombre de ces *éloges*, relevé et senti long-temps avant qu'il en parlât, n'a rien de commun avec *les tournures orientales*. Quand il ajoute que l'académie a perfectionné la *structure physique* de la langue, mais qu'elle a *dénaturé*, *avili les moralités de cette langue*; je lui répondrai qu'à l'exemple de ces écrivains qui, de leur vie, n'ont rien étudié ni rien su, il entasse au hasard une foule d'expressions qu'il n'entend pas; que, si *la structure physique* d'une langue pouvait signifier quelque chose, ce serait l'alphabet matériel et l'articulation, et qu'assurément l'académie n'a rien *perfectionné* de tout cela; que les *moralités* d'une langue sont une expression absolument inintelligible. Quand il s'avise encore de joindre à ce style d'un mauvais écolier le ton d'un maître, de prononcer que le cardinal de Retz, Rousseau et Raynal sont les seuls « qui se soient montrés capables de parler véritablement le langage de la liberté, » je lui répondrai encore que d'abord il associe très gauchement à Rousseau et à Raynal un homme qui n'a rien de commun avec eux que le talent d'écrire, quoique dans un degré fort éloigné d'eux ; que le langage du cardinal de Retz n'est point du tout le langage de la liberté, mais presque partout celui d'un politique machiavéliste, et quelquefois, mais rarement, celui de Salluste ; que c'est le dernier excès de la présomption, surtout dans un auteur aussi inconnu que M. Soulavie, de rayer, de son autorité, Fénélon, Massillon, La Bruyère, Voltaire, Montesquieu, Thomas, etc. (sans parler des vivans), du nombre des écrivains dignes *de parler le langage de la liberté;* que cette confiance arrogante, que des écrivains de sa trempe prennent pour une noble audace et pour des inspirations de notre nouvelle liberté, n'est autre chose que le délire de l'ignorance et de l'amour-propre, et ne peut inspirer que le mépris et la pitié. Enfin, quand il affirme que « ces tournures et ces bassesses orientales qui dominent dans nos ouvrages, ont obligé tout orateur de les conserver dans les discours oratoires publiquement prononcés, » je lui dirai nettement que cela est faux, de toute fausseté ; que je le défie notamment de me citer dans les *éloges* de Thomas (et puisqu'il ne s'agit pas ici de talent), dans les miens qui sont bien *des discours oratoires publiquement prononcés*, un seul exemple de *ces tournures et de ces bassesses orientales* ; et comme je puis, au contraire, attester quiconque les a lus, que ces ouvrages ne respirent, d'un bout à l'autre, que les sentimens chers à tout ami de l'humanité, de la liberté et des lois, j'ai le droit de dire à M. Soulavie, en face du public, qu'il est un calomniateur.

On peut trouver tout simple qu'un obscur et inepte compilateur, qui n'est rien et ne peut jamais être rien dans les lettres, les outrage avec cette fureur insensée ; mais on doit trouver aussi très-naturel et très-juste que l'honneur des lettres soit cher à un homme qui leur a consacré sa vie, qui les honore par son témoignage après qu'elles l'ont honoré par l'usage qu'il en a fait ; et que, tandis que la voix des hommes instruits et celle de nos législateurs a solennellement reconnu les services que les lettres ont rendus, il ne souffre pas qu'elles soient impunément l'objet des injures grossières et des calomnies absurdes de quelques intrus qui s'érigent en littérateurs, parce qu'il est arrivé, par hasard, qu'ils savaient lire au moment de la révolution.

N. B. On a déjà, dans l'avant dernier N°., annoncé le 4ᵉ. volume de ces Mémoires, qui paraissait pendant qu'on rendait compte des trois premiers, et qui se vend séparément. Le comte de Maurepas s'y montre beaucoup plus juste envers Fleury qui n'était plus, et encore plus animé contre la marquise de Pompadour qui régnait. Il désavoue le couplet sur le *bouquet de Fleurs blanches*, et prétend que ce fut une malice du maréchal de Richelieu qui fit le couplet, le mit sur la cheminée du roi, et le répandit dans Paris sous le nom de Maurepas. Richelieu était en effet très-capable de ce tour de courtisan ; cependant il n'y a aucune preuve du fait que l'assertion de l'accusateur. Et après tout, qu'importe ? Quant à la chanson, voici ce qu'en dit le rédacteur de ses mémoires, Salé, son secrétaire : « Une chanson *plus digne* de M. de Maurepas, *et dont l'histoire adoptera toutes les expressions*, rendait avec plus de vérité ce qui se passait à la cour relativement à madame de Pompadour. M. de Maurepas ne désavouera jamais *les grandes vérités* qu'elle renferme. »

C'est faire entendre assez clairement qu'elle est de lui ; et cependant j'ai oui dire plusieurs fois à M. d'Argental qu'elle était de son frère Pont-de-Veyle ; d'autres l'ont oui dire comme moi ; et ce qui peut faire croire la chose vraie, c'est qu'on ne l'a dite qu'après la mort de Maurepas et de Pont-de-Veyle, pour ne compromettre et ne fâcher personne. Au reste, on peut dire encore, qu'importe ? la chanson est assez plaisante, et d'une tournure un peu plus fine que toutes les *calotes* dont le même ministre se déclare l'auteur ; mais il n'y avait que son secrétaire qui pût employer de si grands mots pour de si petites choses : une chanson *plus digne de M. de Maurepas ! l'histoire qui en adoptera toutes les expressions ! les grandes vérités qu'elle renferme !*

>   Si, dans les beautés choisies,
>   Elle était des plus jolies,
>   On excuse des folies
> Quand l'objet est un bijou, jou, jou, jou.

>   Mais pour sotte créature,
>   Et pour si plate figure,
>   Exciter tant de murmure,
> Chacun juge le roi fou, fou, fou, fou.

Je ne crois pas que ce soit-là ni de *grandes vérités*, ni des *expressions* à l'usage de *l'histoire*. De l'aveu de tous ses contemporains, madame de Pompadour était fort jolie ; et ce n'était pas sur ce point que le roi méritait des reproches, tels que l'histoire peut les lui faire. Ce qui est vrai, c'est que dire d'une femme qu'elle est laide, est toujours ce qu'il y a de plus piquant pour elle : et en cela le but de la satire était rempli. Le but de *l'histoire* est un peu différent ; et c'est ce que n'a pas senti le secrétaire Salé, ni même son maître dont il répétait l'esprit.

La haine de ce ministre pour Voltaire perce

particulièrement dans la manière dont il parle du moment très-court de faveur très-légère dont ce grand homme jouit à Versailles, non pas grâce à ses talens, mais grâce à la favorite qui lui voulait du bien. Maurepas le représente comme tellement ébloui de cette lueur éphémère, qu'il pense déjà au ministère. « M. de Voltaire a, dit-on, une secrète démangeaison d'être ministre.» Il répète la même chose quelques pages après. Ceux qui ont bien connu Voltaire, n'en croiront pas un seul mot. La vérité est que, révolté de ce préjugé si orgueilleusement absurde qui mettait au dernier rang, dans la hiérarchie sociale, quiconque n'avait que du génie, et n'était ni possesseur d'un office quelconque, ni héritier d'un nom, Voltaire aurait voulu joindre, à la considération personnelle que l'opinion attachait aux talens, l'existence de convention qu'on attachait aux titres. Il y en avait où il pouvait prétendre, parce que d'autres gens de lettres les avaient possédés. Il eût désiré le brevet de conseiller d'état, qu'avait eu Balzac, dont Balzac se moquait, et dont lui-même se serait aussi moqué. Il ne voulait pas qu'un conseiller du parlement ou même du châtelet affectât de se mettre au-dessus de lui, en disant *ce n'est qu'un auteur*; il connaissait *la toute-puissance des sots qui avait tout arrangé pour eux dans ce monde* (comme l'a dit heureusement M. de Boufflers); et il voulait que ces sots vissent en lui, non pas l'auteur de *Zaïre* et de *la Henriade*, mais un conseiller d'état; ce qui, comme on sait, est bien autre chose. Mais quant au ministère, il savait trop son monde pour ignorer que jamais un grand poète ne pouvait, en France, parvenir à une grande place : l'exclusion était trop formelle. Un simple amateur, un poète de société pouvait ne désespérer de rien; l'abbé de Bernis en fut la preuve ; et depuis, un faiseur de petits vers, infiniment au-dessous de l'abbé de Bernis, Pezai, fut au moment d'être ministre. La raison en est simple : ils étaient ce qu'on appelait des *hommes du monde*, et dès-lors susceptibles de tout; mais dès qu'on était formellement *homme de lettres*, on n'était plus *homme du monde*; et dès-lors la ligne de démarcation était tirée : vous n'étiez plus propre à rien de considérable. Voilà nos mœurs; et qui pouvait en juger mieux que Voltaire ?

« Nous l'avons envoyé *espion* chez le roi de Prusse; et parce qu'il a arraché une seule phrase, il estime assez son savoir pour se croire un homme d'état. A présent, il cherche à plaire à madame de Pompadour; mais le parti de la reine et des jésuites qui redoute ses opinions, est celui de tout le monde qui ne peut soutenir ses sarcasmes. »

Ce ton d'aigreur et de mépris entraîne beaucoup d'inconséquence et d'injustice. Le terme d'*espion* est ici très-déplacé ; surtout dans la bouche d'un ministre, qui devait être expert en ces matières, et savoir que rien n'aurait été plus ridicule qu'une commission d'*espion* donnée à un homme du caractère et de la réputation de Voltaire. On voit bien ici l'intention de rabaisser extrêmement l'espèce de négociation dont il fut chargé; elle n'était pourtant pas si méprisable, et surtout le plan était fort bien adapté à ces deux hommes extraordinaires. Il s'agissait, en 1743, de savoir si le roi de Prusse, qui s'était accommodé avec Marie-Thérèse moyennant la cession de la Silésie, et avait abandonné la France, serait disposé à renouer de nouveau avec cette puissance, comme les circonstances et ses intérêts pouvaient l'y engager. La reine de Hongrie avait repris le dessus; la Hollande, l'Angleterre, la Savoie s'étaient jointes à elle; nous avions été battus à Ettinghen, et Frédéric ne pouvait pas trop compter sur cette cession forcée de la Silésie, à moins que l'Autriche ne se trouvât absolument hors d'état de la réclamer par les armes. C'est dans ces conjonctures qu'on imagina que Voltaire faisant un voyage à Berlin, sans aucun caractère public, et comme pour aller voir un roi qui le traitait comme son ami, pouvait, dans l'espèce de familiarité habituelle entre eux, et dans la liberté d'un commerce intime qui ne ressemblait en rien aux défiances réciproques inséparables de toute négociation, tirer du roi de Prusse quelques-unes de ces paroles toujours décisives de la part d'un homme tel que Frédéric, qui ne disait que ce qu'il voulait dire. C'est précisément ce qui arriva. Il dit un jour à Voltaire, que, si le ministère de France, qui paraissait flotter entre la guerre et la paix, et prêt à entrer en composition avec tout le monde, voulait faire une démarche décidée en déclarant la guerre à l'Angleterre, il était prêt, lui, à marcher en Bohême avec cent mille hommes. C'est là cette *parole* que Voltaire *avait arrachée* au roi de Prusse, suivant l'expression du comte de Maurepas, et il me semble qu'elle était assez importante. Elle ne fut pas vaine; car, sur cette assurance, la guerre fut déclarée aux Anglais; et Frédéric, avec qui la France traita de nouveau, entra en effet dans la Bohême et dans la Moravie.

Si Voltaire s'était cru pour cela *un homme d'état*, sans doute il aurait eu tort : il est plus que probable que Frédéric devina sans peine la mission secrète du poète, et qu'il ne fut pas fâché de lui parler de manière à encourager la France à traiter de nouveau avec lui pour un intérêt commun; mais enfin, c'était un service réel que Voltaire avait rendu, qu'il était plus que tout autre à portée de rendre sans compromettre la cour; et s'il n'en fut pas récompensé, comme tant d'autres l'ont été pour avoir fait moins, c'est qu'un changement dans le ministère et la mort de madame de Châteauroux ne permirent pas qu'on pensât à lui.

A l'égard des talens d'un homme d'état, on voit bien que Maurepas se flatte de les avoir, parce qu'il est ministre, et croit Voltaire très-ridicule d'y prétendre, parce qu'il est poète; mais ni le ministère, ni la poésie n'y font rien. Voltaire avait beaucoup plus d'esprit qu'il n'en faut pour avoir des lumières en administration; mais ce qui fait surtout l'homme d'état, c'est le caractère, c'est la connaissance réfléchie, non pas de l'homme, mais des hommes; celle-ci fait l'administrateur; l'autre, le philosophe ou le poète. Il est fort douteux que Voltaire eût pu jamais être homme d'état; il avait trop d'imagination; mais il est sûr que Maurepas ne l'était point: c'était un courtisan, et rien de plus. Il reproche à Voltaire de vouloir l'être; Voltaire n'avait en effet que la grâce d'un courtisan, et n'en avait pas la finesse; Maurepas l'avait. Il fait grand bruit des *sarcasmes* de Voltaire, et il est très-vrai qu'il ne put jamais commander à ses saillies et à son humeur; l'on sait trop que ce fut une plaisanterie un peu amère qui le perdit à Berlin; mais cela même prouve qu'il n'eut jamais l'âme d'un esclave, même à la cour, comme on l'a très-mal à propos répété d'après ses détracteurs. J'aurai peut-être occasion d'en dire ailleurs davantage sur ces différens reproches, si légèrement hasardés contre un homme qui n'était point difficile à connaître, mais qui pourtant n'a pu être bien connu que par ceux qui l'ont vu de près et sans passion: il a eu trop de célébrité et trop d'ennemis pour n'être pas jugé souvent par des hommes qui n'étaient ni instruits, ni équitables.

QU'EST-CE QUE LA PHILOSOPHIE ?

Hatimthai se dit un jour: « Je veux être heureux; l'esprit et la vertu procurent seuls des plaisirs purs et durables. »

Il ouvrit son salon aux hommes de lettres; il nourrit tous les pauvres à sa porte; on voyait chaque jour la nombreuse population, qui n'a pas le nécessaire parce que d'autres ont le superflu, se presser, aux heures des repas, sur le seuil de son palais; et chaque jour il avait à sa table les hommes d'esprit les plus distingués de l'empire. Outre les festins qu'ils y trouvaient avec plaisir, ils recevaient de lui des présens à chaque ouvrage qu'ils lui dédiaient, et presque à chaque lecture qu'ils faisaient devant ses sociétés habituelles.

Cependant, en un moment de réflexion, il remarqua que Saphar ne s'était jamais présenté chez lui : Saphar, qui a écrit la *Chronique de l'empire*, qui a publié le plus savant ouvrage de méthaphysique, et qui a dédié aux dames son poëme du *Jardin des roses*. Cet homme universel vit solitaire ; la promenade au fond des forêts est son seul délassement ; et il a soin de se cacher dans l'épaisseur des taillis, quand la chasse vient de son côté.

Hatimthai ne l'a jamais vu. On cherche toujours la nouveauté, avec une curiosité qui procure une émotion vive et agréable. Il veut absolument interroger ce philosophe; et il ordonne une chasse au cerf, dont le seul objet est d'entourer et de prendre l'homme de lettres le plus sauvage du monde.

Le projet s'accomplit ; Hatimthai est en face de Saphar :

« Pourquoi ne t'ai-je jamais vu » ?

— « Parce que ni toi ni moi n'avons besoin de nous voir. »

— « Me dédaignes-tu ? »

— « Je te loue de faire le bonheur des autres. »

— « Qui t'empêche d'y prendre ta part ? »

— « Parce que ce qui fait leur bonheur, ne ferait pas le mien. »

— « Aimes-tu mieux ta vie misérable ? »

— « Sans doute. Mon père est pauvre, je ne veux recevoir de lui que peu de chose, mais ce peu me suffit. Je n'ai donc pas besoin que tu me donnes davantage. »

— « Quelle vertu, se dit Hatimthai en se retirant ! »

Avant de rentrer dans son palais, il aperçoit Gemmade, qui portait avec peine un lourd fagot sur ses épaules.

— « Pourquoi te fatigues tu, lui dit-il, au lieu

d'aller recevoir ta nourriture à la porte d'Hatim-thai.?

Gemmade lui répondit :

« Parce que celui qui sait se suffire à soi-même ne veut rien devoir à Hatimthai. »

Celui-ci réfléchit.

« Quelle noblesse, dit-il dans un si pauvre homme. Eh quoi! n'aurais-je à ma porte, et même dans mon salon, que les deux parties les plus viles de l'espèce humaine? et ceux qui ont un peu de vertu ou de fierté rougiraient-ils d'accepter mes bienfaits? »

Mais ceci, me dira-t-on, est le pont aux ânes; c'est ce qui a été dit partout. On a prouvé mille fois que la philosophie rendait un homme heureux dans la solitude, et qu'elle lui faisait dédaigner ces joies du monde qui ne satisfont ni l'âme ni le cœur. Serait-ce donc là le seul bienfait de la philosophie? Rousseau a-t-il raison?

Hatimthai, en rentrant au palais, traverse la foule des pauvres vivant des restes de ses festins. Il voit entre autres Zilcadé, ce jeune paresseux, qui court devant ses pas en semant des roses sur la terre, et qui est toujours le premier à crier : « Vive Hatimthai! »

— « Tu es bien brillant de santé, lui dit-il? »

— « C'est que les carcasses de tes faisans sont depuis quelque temps plus grasses et plus succulentes encore. »

— « Tes bras sont nerveux ? »

— « Parce que mon estomac leur donne de la force, et que je les exerce peu. »

— « Ton dos n'est pas voûté par les travaux ? »

— « Depuis qu'Hatimthai me nourrit, je ne me fatigue jamais. »

— « De tout cela, je conclus que tu pourrais porter des fagots. »

— « Sans doute, et je serais alors inutile à la société. »

Hatimthai est tout à coup saisi d'étonnement.

« Sache, ajoute Zilcadé, quelle est ma philosophie. Il plaît à la vanité d'Hatimthai d'avoir des pauvres à sa porte ; il est peut-être orgueilleux, et peut-être heureux seulement de sa bienfaisance. Que m'importe ? Je reçois ses dons qui m'évitent les maux de la vie, et me laissent du temps libre que j'emploie à faire autant de bien que lui. »

Hatimthai est encore plus étonné.

« Sans doute, ajoute Zilcadé, quand j'ai reçu à ta porte le déjeûner du matin, je me sens fort et bien portant. Je vais chez cette pauvre et faible Rhége, qui demeure au bord du fleuve, et qui a six enfans en bas âge. C'est moi qui jette et qui attache ses filets ; et après le repas du soir, je vais les retirer. Le poisson qu'elle recueille ainsi, lui suffit pour nourrir sa famille. Dans le cours de la journée, je me promène au marché sans rien faire ; mais j'y vois le prix de chaque denrée, et je vais en rendre compte à nos riches marchands, qui évitent ainsi de se déranger de leur commerce. Très-souvent je découvre des tromperies dont je préviens les acheteurs ; et souvent aussi je donne de bons conseils aux hommes des campagnes, pour qu'ils nous fournissent les marchandises qui se vendront le mieux. On peut être utile sans travailler ; et pourrais-je rendre de tels services, si j'étais occupé tout le jour à couper du bois pour chauffer mon potage ? »

Hatimthai ne répondit pas ; et, à peine rentré dans son palais, il trouva, à la porte de son sérail, la jolie Fatmé, qui l'attendait pour recevoir ses ordres ; et, dans son salon, le vif, l'ingénieux Ricca, qui était arrivé déjà pour le repas du milieu du jour ; car Fatmé, en se retirant, devait avoir, peu d'heures après, un concert et un bal avec ses compagnes ; et elle était pressée de passer à sa toilette, pour paraître toujours la plus belle.

Hatimthai pensait encore aux diverses réponses qu'il avait entendues ; il s'arrêta un moment près de Fatmé, et l'interrogea de manière à ce qu'elle lui prouvât bien vite l'utilité dont elle était dans ce monde.

« Hatimthai, lui dit-elle, il y a près d'ici une pauvre mère de famille, qui a besoin de tes secours : elle veut te vendre une parure de perles les plus fines et les plus égales ; elle est réduite à s'en défaire, et tu ne me la refuseras pas. Je te demande encore quelques-uns de ces jolis oiseaux que vend ce pauvre mollak ; et souviens-toi aussi de nos nouvelles danses. Rhédi, qui les invente, n'a que cela pour vivre. Voilà quels sont aujourd'hui mes caprices ; tu vois qu'ils feront des heureux. »

Hatimthaï se retire, et appelle Ricca. C'est le poète de ses spectacles ; les opéras qu'il compose sont brillans d'esprit dans le dialogue, de féerie dans l'action, et de magie dans les décorations. Ils excitent la surprise au plus haut degré.

« Ricca, lui dit Hatimthaï, j'ai vu Saphar ; il est heureux à lui seul : c'est le philosophe le plus sage. »

— « T'a-t-il dit, répond Ricca, ce que son père est devenu ? »

— « Non, mais il lui coûte peu de chose. »

— « Il est vrai ; toutefois son père était un des riches marchands de ton empire ; devenu vieux et aveugle, il avait compté sur son fils pour tenir ses livres, régler ses paiemens et défendre ses intérêts. Lorsque Saphar se mit à composer dans les forêts, son père fut obligé de prendre un commis à sa place. Il en eut un infidèle, qui l'a trompé ; et il ne s'en est aperçu, que lorsque sa ruine a été complète. Il a abandonné ses biens, qui n'ont pas suffi au paiement de ses créanciers ; il est aujourd'hui commis lui-même chez un de ses anciens amis ; et le peu qu'il donne à son fils lui est plus onéreux que le plus brillant état qu'il lui eût donné chez lui autrefois.

« Hatimthaï, ajoute Ricca, je suis plus philosophe que Saphar ; il vit dans les bois ; il n'a de relations qu'avec lui-même; il n'entre pas dans les ambitions; et il évite, j'en conviens, tous les vices de la société : mais il n'est utile à personne. La malheureuse Zilia tirait avec peine quelques grains de blé de son jardin ; je lui ai enseigné une nouvelle manière de cultiver les roses ; et elle en récolte maintenant une si grande abondance, qu'elle s'est enrichie avec l'essence qu'elle vend, et m'en donne, sans se faire tort, pour verser à flots sur les habits d'Hatimthai. Le malheureux Calva, qui publie chaque jour les ordres et rend compte des plaisirs d'Hatimthai, était tombé dans la misère, parce qu'il avait imprimé les œuvres des écrivains médiocres que le public dédaigne ; je consacre quelques heures par jour à lire les manuscrits qu'on lui porte ; et il nourrit à présent sa famille avec le produit des bons ouvrages que je lui conseille de publier. Je ne pourrais pas rendre de tels services, si j'étais forcé de m'occuper de moi-même. Mais Hatimthai, que j'amuse, doit en échange me nourrir grassement ; moi, j'enrichis Calva, parce que j'en tire à mon tour l'avantage de lui faire imprimer mes poésies, et j'ai acquis ainsi une réputation qui satisfait mon amour-propre.

« O Hatimthai ! ajoute Ricca, le vrai philosophe est un ministre d'Oromaze dans l'état social. »

LETTRE à M. le duc de B***, lieutenant-général des armées du roi, sur la glorieuse campagne de M. le maréchal de Broglie, en 1789 (*).

JE viens d'apprendre, Monsieur le duc, une nouvelle qui me comble de joie, et je me hâte de vous faire partager mon plaisir.

M. le maréchal de Broglie a l'honneur d'être nommé généralissime des troupes françaises : depuis long-temps, je m'affligeais de voir de si grands talens inutiles à la patrie. Eh quoi ! disais-je, M. le maréchal de Stainville a pu, par sa belle conduite dans sa campagne de Rennes, obtenir le pardon de ses fautes et de ses disgraces en Franconie ; nous avons vu mourir, presque dans les bras de la victoire, M. le maréchal de Biron, qui, loin d'avoir épuisé son génie dans ses travaux et dans la guerre de la farine, semble l'avoir réservé tout entier pour sa belle campagne du faubourg St.-Germain ; nous avons admiré la savante manœuvre qui, par la jonction subite de deux corps de troupes, a pris en tête et en queue six mille bourgeois dans la rue St.-Dominique, et a décidé du sort de cette grande journée ! Ces grands hommes laissent une mémoire

---

(*) Cette facétie ne se trouve imprimée dans aucune édition des œuvres de Chamfort ; elle paraît même avoir été inconnue à ses différens éditeurs.

adorée ; et le vainqueur de Berghen est le seul à qui le sort refuse de rajeunir une renommée vieillie, et d'emporter au tombeau l'hommage des cœurs vraiment français.

Non, Monsieur le duc, les grands destins de M. le duc de Broglie ne sont pas encore remplis ; et c'est avec transport que je vois s'ouvrir devant lui une nouvelle carrière de gloire et de prospérité. La première opération de M. le maréchal a été d'ordonner la formation d'un camp de trente mille hommes à quelques lieues de Paris ; et, pour ne parler d'abord que de l'intention politique de ce camp, vous sentez l'avantage immense qu'il y a, pour le bon parti, de persuader au roi la grandeur du péril où nous sommes ; et comment n'y serait-il pas trompé, en voyant cet amas de troupes étrangères et nationales, ce train formidable d'artillerie, etc. ? De plus, vous voyez quelle abondance de numéraire va jeter dans Paris le voisinage de trente mille soldats qui arrivent chargés d'argent, fruit de leurs économies ; cet abondant numéraire refluera vers le trésor royal, ranimera la circulation, rétablira la confiance et se répandra dans tous les canaux du commerce et de l'industrie. On objecte le danger de la disette, auquel ce surcroît de consommation expose la capitale ; mais quel est le bien sans inconvénient ? D'ailleurs, ne connaît-on pas les intentions hostiles et dangereuses des capitalistes, des rentiers et en général des bourgeois de Paris? N'est-il pas à craindre que cette ville formidable ne se déclare contre sa majesté? Et, dans ce cas, est-il si mal de tenir l'ennemi en échec, et de lui donner de la jalousie sur les subsistances?

Je passe, Monsieur le duc, aux dispositions purement militaires. M. le maréchal a daigné me communiquer son plan : rien de plus beau et pourtant de plus simple. Le corps de l'armée s'étendra dans la plaine à gauche entre Viroflai et Meudon, l'arrière-garde postée de manière à n'avoir rien à craindre de l'assemblée nationale, des gardes avancées trop fortes pour être entamées par les escarmouches de la députation bretonne. Meudon sera occupé par les deux régimens qui arrivent du fond de la Guyenne; on fait venir des hussards d'Alsace pour nétoyer le bois de Boulogne; on a mandé des dragons de Nancy pour fouiller les bois de Verrières, qui sont bien autrement fourrés; deux officiers des plus braves et des plus intelligens répondent sur leur tête de Fleury et du Plessis-Piquet; un détachement de grenadiers suffira (du moins on l'espère) pour contenir Fontenay-aux-Roses; tout est tranquille à Clamart; M. le maréchal compte y établir un hôpital militaire; on s'est assuré des bateleurs de Saint-Cloud, et on ne négligera rien pour s'assurer de Châville. On est maître du pont de Neuilly. M. le baron de Bezenval n'a pas le moindre doute sur Courbevoye, malgré l'insubordination de plusieurs soldats suisses qui chicanent sur les termes du traité de la France avec les cantons. A la vérité, on craint que M. le duc d'Orléans ne remue dans sa presqu'île de Gennevilliers; et que n'a-t-on pas à redouter d'un prince si peu patriote? Mais vous savez que le roi dispose absolument des deux bacs d'Anières et d'Argenteuil; et si l'on place un cordon de troupes depuis Colombe jusqu'à la Seine, M. le duc d'Orléans se trouverait dans une position vraiment critique. Observez que, s'il s'avisait d'armer les gondoles de sa pièce d'eau, il suffirait de retenir, pour le compte du roi, les batelets de Saint-Cloud; et, pourvu que la galiote se tint neutre, on présume que la victoire resterait aux troupes de sa majesté.

D'après la sagesse de ces dispositions, Monsieur le duc, il ne paraît pas douteux que M. de Broglie ne prenne Sèves, contre lequel on a déjà fait avancer des canons; et cette place une fois prise, on convient que Vaugirard ne saurait tenir longtemps : c'est comme Mézières et Charleville, l'un tombe nécessairement avec l'autre. Je ne doute pas que vous ne soyez ravi de ce plan; et je suis bien sûr qu'il obtiendra l'approbation de M. le prince Henry et de M. le duc de Brunswick. Je suppose, comme on doit le penser de ces deux grands hommes, que la jalousie ne saurait égarer leur jugement.

Je compte, Monsieur le duc, publier le journal

militaire de cette glorieuse campagne. Il paraîtra tous les jours et servira de pendant à l'un des journaux de l'assemblée nationale; ainsi le lecteur pourra, avec deux souscriptions seulement, voir marcher de front les opérations civiles et militaires; il pourra voir et admirer la parfaite intelligence et l'heureux accord qui règne entre le pouvoir législatif et le pouvoir exécutif. Ces deux monumens littéraires suffiraient seuls pour écrire l'histoire de cette grande époque; et l'emploi de notre digne historiographe, M. Moreau, sera du moins, pour cette année, aussi facile que lucratif.

Voulez-vous bien, Monsieur le duc, puisque vous vous trouvez en ce moment à Versailles, me donner des nouvelles de M. d'Eprémesnil, de M. de Cazalès, de M. Martin d'Auch et de M. l'abbé Maury? Ce sont les seuls députés des trois ordres qui intéressent M. le maréchal.

PORTRAIT DE RULHIÈRE.

Il cachait un esprit très délié sous un extérieur assez épais. Très-malicieux avec le ton de l'aménité, très-intrigant sous le masque de l'insouciance et du désintéressement, réunissant toutes les prétentions de l'homme du monde et du bel esprit, il faisait servir ses galanteries à ses bonnes fortunes littéraires, et les lectures mystérieuses de ses productions à s'introduire chez les belles dames. Fort circonspect avec les hommes qui pouvaient l'apprécier, il était extrêmement hardi, à tous égards, auprès des femmes qui ne doutaient point de son mérite. Tout dévoué à la faveur et aux gens en place, il n'évitait, dans son manège, que les bassesses qui l'auraient empêché de se faire valoir. Souple et réservé, adroit avec mesure, faux avec épanchement, fourbe avec délices, haineux et jaloux, il n'était jamais plus doux et plus mielleux que pour exprimer sa haine et ses prétentions. Superficiellement instruit, détaché de tous principes, l'erreur lui était aussi bonne que la vérité, quand elle pouvait faire briller la frivolité de son esprit. Il n'envisageait les grandes choses que sous de petits rapports, n'aimait que les tracasseries de la politique, n'était éclairé que par des bleuettes, et ne voyait dans l'histoire que ce qu'il avait vu dans les petites intrigues de la société.

FIN DU TROISIÈME VOLUME.

TABLE DES MATIÈRES

CONTENUES DANS LE TROISIEME VOLUME.

	pages.
MÉLANGES DE LITTÉRATURE ET D'HISTOIRE.	1
Sur les Considérations sur l'esprit et les mœurs, par Senac de Meilhan.	5
— les Motifs essentiels de détermination pour les classes privilégiées.	20
— les Vœux d'un Solitaire, pour servir de suite aux Études de la nature, par J.-Bernardin-H. de Saint-Pierre	27
— le Voyage de M. le Vaillant dans l'intérieur de l'Afrique par le Cap de Bonne-Espérance, dans les années 1780, 1781, 1782, 1783, 1784 et 1785.	28
— le Réveil d'Épiménide à Paris, comédie en un acte, en vers, par M. de Flins.	51
— la Pétition des Juifs établis en France (28 janvier 1790).	53
— les quatre premiers volumes des Mémoires du maréchal de Richelieu.	57
— les Observations sur les Hôpitaux, par M. Cabanis.	99
— le Massacre de la Saint-Barthélemi, et l'influence des étrangers en France durant la ligue, par Gabriel Brizard.	104

	pages.
Sur le Despotisme des Ministres de France, ou Exposition des principes et moyens employés par l'aristocratie, pour mettre la France dans les fers.	113
— la Constitution vengée des inculpations des ennemis de la révolution.	119
— l'Exposé de la Révolution de Liège, en 1789, et la conduite qu'a tenue à ce sujet le roi de Prusse, par M. de Dohm; traduit de l'allemand, par M. Raynier.	124
— la Véritable origine des Biens ecclésiastiques, par M. Roset.	138
— le Palladium de la Constitution politique, ou Régéneration morale de la France, par M. Rivière.	141
— les Mémoires secrets de Robert comte de Paradès, écrits par lui-même au sortir de la Bastille, pour servir à l'Histoire de la dernière Guerre.	151
— une Lettre d'un grand Vicaire à un Evêque, sur les Curés de Campagne, par M. Selis.	160
— un Essai sur la mendicité, par M. de Montlinot.	165
— les Prônes Civiques, ou le Pasteur patriote, par M. l'abbé Lamourette.	178
— la Collection abrégée des Voyages faits autour du Monde, par les différentes nations de l'Europe, depuis le premier jusqu'à ce jour, par M. Béranger.	190
— l'Histoire de la Sorbonne, par l'abbé du Vernet.	192
— les Œuvres de Jean Law, Contrôleur général des finances sous la régence.	214
— des Observations faites dans les Pyrénées, pour	

TABLE DES MATIÈRES.

pages.

servir de suite à des Observations sur les Alpes, insérées dans une traduction des lettres de W. Coxe, sur la Suisse. 219

Sur la Vie privée du maréchal de Richelieu. . . . 229

— les Mémoires secrets des règnes de Louis XIV et Louis XV, par Duclos. 294

— le Voyage en Italie, ou les Considérations sur l'Italie, par Duclos. 307

— les Mémoires de la Vie privée de Benjamin Franklin, écrits par lui-même. 316

— une brochure intitulée : De l'Autorité de Rabelais dans la Révolution présente et dans la Constitution civile du Clergé, ou Institutions royales, politiques et ecclésiastiques, tirées de Gargantua et de Pantagruel. 325

— les Nouveaux Voyages dans les Etats-Unis de l'Amérique septentrionale, faits en 1788, par J. P. Brissot de Warville. 327

— les Discussions importantes débattues au parlement d'Angleterre, par les plus célèbres orateurs, depuis trente ans, renfermant un choix de discours, etc., accompagné de Réflexions politiques, analogues à la situation de la France depuis les états-généraux. 393

— les Voyages et Mémoires de Maurice-Auguste, comte de Benyowski, magnat des royaumes de de Hongrie et de Pologne, etc. 347

— les Ruines, ou Méditations sur les Révolutions des Empires ; par Volney. 359

— l'Éloge historique de Louis-Joseph-Stanislas Le Féron, premier commandant de la garde nationale de Compiègne ; par M. Chabanon l'aîné. 378

	pages.
Sur les Lettres sur les Confessions de J.-J. Rousseau; par M. Ginguené.	384
— la Police dévoilée; par Pierre Manuel.	390
— les Mémoires du comte de Maurepas, ministre de la marine.	398
Qu'est-ce que la Philosophie ?	451
Lettre à M. le duc de B***, lieutenant-général des armées du roi, sur la glorieuse campagne de M. le maréchal de Broglie.	458
Portrait de Rulhière.	463

FIN DE LA TABLE DES MATIÈRES DU TROISIÈME VOLUME.

www.ingramcontent.com/pod-product-compliance
Lightning Source LLC
Chambersburg PA
CBHW070210240426
43671CB00007B/610